고통의 **곁**에 **우리**가 있다면

재난 트라우마의 현장에서
사회적 지지와 연결을 생각하다

고통의
곁에
우리가 있다면

채정호 지음

생각속의집

서로의 곁을 지켜주는 수많은 우리에게

이 책을 바칩니다

살아 있으면 살아집니다

그녀는 눈이 참 예뻤습니다. 그런데 그녀가 예쁜 눈을 가졌다는 것은 진료를 시작한 지 몇 달이 지나서야 알았습니다. 증상이 너무 심해 거의 매주 진료를 할 정도로 자주 봤지만, 그녀는 항상 고개를 푹 숙인 채 바닥만 보고 있었습니다. 묻는 말에도 "예" "아니오" 외에는 대답하지 않았습니다. 그렇다보니 그녀와 눈을 마주칠 기회도 없었습니다. 그러다 1년이 지났을 무렵, 그녀는 어렵게 자신의 증상에 대해 말하기 시작했습니다. 심한 우울과 불안에 시달리던 그녀는 작은 일에도 깜짝깜짝 놀라고, 자신을 둘러싼 세상 일에서 도망치듯 그 누구와도 친밀한 접촉을 하지 못하고 있었습니다.

그런 그녀가 털어놓은 이야기는 그야말로 끔찍했습니다. 그녀의 아버지는 어린 시절부터 자신의 딸을 성폭행해왔습니다. 아버지의 만행은 이뿐만이 아니었습니다. 어쩌다 심기가 틀어지는 날이면 아버지의 구타까지 견뎌야 했습니다. 어머니 역시 폭행의 피해자였지만 그녀는 혹여 자신 때문에 어머니가 더 힘들어지지 않을까 아버지에게 저항도 하지 못했습니다. 이런 고통의 한가운데에서 그녀는 어린 시절부터 온갖 트라우마를 겪어야 했습니다. 그런데도 그녀는 돈과 권력을 쥐고 있는 아버지에게서 빠져나올 수가 없었습니다. 언제 또 폭력이 닥칠지 몰라 그녀의 몸과 마음은 불안과 두려움으로 가득 차 있었습니다.

트라우마 치료는 지난한 과정이었습니다. 그녀는 '복합 외상후스트레스장애' 상태였는데, 고통에서 벗어나기 위해 기억 자체를 완전히 잊어버리는 해리 증상도 있었습니다. 다행히 여러 날이 지나면서 그녀는 진료실이 안전하다는 느낌을 받았는지 조금씩 자신의 말을 더 꺼내기 시작했습니다. 한 줄기 희망의 빛을 만난 듯 저는 최선을 다해 치료했지만, 그녀의 트라우마 앞에서 저의 역부족을 실감할 수밖에 없었습니다. 그때까지 알고 있던 모든 지식을 총동원하여 수십 가지 약도 바꿔보고, 온갖 방법으로 치료적 개입을 시도해봤지만, 그녀의 증상에는 별다른 변화가 보이지 않았습니다. 증상이 조금 좋아지나 싶다가도 다시 악화되기를 반복하면서 마치 롤러코스터를 타듯 오르락내리락하는 치료 과정이 무척이나 험난했습니다. 그런데 평생을 불안과 두려움 속에서 살아왔을 그녀를 보면서 이것만큼은 꼭 약속하고 싶었습니다. '당신이 나와 함께 있는 이곳은 정말 안전하다고, 그리고 세상에 믿을 만한 한 사람쯤은 분명히 있다'고 말입니다.

트라우마와 PTSD 연구의 시작

오래전, 수많은 질환과 전공 중에서 특히 트라우마 관련 장애를 치료해보겠다고 결심한 후, 불안장애 연구회를 만들어서 다른 정신과 의사들과 함께 공부를 시작했습니다. 그때부터 저의 주된 관심은 트라우마와 외상후스트레스장애(PTSD)였습니다(이것이 모태가 되어 현재 대한불안의학회와 한국트라우마스트레스학회로 발전했습니다). 이후 미국 연수 중에 남부 최대의 PTSD 치료 세팅이 있었던 PTSD 클리닉을 매주 화요일마다 방문하여 공부하고, 인지행동치료 슈퍼비전도 받았습니다. 이런 PTSD에 대한 관심과 노력은 순전히 그녀를 치료하면서 느꼈던 저의 무력감을 조금이라도 덜어보기 위해서였습니다.

지금도 미국 연수 중에 들이닥친 '그날의 충격'이 생생하게 떠오릅니다. 그날도 저는 여느 날처럼 PTSD 클리닉에서 저널 클럽에 참여하고 있었습니다. 그런데, 갑자기 비상벨이 울리더니 당장 밖으로 나가라는 안내가 들려왔습니다. 허둥지둥 밖으로 나오자 놀라운 광경이 펼쳐졌습니다. 수많은 군인들이 대학병원 옆에 있던 재향병원을 둘러싸고 있었습니다. 순간, 위급한 상황이라는 것을 직감했습니다. 바로 그날이 2001년 9월 11일 오전, 세계무역센터 테러가 일어났던 것입니다. TV에서는 온종일 건물이 무너지는 모습이 방영되었고, 모든 전화는 불통이었습니다. 당시 제가 머물던 곳은 사고가 난 뉴욕과는 수천 킬로미터 떨어져 있었지만, 저의 안위를 걱정한 한국의 가족과 지인들은 다급하게 전화를 했었다고 합니다. 저도 한국에 전화를 하고 싶었지만, 모든 전화가 불통이 되어서 어떻게 연락할 방법이 없었습니다.

뉴욕 9.11 참사는 미국의 트라우마 치료에도 획기적인 변화를 가져왔습니다. 당시만 해도 미국은 전쟁과 관련하여 발병한 재향 군인들의 PTSD를 주로 진료해왔습니다. 그런데, 뉴욕 9.11 참사를 계기로 수만 명의 PTSD를 진료하면서 트라우마 치료에도 큰 변화를 맞게 되었습니다.

고통의 곁을 지킨다는 것

귀국해서 보니 우리사회는 그야말로 이곳저곳에서 트라우마를 겪고 있었습니다. 가정과 사회 내의 폭력뿐만 아니라 교통사고, 산재 사고 등 소위 재난 경험자들이 너무나 많았습니다. 그동안 수많은 재난의 현장들을 생생히 목격했습니다. 태안 유류 유출 사고, 연평도 포격 사건, 천안함 침몰 사건, 세월호 참사, 코로나19 대처 등 재난이 일어날 때마다 수많은 사람들이 트라우마로 고통받고 있었습니다. 재난과 트라우마를 연구하고 치료하는 정신과 의사로서 우리사회에 번져가는 고통의 목소리에 대해 깊이 고민하지 않을 수 없었습니다.

트라우마는 누군가 곁에 있을 때, 치유가 시작됩니다. 어렵지만 누군가는 해야 하는 일이 바로 '고통의 곁'에 머무르는 것입니다. 고통스런 순간에는 누구나 극심한 아픔을 느낍니다. 이 아픔을 더 크게 하는 것은 혼자만이 겪고 있다는 단절감과 외로움입니다. 트라우마 경험자들은 자신이 안전하다고 느낄 때, 혼자가 아니라 누군가와 '연결'되어 있다고 느낄 때, 회복과 치유로 향해 갑니다. 앞서 소개한 눈이 예뻤던 그녀가 독립하여 직장을 갖게 되었다는 소식을 들었을 때의 기쁨은 이루 말할 수가 없습니다. 힘들었지만 그녀 곁에 함께 있었던 치료자로서 큰 의미와 보람을 느꼈습니다.

이 책은 30여 년을 '트라우마'라는 한 분야에서 보낸 치료자로서 제 경험을 정리해보고자 시작했습니다. 하지만 세상의 거의 모든 것이 함축된 트라우마 분야를 이 한 권에 아우른다는 것은 사실 불가능에 가까웠습니다. 대신에 제가 직접 진행했던 연구 결과를 중심으로 트라우마 경험자들이 새로운 삶을 살아가기 위해서 필요한 내용을 중심으로 정리했습니다. 함께 나누고 전하고 싶은 내용이 많았지만, 구슬 꿰듯 잘 엮어서 의미 있게 전달하기는 쉽지 않았습니다. 그렇지만 늘 말해왔듯이 제 부족을 자책하지 않겠습니다. 인간은 누구나 부족하고, 그럼에도 무엇인가 시도한다는 것에 의미가 있다고 생각합니다.

트라우마와 관련하여 자료를 모으고, 분석하고, 논문을 쓰고, 수정하는 작업을 위해 밤을 지새우고 애써준 사랑하는 제자이자 동료인 민정아, 허휴정, 허승, 윤지애, 한혜성, 최원준, 태혜진, 오지훈, 김민섭 등 가톨릭의대 정서연구실 선생님들에게 진심으로 감사드립니다. 하필 겨울에 검진하느라 몇 년간 안산으로 새벽마다 출근하며 유가족들을 만나고, 자료를 분석하고, 정리해준 주지영, 윤영애, 황지현, 심현희, 박예나, 전세계 등 연구원들에게도 감사의 말씀을 드리고 싶습니다.

무엇보다 재난 코호트 연구 대상자인 세월호 참사 유가족과 생존자분들에게도 진심으로 감사를 드립니다. 7번 이상의 설문조사에도 꼼꼼하게 응답하면서 본인들이 받고 있는 검진이 우리나라의 재난 정신건강 체계 구축에 도움이 될 것이라고 믿어주셨습니다. 또, 함께 긴 연구 여정에 동참해주신 재난 코호트 연구팀의 이소희, 노진원 선생님과 단원고 스쿨닥터로 시작하여 안산의 개원의로 우리아이들의 곁을 지켜주고, 트라우마 연구까지 참여해준 김은지 선생님을 비롯한 각 세부 팀별 연구원들에게도 감사드립니다.

20년 동안 한 번도 빠지지 않고 매분기마다 PTSD에 대한 최신지식을 나누어주신 박주언, 김원형 전현임 간사들과 PTSD 연구회 회원들, 우주 최강 네트워크라 자부하며 재난 현장에 뛰어들어 함께 배우며 성장해온 대한정신건강재단 재난정신건강위원회 위원들에게도 진한 감사의 마음을 전합니다. 정신의학, 심리학, 사회복지학, 간호학 등 다학제가 모여 함께 걷는 기적을 이룬 한국트라우마스트레스학회를 저 다음으로 회장을 맡아서 이끌어준 현진희, 백종우 회장님과 수많은 회원들에게도 감사드립니다. 재난은 낮밤과 휴일을 가리지 않고 일어나는데, 그 수많은 재난 현장마다 항상 가장 먼저 나타나는 심민영 국가트라우마센터장과 직원분들, 지역별로 설치된 권역 국가트라우마센터의 직원들, 세월호 유가족들의 곁을 처음부터 끝까지 지키고 있는 김현수 안산 온마음센터장과 직원들에게도 진심으로 감사드립니다. 이분들이 아니었다면 우리나라의 재난심리지원체계는 후진국 수준에서 한 발자국도 더 나가지 못했을 것입니다.

   마지막으로 가장 힘들었을 이야기를 해주시고, 견디어주신 수많은 트라우마 경험자들에게 감사드립니다. 여러분 덕분에 인간의 마음에 대해서 조금이나마 더 성찰하게 되었습니다. 이 책을 쓰면서 다시 한 번 다짐합니다. 당신 곁에서 최선을 다해 살아가겠습니다. 이 시대에 함께 살아남아주셔서 감사합니다. 살아 있으면 살아집니다. 우리가 함께 서로의 곁을 지키며 살아갔으면 좋겠습니다.

2023년 1월, 새해를 맞으며

채정호

2장 존중받지 못한 아픔들

고통이 몸과 마음에 남긴 흔적

현재를 살아가지 못하는 사람들

우리가 꼭 기억해야 할 사회적 트라우마

3장 '우리'라는 빛을 찾아서

1장
혼자만의 아픔,
소외되는 우리

혼자 있어 보니
혼자는 사실상 불가능했다
나는 나 아닌 것으로 나였다

– 이문재, 〈혼자와 그 적들〉 중에서

우리는
혼자라서
더 아프다

한 번도 경험해보지 못한 아픔

그전까지는 알지도 느낄 수도 없었던
아주 극심한 고통

쾅! 그리고는 의식을 잃었습니다. 재옥 씨는 남편과 작은딸과 함께 차를 타고 있었습니다. 사고가 났던 날은 딸이 2년이나 준비하던 취업에 성공하여 첫 출근 날에 입을 옷을 구입하려고 나섰던 길이었습니다. 재옥 씨가 정신이 든 뒤, 다른 식구들 안부를 물었을 때, 큰딸은 울면서 말을 잇지 못했습니다. 작은딸은 현장에서 즉사했고, 남편은 큰 부상으로 의식을 차리지 못한 채 중환자실에 있다는 것이었습니다.

머릿속이 하얘졌습니다. 입원 중인 남편 없이 작은딸 장례식을 치르는 동안 재옥 씨는 넋 나간 사람처럼 슬픔이 밀려오면 울다가 혼절하기를 수차례 반복했습니다. 남편은 의식이 돌아왔지만 차마 딸 소식을 전할 수 없었습니다. 딸 안부를 묻는 남편에게 괜찮다고 말했지만, 솟구치는 슬픔을 견딜 수 없어서 병실을 뛰쳐나올 수밖에 없었습니다. 집에 들어가면 작은딸이 환하게 웃으며 맞이하러 나올 것 같았습니다. 밖으로 나가면 딸과 함께 보냈던 추억이 스며든 장소들이 너무 많았습니다. 마지막으로 쇼핑하러 갔던 백화점 건물을 보면 몸이 사시나무 떨듯이 떨렸습니다.

무엇과도 비교할 수 없는 고통

고통을 겪지 않는 사람은 없습니다. 고통은 인간사에서 가장 중요한 주제였습니다. 불교는 태어나는 것 자체가 고통이며, 생로병사에 따라 인생 전반이 고통으로 가득 차 있다고 보았습니다. 기독교는 인간이 하나님으로부터 멀어져 천국에서 쫓겨나면서부터 고통이 시작되었다고 말합니다. 굳이 종교나 철학을 들추지 않더라도 고통은 삶에 아주 가까이 붙어 있는 주제입니다. 모욕이나 차별을 당해서, 몸이 아프고 상처를 입어서, 불치병으로 죽어가서, 음식과 물을 제대로 먹고 마시지 못해서, 돈이 없어서, 원하는 것을 얻지 못해서, 사랑하는 이와 헤어져서 등등 우리는 끊임없이 고통을 받으며 살아갑니다.

고통은 신체 어느 부위가 다쳐서 생기는 아픔보다 훨씬 광범위한 상태를 말합니다. 고통의 최고 전문기구라 할 수 있는 국제고통연구학회(The International Association for the Study of Pain)는 최고 권위자들 14명으로 구성된 분과위원회에서 고통을 이렇게 정의했습니다. "조직의 실제적 혹은 가능한 파손과 관계하여 겪는 불쾌한 감각적 및 정서적 경험이다." 물론 신체적 고통에 중점을 둔 정의입니다만

'파손' '불쾌' '감각' 등은 모든 고통에 따라붙는 내용입니다. 달라스 신학교 출신으로 바나바 인터내셔널 사역자 개발 책임자인 스콧 슘(Scott E Shaum)은 고통을 "신체적, 정서적, 영적, 그리고 관계적인 측면에서 내적 혹은 외적 억압을 야기하는 모든 경험"이라고 했습니다. 즉, 내가 하고 싶은 대로 안 되는 모든 것이 고통을 유발한다는 것입니다. 이렇게 수많은 고통 중에 무엇과도 비교할 수 없는 고통이 바로 '트라우마로 인한 고통'입니다. 트라우마를 겪기 전까지는 알지도, 느낄 수도 없었던 극심한 고통이 바로 트라우마를 경험한 그 순간부터 찾아옵니다.

지금은 '트라우마'(Trauma)라는 단어를 많이 사용하지만, 현대 정신의학에서 공식적으로 정의하는 트라우마의 범주는 매우 좁습니다. 가령 죽음 혹은 죽을 뻔한 위협, 심한 부상, 성폭행 등을 경험하는 것 정도를 트라우마, 우리말로는 보통 '심리적 외상'이라고 말합니다. 그런데 살다보면 이런 좁은 의미의 심리적 외상 말고도 엄청난 고통을 유발하는 일을 겪으면서 트라우마에 노출될 수 있습니다. 트라우마 생존자를 치료한 경험이 많은 임상심리학자 로리 앤 펄만(Laurie Anne Pearlman) 박사는 "정서적 경험을 통합하는 능력을 압도당하거나 혹은 주관적으로 생명, 육체의 보전, 정상 심리에 위협을 경험하는 것"을 트라우마로 정의했습니다. 이에 따르면 감당할 수 없을 만큼 엄청난 일을 겪고 압도된 상태라면, 이것은 트라우마이며 이때 심한 고통이 따르게 됩니다.

한편 '트라우마'라는 단어를 많이 사용하면서 누구나 트라우마에 노출될 법한 심한 부상이나 강간 등을 겪으면 대문자 'T'를 써서 '빅 트라우마'(big trauma), 이에 반해 큰 사건은 아니지만 대인관계나 일상생활에서 흔히 상처나 아픔 등을 겪으며 생기는 것을 소문자 't'를 써서 '스몰 트라우마'(small trauma)로 구분하기도 합니다.

트라우마, 누구라도 겪을 수 있다

우리는 누구나 트라우마를 겪을 수 있습니다. 그런데 트라우마는 통상적인 스트레스와는 분명 차이가 있습니다. 특정 사건을 겪고 난 뒤에 이전과 다른 삶을 살게 된다면, 그것은 스트레스를 넘어 트라우마에 가깝습니다. 삶의 방향을 전환시킬 만큼 압도적인 영향을 받았다는 의미이기 때문입니다. 정신건강 분야의 유명한 역학 연구 '미국공존질환조사'(The National Comorbidity Survey of the United States)의 책임 연구자였던 하버드대학의 로날드 케슬러(Ronald C. Kessler) 팀의 조사에 따르면, 미국 남성의 60.7퍼센트와 여성의 51.2퍼센트가 살면서 한 번 이상의 트라우마를 겪는다고 합니다. 그런데 여기에 스몰 트라우마(t)까지 포함한다면 그 빈도는 대폭 늘어납니다. 콜롬비아대학의 캐서린 라란드(Kathleen M. Lalande)와 조지 보난노(George A Bonanno) 교수가 대학생을 대상으로 조사한 결과에 따르면, 대학 재학 중 트라우마로 이어질 수 있는 사건을 경험한 횟수가 평균 6회를 넘었습니다. 대학교 과정이 4년이라면 트라우마에 노출될 수 있는 사건을 8개월에 한 번씩은 겪는다는 의미입니다.

인간사는 트라우마의 역사라 해도 과언이 아닙니다. 개인과 집단, 사회는 끊임없이 트라우마를 겪으면서 현재까지 살아왔습니다. 기원전 2000년경에 쓰인 인류 최초의 서사시 《길가메시 서사시》는 주인공 길가메시가 천벌을 받아 죽은 친구 엔키두를 보고 엄청난 고통을 겪는 것을 화두로 이야기가 펼쳐집니다. 성경을 보면 인류의 조상인 아담과 하와는 자신들의 자식 중 첫째 가인이 둘째 아벨을 죽인 것을 보고도 삶을 이어가야 했습니다. 노아는 가족과 일부 동물을 제외하고 모든 인류와 생명이 멸절하는 것을 고통스럽게 지켜보아야 했습니다.

트라우마의 고통은 지금도 현재 진행형입니다. 2022년 우크라이나 키이우에는 옷이 벗겨진 채 목에 끈이 감긴 시신을 들여다보다 등 문신을 보고 남편임을 알게 된 아내가 오열하고 있었습니다. 전쟁은 엄청난 트라우마를 가져오는 비극입니다. 기후변화 영향 등으로 115년 만에 최악의 폭우가 휘몰아친 2022년 여름, 반지하 방에서 쏟아진 빗물에 익사한 사람들이 있었습니다. 발달장애인, 회사원과 열세 살 어린아이가 세상을 떠났습니다. 지병으로 병원에 입원해 있던 이 집안 노모가 화를 면했지만 살아남은 노모는 내리는 비만 봐도 고통스러울 것입니다. 태풍 힌남노로 인한 폭우로 갑자기 물에 잠긴 주차장에서 차를 꺼내다 7명이 사망하고 2명이 간신히 살아난 사건의 생존자는 자신을 따라온 열네 살짜리 아들에게 "너라도 살아야 한다"며 내보냈지만, 그 아들은 끝내 숨진 채 발견되었습니다.

2022년 10월 29일, 핼러윈 데이를 앞둔 이태원에서 159명이 목숨을 잃은 참사도 마찬가지입니다. 이처럼 우리는 평범한 일상을 살다가도 갑자기 트라우마 사건을 경험할 수 있습니다. 1995년 삼풍백화점 붕괴 생존자이자 《저는 삼풍 생존자입니다》의 저자 이선민 씨는 이태원 참사 직후 사회관계망서비스(SNS)에 이렇게 적었습니다. "참사는 사람을 가려오지 않는다. 이번에 '운 좋게' 당신이 아니었을 뿐이다."

코로나19, 이것은 트라우마 상황이다

|

혼자서 겪지만,
혼자서는 해결할 수 없는 재난 상태

일어나자마자 뉴스부터 살핍니다. 잠든 사이에 코로나19가 또 어떤 일을 벌였는지부터 확인합니다. 집안 곳곳에도 손 소독제를 두었고, 마스크 없이는 나갈 수 없습니다. 집을 나서면서 만지는 문고리, 손잡이, 엘리베이터 버튼을 비롯하여 대중교통을 이용할 때도 늘 조심합니다. 이전에는 다른 사람과 부딪혀도 아무렇지 않았는데, 이제는 감염을 우려합니다. 무엇보다 사람을 꺼리게 되었습니다. 사람 많은 곳에서는 자연스럽게 거리를 둡니다. 감염은 부주의한 사람에게만 나타나는 것이 아닙니다. 바이러스는 빈부, 남녀노소, 사회적 계층을 구분하지 않습니다. 그렇다보니 어디를 가도 바이러스 틈바구니에서 사는 것 같습니다.

감염되면 아픈 것도 문제지만 그보다 동선이 공개되고, 만났던 모든 사람에게 민폐를 끼치면서 입방아에 오를 생각이 드니 두렵고 끔찍합니다. 사회적 낙인은 가장 힘든 형벌입니다. 내가 원해서 걸린 것도 아닌데, 나를 바이러스 덩어리로 볼 시선이나 원망을 생각하면 마음이 너무 힘듭니다. 누군가를 만나는 일도 꺼려질 수밖에 없습니다.

일상이 전면적으로 흔들리다

코로나19 대유행은 우리 삶 전체를 송두리째 바꾸었습니다. 이전에도 세계는 흑사병, 콜레라, 장티푸스 등을 겪어냈고, 최근에는 사스, 메르스(중동호흡기증후군)까지 거쳤지만, 코로나19는 이전보다 확연히 특별했습니다. '사회적 거리두기'라는 이름으로 사람 간 접촉을 단절하고, 마스크가 일상의 필수품이 된 것은 처음이었습니다. 2009년 신종플루는 확진자 75만 명, 사망자 263명이었고, 2015년 메르스는 확진자 186명, 사망자 38명 수준이었습니다. 그러나 코로나19는 2023년 1월 초 기준, 전 국민의 절반이 넘는 2,910만 명 이상이 확진 판정을 받고, 3만 2,000명이 넘게 사망했으니 이전과는 확실히 다른 사건이었습니다.

유행 초기, 코로나19 확진은 전통적인 의미의 트라우마, 즉 '빅 트라우마' 사건이었습니다. 바로 목숨을 위협받는 일이었기 때문입니다. 당시만 해도 감기와 같은 가벼운 바이러스 질환에 걸리는 정도가 아니었습니다. 특히 백신이나 치료제도 없고, 치명률도 알려지지 않았던 상황에서 코로나19 확진은 트라우마 요건을 충족했습니다. 그러자 미지의 감염병이 전세계를 유령처럼 떠도는 상황에서 안전감은 정처 없이 흔들렸습니다.

사실 감염이라는 몸의 문제가 정신적 어려움까지 초래한다는 것은 얼핏 이해하기 어려울 수 있습니다. 그저 크게 아프지 않을 정도로 넘어가면 툴툴 털고 일어날 것 같지만, 사람의 마음은 그렇게 단순하지 못합니다. 특히 생명을 위협하는 중증 감염을 앓거나, 자신이 걸릴지도 모른다는 두려움은 마음에도 큰 상처를 남깁니다. 메르스(MERS : Middle East Respiratory Syndrome)로 알려진 중동호흡기증후군 환자 63명을 2년 동안 추적, 관찰하는 연구에 참여한 적이 있습니다. 그 연구 결과, 이 병을 앓고 나서 만성 피로를 느꼈던 사람들은 자살에 대해 더 많이 생각했습니다.[1] 몸으로 시작된 문제가 마음에도 영향을 주었던 것입니다.

전쟁이나 대형사고(참사)를 겪으면 누구라도 고통에 압도되는 경험을 한다는 것은 쉽게 이해할 수 있습니다. 그런데 코로나19도 그런 압도감을 가져왔습니다. 2020년 1월 20일, 중국 우한에서 입국한 30대 중국 여성이 처음으로 확진 판정을 받았을 때, 이 사태가 앞으로 어떻게 전개될지는 아무도 예측할 수 없었습니다. 첫 사흘은 비교적 조용했으나 나흘 뒤 두 번째 확진자가 나오고, 다시 이틀 뒤 세 번째 확진자가 나오면서 이후 확진자가 급격히 늘어났습니다. 코로나19의 독성과 치명률을 모르던 상황에서 사람들은 공포감을 느낄 수밖에 없었습니다. 할 수 있는 것도 없고, 어떤 예측도 불가능한 상황은 사람의 마음을 움츠러들게 만듭니다. 안전감이 위축되어 생기는 불안과 공포는 영혼을 잠식합니다. 이런 위급한 상황에서 사람과 사람의 사이는 점점 더 멀어질 수밖에 없습니다. 이후 코로나19 초기 확진자의 모든 동선이 공개되었습니다. 확진자 동선에 걸린 모든 업장이 일시적으로 문을 닫았습니다. 확진자의 일탈도 심심찮게 나왔습니다. 그러다 신천지 교회에서 확진자가 폭증하는 일이 벌어지면서 코로나19에 대한 공포가 전국에 퍼지게 되었습니다. 2020년 초반, 코로나19는 그렇게 우리에게 엄청난 '공포'로 다가왔습니다.

한편 코로나19 초기, 빛나는 성과를 거두었다고 자랑한 K-방역은 소위 '3T'라는 대전제 하에 작동했습니다. 3T는 Test(검사), Trace(추적), Treat(치료와 격리)를 말합니다. 즉, 3T의 작동 원리는 집요하고 철저했습니다. 먼저, 검사를 통해 최대한 많은 대상자에게 검사를 실시합니다. 동선 추적도 철저하게 합니다. 세계 최고 수준의 IT와 통신 인프라 덕분에 휴대폰, 신용카드, 교통카드, 병원 진찰 및 처방전, 항공권, 열차 및 시외버스 티켓, 전자출입명부, CCTV 등 사람이 움직이는 거의 모든 기록을 들여다봅니다. 이에 따라 확진자를 생활치료 센터나 음압격리치료 병상 등으로 옮겨 치료합니다. 이런 방식은 매우 효과적이지만 프라이버시를 목숨만큼 중시하는 서구사회에서는 제아무리 좋은 첨단기술을 가졌더라도 도입되기 어려운 방식입니다.

이런 상황에서 코로나19는 여러 단계의 불안을 파생시켰습니다. 우선 내가 아프거나 죽게 될지도 모른다는 불안이 있습니다. 또, 나의 모든 동선이 공개되고, 그중에 부적절한 행적이 노출되어 남들에게 비난받을지 모른다는 불안도 있습니다. 그리고 본의 아니게 생활 터전을 떠나 어딘가에 격리되어 받는 치료도 두려움이자 불안입니다. 학교나 사업장에 민폐를 끼칠지도 모른다는 불안도 컸습니다.

이처럼 코로나19는 많은 사람들에게 불안과 두려움을 촉발하며 트라우마 상황으로 다가왔습니다. 이미 감염된 사람이 자신도 죽을지 모른다고 느끼게 되는 '빅 트라우마'까지는 아니더라도 혹시나 뭔가 잘못될지 모른다는 불안과 두려움만으로도 '스몰 트라우마'로 작동할 개연성은 충분했습니다. 눈에 보이지 않는 바이러스는 몸에 명백하게 드러나는 상처를 남기지 않았지만, 문제는 도처에 있었습니다. 바이러스가 마음에 남긴 생채기는 자명했습니다. 감염이 되었든 그렇지 않든 누구나 마음의 생채기를 감당해야 했습니다.

안전이 흔들리면서 트라우마를 겪는다

P씨는 평소에 걱정이 많고 예민했지만, 큰 무리 없이 일상생활을 해나가고 있었습니다. 그러다 2020년 초부터 망가졌습니다. 코로나19 때문이었습니다. 일단 모든 외출과 약속을 멈췄습니다. 마스크를 사러 나갔다가 마스크 대란으로 끝없이 늘어선 줄을 보고 아예 집 밖을 나가지 않으려고 했습니다. 문제는 출근해야 하는 남편이었습니다. 남편은 P씨의 걱정을 이해하여 가급적 모임에 나가지 않고 퇴근하면 바로 집에 들어왔습니다. 하지만 P씨에게는 퇴근한 남편을 맞이하는 게 공포였습니다. 코로나에 걸린 건 아닌지 걱정과 함께 남편 옷에 바이러스가 묻었을지 몰라서 남편이 옷을 벗고 씻은 뒤에야 이야기를 나눴습니다.

더 큰 난관은 대학생 아들이었습니다. 바이러스에 아랑곳없이 여기저기 돌아다니는 아들에게 협박이나 애원도 했지만, 예민한 엄마의 넋두리쯤으로만 여기는 아들을 통제할 수 없었습니다. 외출하고 들어온 아들과 마주치지 않으려고 P씨는 방에 틀어박히기 일쑤였고, 아들이 외출해야 거실에 나왔습니다. 이렇게 불안을 안고 살아가는 자신과 달리 뉴스에서 방역 수칙을 어기고 집단감염에 걸렸다는 소식을 접하면 울분이 끓어올랐습니다. 이렇게 몇 달 지내다보니 몸이 쇠약해지고 힘도 빠졌습니다. 남편이 병원에 가자고 설득했지만, 코로나 환자가 있을지 모르는 병원에 가지 않겠다고 버텼습니다. 결국 P씨는 거의 탈진할 지경이 되어서 병원을 찾았습니다.

P씨는 정신의학적으로 트라우마, 즉 빅 트라우마를 경험했다고 할 수는 없습니다. 감염병을 두려워했지만 감염된 것도 아니었습니다. 그러나 이 상황을 감당하기 힘들었습니다. 안전하지 않다는 생각이 P씨를 지배했습니다. 감염될지 모른다는 불안, 낙인찍힐지 모른다는 위협 등으로 안전감이 심하게 흔들렸습니다. 실제 트라우마는 아니나 트라우마 반응이 나오는 묘한 상황에 처한 것입니다. 이처럼 죽음, 심각한 부상, 성폭행 등에 처하지 않았는데, 트라우마 반응을 보이는 사람들이 있습니다. 바이러스 감염 공포, 낙인과 민폐에 대한 두려움 등 머릿속에는 코로나19 생각만 가득합니다. 이에 쉽게 놀라고 부정적인 감정에 휩싸이는 등 트라우마 반응이 나타납니다. 이처럼 트라우마는 내가 안전하지 않다는 감정에 압도당할 때, 드러나는 반응입니다.

에이브러햄 매슬로가 제창한 '인간 욕구 5단계' 이론에서 가장 원초적인 것은 음식, 수면, 배설, 호흡과 같은 생리적 욕구입니다. 이것이 없으면 생존이 불가능하므로 가장 낮은 단계에 있으나 가장 강력한 욕구입니다. 바로 그 위에 '안전 욕구'가 있습니다. 생리적 욕구가 충족되면 생명을 유지하기 위한 '안전'을 원합니다. 코로나19 상황에서 마스크를 쓰는 것도 안전 욕구가 발동한 까닭입니다. 바이러스에 감염되어 생사의 갈림길에 서는 것도 두려운 한편, 사회적 거리두기로 사업이 망하거나 해고당하는 것도 모두 안전이 위협받고 무너지는 위기 상황입니다. 이렇듯 위협에 제대로 대처하지 못하고 안전이 흔들리면서 트라우마 반응이 나옵니다.

혼자서 겪지만, 혼자서 해결할 수 없다

외부의 위협으로 두려움과 불안을 겪으면 사람은 우울하고 무기력해집니다. 코로나19가 장기화되면서 자포자기에 빠진 사람도 늘어났습니다. 외출도 무섭고 만남도 두렵습니다. 탈출구가 잘 보이지 않는 세상에서 마음이 흔들립니다. 이런 상황에서 누구든 스트레스를 받습니다. 그런데 스트레스와 트라우마는 확연히 다릅니다. 스트레스는 일시적으로 힘들 수 있지만, 시간이 지나면 본래 일상으로 돌아갑니다. 자신의 힘으로 그렇게 합니다. 반면에 트라우마는 그 일을 겪기 전과 후의 삶이 완전히 바뀌는 다른 차원의 문제입니다. 자신이 가진 자원으로는 감당하기 힘든 심리적 재난 상태입니다.

우리는 흔히 '재난'이라는 말로 끔찍한 상황을 표현합니다. 전쟁, 천재지변, 대형사고 등 재난 상황은 흔히 트라우마로 발현됩니다. 재난에 대한 정의는 다양합니다. UN 재난감소국제전략본부는 10명

이상 사망 및 100명 이상 피해자 발생 등과 같이 숫자로 재난을 정의하자고 제안했습니다. 하지만 9명이 사망하면 재난이 아닌 맹점이 발생합니다. 여러 제안 중 비교적 많은 동의를 얻은 재난의 정의는 "해당 지역사회의 자원으로 감당할 수 없는 일"입니다. 지역사회가 가진 역량으로는 해결이 어려워 외부 도움이 필요한 상황을 재난이라고 할 수 있습니다. 재난적 사건으로 인해 트라우마를 겪는 것도 마찬가지입니다. 트라우마는 "혼자 겪지만, 혼자서는 해결하기 어려운 상태"입니다. 코로나19는 혼자 조심하고 건강하다고 해결할 수 없습니다. 즉, 혼자만의 자원으로는 감당할 수 없는 재난적 상황입니다. 이는 국가 차원, 더 나아가 세계 차원에서 힘을 합쳐야 감당할 수 있는 사건입니다.

앞서 교통사고를 당했던 재옥 씨 남편 형철 씨는 다리를 절게 되었지만, 치료를 마치고 퇴원했습니다. 아픈 남편을 걱정하여 재옥 씨는 작은딸이 해외 근무를 갔다고 속였지만, 계속 그럴 수는 없었습니다. 퇴원 뒤 사실을 알게 된 형철 씨는 엄청난 충격을 받았습니다. 차를 타면서 딸과 자리를 바꿔 앉았는데, 이 때문에 자신 대신 딸이 죽었다는 죄책감에 짓눌렸습니다. 또, 재옥 씨를 비롯한 가족이 자기를 속인 것에 화가 났지만, 그보다 딸을 하늘로 보낸 것도 모른 채 치료에만 집중했던 자신에게 더욱 화가 났습니다. 이런 마음 상태다보니 더 치료해야 하는 상황이었지만 모든 치료를 중단해 버렸습니다.

매일 술을 마시며 아픔을 달래고자 했습니다. 한 집에 사는 큰딸

부부와도 관계가 틀어졌습니다. 사위는 이전과 너무 달라진 장인을 대하는 것이 힘들었습니다. 처제를 먼저 보낸 것은 가슴이 아팠지만, 시간이 지나도 헤어나지 못하는 장인, 장모에 대한 원망도 들었습니다. 집안 분위기가 가라앉으면서 큰딸의 초등학생 자녀들은 집에 있는 것을 싫어하게 되었습니다. 재옥 씨는 실의에 찬 남편 모습을 보면서 어떻게 해야 할지 몰랐습니다. 원래 치료받고 있던 종양 상태가 악화되었지만, 적극적인 치료가 필요하다는 의사 말이 귀에 들어오지 않습니다. 차라리 작은딸이 있는 곳에 갈 수 있다면 빨리 죽고 싶어졌습니다. 하루종일 집안에 틀어박혀 지내는 날이 많았습니다. 급기야 방에 누워 일어서지 못하는 중증 우울증 상태가 되었습니다.

이처럼 한 사람의 고통과 트라우마는 집안 전체, 나아가 그 사람이 속한 모든 사회에 영향을 미칩니다. 감정은 전이되고, 관계는 악화됩니다. 그야말로 모두의 삶에 파장을 남깁니다. 누구에게나 삶을 바꾸는 트라우마의 순간이 닥칠 수 있습니다. 트라우마를 겪기 전의 나와 겪고 난 뒤의 내가 달라집니다. 이는 개인에게도 닥칠 수 있지만, 조직, 지역사회, 국가, 세계 등으로 확대될 수 있습니다. 전세계에 퍼진 코로나19는 이를 겪기 전의 세계와 겪고 난 뒤의 세계가 달라지게 만들었습니다.

힘들 때, 누가 내 곁에 있어줄 것인가

|

우정, 사랑, 친밀감…
사람을 살리는 연결의 마음들

코로나19는 인간이 힘들 때, 나타나는 모습을 날 것 그대로 드러나게 했습니다. 인간을 비롯한 모든 동물은 알 수 없는 존재나 통제할 수 없는 상황을 만나면 불안과 공포를 느낍니다. 이것은 생존 본능입니다. 안전감에 빨간불이 켜질 때, 인간은 크게 두 가지 반응을 보입니다. 하나는 안전을 유지하고자 다른 사람과 함께 있으면서 두려움을 누그러뜨립니다. 다른 하나는 다른 사람과 떨어져서 혼자 숨으려고 합니다. 이런 분리 경향은 불안과 공포가 커질수록 강해집니다. 심하면 분리를 넘어서 남에 대한 혐오로 나아가기도 합니다.

감염병 트라우마는 특정한 사람이나 사회만이 아니라 전세계가 겪는 고통입니다. 과학과 의학의 발전 등에 힘입어 비교적 안전하다는 인식을 심어줬던 세계는 코로나19로 순식간에 수렁에 빠졌습니다. 감염병 창궐이 초래한 공포는 트라우마로 작동했고, 인간의 정서·인지·행동 등에 큰 영향을 주었습니다. 인간의 정서는 복잡해 보이지만, 간단하게 유쾌한 정서와 불쾌한 정서로 나눌 수 있습니다. 감염병은 분명 유쾌한 정서를 가져오지 않습니다. 감염병 특수로 대박이 나서 큰 성공을 이룬 사업가들이야 유쾌한 정서를 품을 수 있지만, 대부분의 사람은 불안, 우울, 분노와 같은 불쾌하고 부정적인 정서를 느낍니다. 내가 언제 감염될지 모른다는 불안은 나의 일상생활을 제한합니다. 또, 사람을 만나지 못하면서 우울감이 생기고, 방역지침을 어기는 사람들이나 정부의 관리부실에 대해 분노 등이 따릅니다. 감염병에서 언제 벗어날지 모른다는 불확실성도 이런 부정적인 정서를 부추깁니다. 이는 곧 우리의 생각과 행동에도 영향을 미칩니다.

인간은 사회적 거리두기로 못 사는 존재

감염병의 창궐은 낯선 사람에 대한 불신을 부추겼습니다. 눈에 보이지도 않는 작은 바이러스가 인간 사이에 벽을 쳤습니다. 이것은 이미 역사적으로 증명이 된 사실입니다. 그동안 대규모 전염병이 창궐했던 지역과 그렇지 않았던 지역을 비교한 결과, 전염병이 많았던 곳은 집단주의 성향, 즉 폐쇄적이고 배타적인 경향이 나타났습니다. 이는 곧 전염병 자체가 사람의 행동과 마음에도 영향을 미친다는 의미입니다. 우리는 코로나19를 겪은 2020년부터 이전과 다른 행동을 보이게 되었습니다. 외출이 확연히 줄고, 사람과 사람 간의 거리는 확실히 멀어졌습니다. 일상이 달라지고 관계도 변했습니다. 우리는 확진자 숫자와 방역지침에 귀를 세우고 할 수 있는 것과 할 수 없는 것 사이에서 외줄을 탔습니다. 방역이 모든 것에 우선하면서 소상공인 등의 경제적 어려움도 컸습니다. 낯선 사람에 대한 불신이 높아지면서 각자도생을 향한 욕망도 커졌습니다. 어떻게든 감염병 위험을 줄이기 위해 낯선 사람과 접촉도 줄였습니다. 외출이 막히니 온라인으로 물건을 사고, 외식 대신 배달음식을 주문해 먹었습니다. 이렇듯 사람과 사회와 거리를 두면서 각자 알아서 살아가는 각자도생이 많아지고, 남에 대한 배타성 또한 높아졌습니다. 이런 와중에 '코로나 블루'(Corona blue)가 일상적으로 번져갔습니다. '코로나'와 우울하다는 뜻의 '블루'를 합친 '코로나 블루'는 그 당시 심리방역의 중요성을 확실하게 알렸습니다. 사실 2015년 메르스가 유행할 당시에도 감염병이 유행할 때는 신체 건강에 관심을 기울이는 것 못지않게 마음건강에도 예방과 치료가 중요하다는 '심리방역'의 개념을 방송 등에서 수차례 강조했습니다. 하지만 그런 노력에도 심리 방역에 대한 인식이 크게 확산되지는 못했습니다.

심리방역의 중요성은 통계를 살펴봐도 확연히 드러납니다. 2015년 메르스 당시 격리되었던 1,692명을 조사한 적이 있습니다. 그 결과, 7.6퍼센트는 불안을, 16퍼센트는 분노 감정을 보였습니다. 격리 후, 4~6개월이 지나도 3퍼센트 정도가 불안을, 6.4퍼센트는 분노 반응을 지속적으로 보였습니다.[2] 코로나19에 비하면 비교적 소수가 영향을 받았던 메르스이지만, 마음건강 문제에서 후유증이 상당히 장기간 남는 것은 그만큼 심리방역이 중요하다는 것을 말해줍니다. 그런데도 메르스 유행이 끝나고 난 후, 심리방역에 대한 논의는 시

들해졌습니다. 그러다 코로나19 이후에는 너무 많은 사람들이 마음
건강 문제를 겪게 되면서 다시 심리방역의 중요성이 수면 위로 올
라왔습니다. 이런 영향을 반영한 듯 한국트라우마스트레스학회에
서 만든 '감염병 심리사회방역지침'을 찾는 사람들도 폭증했습니다.

감염병 위험 속에 산다는 것은 만만한 일이 아닙니다. 오죽하면
코로나 블루를 넘어 짜증이나 분노가 터진다는 '코로나 레드'(Corona
red), 더 나아가 모든 것이 암담하고 좌절감이 심해지는 '코로나 블
랙'(Corona black)이라는 말도 만들어졌을까요. 코로나19는 사람을 만
나고 이야기하고 함께 밥 먹는 등 일상적인 행위가 얼마나 중요한지
새삼 깨닫게 해주었습니다. 사람이 사람에게 기대는 것은 본능입니
다. 서로 기대고 있는 사람을 형상화한 한자어 '사람 인'(人)은 이를
잘 보여줍니다. 사람은 서로 기대어 살아야 하는데, 거리두기를 하
려니 우울해질 수밖에 없습니다. 사실 용어에도 문제가 있습니다.
사람은 기본적으로 사회적 동물로 '사회적' 거리두기는 사람의 본질
을 염두에 두지 않은 명명입니다. 감염병 유행 시기에는 어쩔 수 없
이 '물리적'으로 거리를 둘 수는 있어도 '사회적'으로 거리를 두면
살 수 없는 존재가 바로 '사람'입니다.

'나'는 소중하지만 '우리'는 외면하고

코로나19 유행이 트라우마로 다가온 이유는 그동안 안전하다고
여겨왔던 사회와 사람, 일상 등에 대한 신뢰가 깨졌기 때문입니다.
모든 것을 의심하고, 주의해야 한다는 것은 개인의 긴장 수준을 높

이고, 삶의 질을 떨어뜨립니다. 코로나19 이전, 인천공항에서 하루에 출발하는 항공편은 1천 편이 넘었고, 20만 명이 공항을 이용했습니다. 세계화는 전세계를 하나로 묶고 자유로운 왕래를 보장했습니다. 하지만 이러한 세계화는 역설적으로 코로나19를 빠르게 확산시키고, 고통을 키우는 역할을 했습니다. 2019년 11월 17일, 중국 우한에서 처음 발생하여 12월 1일 최초 보고된 코로나19는 2020년 1월 중국을 넘어 전세계로 빠르게 퍼졌습니다. 불과 4개월 만인 3월 11일 세계보건기구(WHO)가 팬데믹을 선언할 정도로 급격하게 퍼져나갔습니다.

세계는 역사적으로 오랫동안 감염병과 전쟁을 벌여왔습니다. 감염병이 퍼질 때마다 과학과 의학은 백신, 치료제 등을 개발하여 안전을 회복해왔지만, 바이러스는 그때마다 모습을 바꿔가면서 다시 인간을 위협했습니다. 새로운 바이러스가 출현할 때마다 인간은 엄청난 심리적, 신체적 공포를 느낍니다. 코로나19도 변종인 오미크론의 심각성이 약해지고 가볍게 앓는 사람이 많아지면서 공포심이 줄었지만, 코로나19 유행 초기에는 공포심이 사람들을 압도했습니다. 트라우마의 핵심은, 목숨에 대한 위협 등 공포가 삶을 지배하는 것입니다. 코로나19는 매일 같이 확진자와 사망자 숫자가 미디어를 통해 드러납니다. 대부분의 사람은 그 숫자에 압도당할 수밖에 없습니다. 특히 치명률이나 전염력이 높으면 사람에 따라 이 상황 자체를 트라우마로 받아들이기도 합니다. 백신이 없는 상황에서 바이러스를 피할 방도는 '마스크'가 유일했습니다. 방역 당국은 끊임없이 마스크를 강조했고, 많은 사람이 마스크를 끼고 살았습니다. 만나도 만난 것이 아닌 것 같은 세상이었습니다. 마스크에 가려 얼굴은 반쪽만 드러나고, 감정은 감춰지곤 했습니다. 그것은 만남을 반쪽짜리로 만들었습니다. 마스크는 방역에 꼭 필요했지만 한편으로 우리사회를 메마르고 삭막한 각자도생으로 몰아넣었습니다.

마스크 장착은 크게 봤을 때, 두 개의 의미를 담고 있었습니다. 행여나 감염병을 옮기지나 않을까 염려하여 남에게 안전감을 심어주겠다는 의미가 있었고, 나머지는 어떻게든 나의 안전과 건강을 지키겠다는 '마스크 생존주의'가 있었습니다. 후자는 사실 '내 안전에 위협을 가할 수 있는 너를 배제하겠다'는 뜻을 내포하고 있습니다. 나만 중요하고 우리는 희미해집니다.

코로나19를 거치면서 각자도생은 더욱 중요한 생존 방식으로 자리매김했습니다. 결과적으로 믿음과 신뢰에 기반을 둔 '우리'라는 의식이 무너졌습니다. 생각해보면 우리사회는 원래 '우리'가 중요한 사회였습니다. 언어만 봐도 그렇습니다. 우리나라, 우리가족, 우리회사 등 항상 '우리'라는 수식어를 붙였습니다. 영어권에서는 My country, My home 등 '나'를 중심으로 생각하는데, 우리사회에서는 '나'보다 '우리'를 우선했습니다. 과거에는 두레나 품앗이와 같이 '우리'를 지켜주는 공동체 문화가 있었습니다. 빨래터에서 수다를 떨고, 골목에서 평상을 깔고 이야기를 나누며 정서도 공유했습니다. 그 시절이라고 사는 게 쉽지는 않았지만, 당시는 역경이 닥치면 혼자 넘기보다 '우리'가 함께 뭉쳐 역경을 넘고자 하는 정서가 흔했습니다.

공동체지수 OECD 최하위가 의미하는 것

한국트라우마스트레스학회가 코로나19가 발생한 지 1년이 지난 시점에 '코로나19 국민정신건강 실태조사'를 해본 결과, 우울 위험군은 20퍼센트, 자살 생각률은 13.4퍼센트로 나타났습니다. 평상시보다 각각 약 6배와 3배 높은 수치였습니다.[3] 특히 '조용한 학살'로 명명된 스스로 목숨을 끊는 20대 여성들이 유례없이 늘었습니다. 2020년 1월부터 8월까지 자살을 시도하는 20대 여성은 전체 자살 시도자의 32.1퍼센트로 전 세대에서 가장 많았습니다. 20대 여성의 자살률 증가 폭은 다른 세대와 성별을 훨씬 넘었습니다. 이에 대해 코로나19로 서비스 업종이 가장 큰 타격을 받았고, 여기에 종사하는 비율이 높은 20대 여성이 가장 큰 피해를 입었다는 분석이 있었습니다.[4] 이런 결과는 사회적으로 함께하지 못하고 있는 젊은이들의 힘든 현실을 보여줍니다. 이렇게 힘들고 어려울 때 "요즘 나, 힘들어"라고 편하게 말할 수 있는 사람이 있을까요? 만약 그런 사람이 떠오른다면 힘들어도 그럭저럭 잘 견디며 살아갈 수 있습니다. 각자도생의 사회는 어려울수록 나에게만 집중하게 만듭니다. 하지만 내 안전은 오로지 내가 책임진다는 생각, 남에게 폐를 끼치지 않으려는 심리, 그것은 결과적으로 믿고 의지할 만한 관계를 만들어 내지 못하게 합니다.

'내가 어려울 때, 도와줄 수 있는 사람이 얼마나 있습니까?'라고 묻는 국제 조사가 있습니다. 국제협력개발기구(OECD)는 '더 나은 삶의 질 지수'(Better Life Index)를 조사하면서 이 질문을 던집니다. 바로 '공동체 연대성'(Quality of support network) 지표입니다. 2017년 기준, 우리나라는 총 38개국 중 38위로 최하위였습니다. 내게 문제가 있을 때, 도움을 요청할 친척이나 친구, 이웃이 있는지 묻는 문항에 대하여 한국인은 72퍼센트가 '있다'고 답했습니다. 즉, 10명 중 3명은 주변에 자신을 도와줄 사람이 없었습니다. OECD 국가 평균은 88퍼센트로 이는 10명 중 1명 정도만 주변에 자신을 도와줄 사람이 없다는 의미입니다. 결과적으로 우리나라는 이보다 세 배쯤 높은 셈입니다. 예전에는 공동체 지향성이 높아서 '우리'가 그렇게 중요했던 우리사회에서 점점 공동체가 무너지고 있다는 사실이 아프게 다가옵니다. 특히 고립된 상태로 외톨이처럼 지내는 사람들도 갈수록 많아지고 있습니다. 늘 경쟁하며 각자도생으로 살다보니 진심으로 믿을 사람이 곁에 없다는 우리사회의 아픈 현실입니다.

서로의 곁을 연결하는 것

나 혼자 산다는 것은 쉬운 일이 아닙니다. 몸과 마음 모두 힘듭니다. 자신이 힘들어지니 남에 대한 관심도 떨어지면서 계속 외톨이로 지내는 시간이 길어지고, 삶은 더 힘들어지는 악순환이 이어집니다. 지금 우리사회는 정서적 고립 사회입니다. 이웃사촌, 골목, 동네, 마을 등 일상에서 쌓을 수 있는 관계가 사라지고 있습니다. 현재에 맞는 마을 공동체 등을 만들어보고자 노력하고 있지만 널리 퍼져나가지 못하고 있습니다.

인간은 근본적으로 사회적 동물입니다. 아무리 성공한다 해도 곁에 아무도 없다면 무슨 의미가 있을까요. 지금 너무 아프고 힘들어도 '살아야겠다'는 마음을 촉진하는 것이 우정, 사랑, 친밀감 같은 정서적 연결감입니다. 이런 연결감이 안정과 행복을 가져옵니다. 이를 잘 보여주는 연구들도 있습니다. 7만 2천 명 이상을 대상으로 조사한 한 연구는 나이 들어 홀로 사는 사람은 그렇지 않은 사람보다 15퍼센트 이상 우울증을 더 겪는다는 결과를 내놨습니다. 기초자치단체별로 자살률을 조사한 서울대학교 행정대학원 연구는 자녀와 접촉 빈도, 친구와 접촉 빈도, 친목 단체 참여도가 높을수록 자살률이 감소한다는 결과를 내놓았습니다. 사회적으로 고립(외톨이)된 사람이 심장병으로 입원했을 때, 이 사람은 사회 관계망이 두터운 사람보다 사망률이 두 배 이상 높다는 연구도 있습니다.

나 혼자 살면 편한 면도 있겠지만, 어려움이 닥쳤을 때 나를 견디게 해주는 것은 누군가와 연결되었다는 감각입니다. 미국 베스트셀러 소설이자 영화로 만들어진 〈가재가 노래하는 곳 Where the Crawdads Sing〉에는 연결된 마음이 사람을 어떻게 살게 하는지 보여줍니다. 주인공 카야는 부모, 오빠와 언니 등 가족이 모두 떠난 습지의 집에 혼자 삽니다. 이웃도 없고, 친구나 친척도 없습니다. 고립된 카야가 굶어 죽지 않고 생존과 희망을 품을 수 있었던 것은 식료품 가게 주인 부부 덕분이었습니다. 마을에서 유일하게 카야를 존중해주고 친구로 대해준 사람들이었습니다. 카야가 세상과 연결되고 세상을 견딜 수 있게 만든 것이 바로 '연결감'이었습니다.

"지금 너무 아프고 힘들어도
'살아야겠다'는 마음을 촉진하는 것이
우정, 사랑, 친밀감 같은
정서적 연결감입니다."

갈수록 커지는 정신건강의 격차

|

행복한 사람은 더 행복하고
불행한 사람은 더 불행하고

우리사회도 정신건강에 대한 관심이 부쩍 높아지고 있습니다. 정
신력 운운하며 정신건강 문제를 하찮거나 감춰야 할 것으로 여긴 과
거에 비하면 인식이 크게 바뀌었습니다. 정신건강의학과를 찾거나
우울증이나 공황 등 다양한 정신건강 문제를 스스로 밝히는 사례도
많아졌습니다. 이는 통계로도 잘 드러납니다.

건강보험심사평가원에 의하면, 우울증으로 한 해 동안 정신건강
의학과 진료를 받은 사람이 2017년 69만 1,164명에서 2021년 93만
3,481명으로 35퍼센트 이상 늘었습니다. 코로나 직전인 2019년 81만
1,891명과 비교하면 2년 사이 15퍼센트 정도 폭증했습니다. 연령대
로 살펴보면, 2017년에 60대 환자가 전체의 18.7퍼센트로 가장 많았
지만, 2021년에는 전체의 19퍼센트가 20대였습니다. 같은 기간 60
대 환자는 14.5퍼센트 늘어났으나 20대 환자는 무려 127.1퍼센트 증

가했습니다. 불안장애 환자도 2019년 74만 3,083명에서 2021년 16.4 퍼센트 늘어난 가운데, 20대 환자가 8만 969명에서 11만 351명으로 36.3퍼센트 늘어 연령대 중 가장 큰 폭으로 증가했습니다.[5]

저는 37년차 정신과 의사입니다. 제가 전공의를 하던 1980년대만 하더라도 정신건강의학과는 비교적 한산하고 조용했습니다. 주로 아주 심각한 정신장애 환자가 병원을 찾을 정도였습니다. 그런데 지금은 확연히 달라졌습니다. 어느 정신건강의학과를 가도 대기실이 북적거립니다. 대학병원 정신건강의학과는 2~3시간 진료 대기는 보통이며 예약하려면 몇 달씩 걸립니다. 제가 태어나던 해의 우리나라 국민소득은 80~90달러 정도였는데, 2021년도 국민소득은 3만 5,000달러로 무려 427배나 늘었습니다. 제가 대학을 들어가던 해는 27.2퍼센트 정도가 대학에 진학했는데, 2021년 대학 진학률은 71.3퍼센트였습니다. 이처럼 더 많은 돈을 벌고, 더 많은 교육을 받으면 우리가 더 행복할 줄 알았습니다. 그런데 지금 우리사회는 힘들고 아픈 사람들이 더 많아졌습니다. 오히려 과거 홀대받던 정신과 의사는 유망한 직종이 되었습니다. 도대체 왜 이렇게 되었을까요?

자원이 많을수록 힘든 상황도 잘 견딘다

정신과 의사로 평생을 살면서 살펴보니, 환자의 분포도 많이 달라졌습니다. 이전에는 가부장제의 심한 억압 속에 화병에 시달리던 중·노년층 여성이 압도적으로 많았지만, 이제는 남녀노소 구분이 없습니다. 어릴 때부터 비교당하면서 다양한 의무감에 시달려서인지 정신건강 문제로 병원을 찾는 아이들도 많아졌습니다. 소아정신과에 예약하려면 7년 이상 걸려서 아이가 태어나면 소아정신과 예약부터 해야 한다는 농담이 생길 정도입니다. 또, 학교에서 따돌림과 대인관계 문제로 힘들어하는 학생들도 너무 많습니다. 자해로 피범벅이 된 사진을 SNS에 올리는 청소년들도 많아지고 있습니다. 너무 아픈 우리사회의 현실입니다.

우리사회는 학창 시절부터 대학입시로 성공과 실패를 갈라놓습니다. 스무 살 안팎부터 성공과 실패로 갈라서 몰아세우는 제도와 문화 속에서 산다는 것은 큰 압박감으로 다가옵니다. 총탄과 미사일이 날아다녀야만 전쟁이 아닙니다. 입시도 전쟁이요, 취업도 전쟁입니다. 입시나 취업에 성공해도 전투는 계속됩니다. 평생 집을 마련하지 못할 것 같은 두려움, 먹고사는 것에 대한 불안, 회사에서 쫓겨날지 모른다는 걱정, 비참한 노후를 맞이할지 모른다는 공포 등이 삶을 지배하고 압도합니다. 대문자 트라우마(T)는 아닐지 몰라도 수많은 소문자 트라우마(t)에 휩싸여 있습니다. 이렇듯 삶의 안전이 끊임없이 위협받다보니, 정신건강 문제가 생기는 것은 당연합니다. 흔히 정신건강 문제를 그 사람이 약해서 그렇다고 치부하는 경우가 많습니다. 잘못된 인식입니다. 학교에서 왕따, 직장에서 갑질, 가정에서 폭력 등 자신이 속한 사회의 구조적 압력과 폭력 때문에 정신건강에 문제가 생긴 사람은 명백히 피해자입니다. 구조적 문제를 외면하고 개인의 잘못으로 치부하면 진짜 문제를 찾지 못합니다.

코로나19처럼 사회 전체를 뒤덮은 재난을 겪으면서 많은 사람이 우울과 불안, 분노 등에 시달리며 진료실을 찾고 있습니다. 저는 의료 현장에서 고립감과 외로움을 호소하다가 스트레스, 불안, 우울을 거치며 무기력해지고, 잠을 못 자고, 각종 신체 증상에 고통받는 수많은 사람들을 매일 만납니다. 이런 분들 중에서 몸과 마음이 힘들 때, 비교적 잘 견디는 사람들이 있습니다. 바로 심리자원이 풍족한 경우가 그렇습니다. 정신건강도 마찬가지입니다. 스테반 합폴(Stevan E. Hobfoll)은 스트레스를 해소하는 것은 새로운 자원을 찾는 것과 같다고 했습니다. 자원이 많은 사람은 스트레스도 잘 견뎌낼 수 있지만, 반대로 자원이 부족한 사람은 사소한 스트레스에도 큰 충격을 받습니다.

트라우마도 마찬가지입니다. 자원을 잘 갖추고 있으면 트라우마를 견디는 힘도 나아집니다. 코로나19와 같은 충격에서도 심리자원을 충분히 갖춘 사람은 혼자 있는 시간을 나름대로 즐기며 지낼 수 있습니다. 하지만 자원이 부족한 사람은 더 고립되고 외로워집니다. 부익부 빈익빈이라는 말처럼 행복한 사람은 시간이 가면 눈덩이가 굴러가듯 행복이 누적되지만, 불행한 사람은 불행의 나락이 더욱 깊어집니다.

아무리 아파도 돈이 없다면?

대기업 임원이 교통사고를 당한 뒤, 심한 트라우마 증상이 생겨서 저를 찾아왔습니다. 다행스럽게 심리자원이 풍부한 사람이었습니다. 특히 죽을 뻔한 고비를 넘기며 '언제라도 죽을 수 있는데 운좋게 살아 있구나'라는 통찰이 생긴 뒤 삶이 확연히 달라졌습니다. 이전까지 성과와 성장만을 향하여 달려왔던 그는 사랑하는 사람을 챙기지 못했다는 깨달음을 얻었습니다. 가족과 시간을 많이 보낼 수 있도록 하던 일을 바꾸는 등 삶의 태도 전반이 달라졌습니다. 부랴부랴 출근하기 분주했던 아침 시간을 명상과 기도의 시간으로 바꾸고, 삶에서 가장 중요한 가치가 일이 아닌 '곁에 있는 사람'이라는 깨달음을 얻고 나누고 돌보는 삶을 선택했습니다. 진료 초반에 그는 항상 찌푸린 인상에 어두운 표정이었지만, 시간이 갈수록 환한 낯빛으로 변해갔습니다. 나중에는 삶에서 가장 감사한 일이 교통사고라고 서슴지 않고 말했습니다. 교통사고가 없었다면 이전처럼 정신없이 살다가 죽을 때까지 무엇이 잘못되었는지도 몰랐을 거라며 말입니다.

위 사례처럼 심리자원이 고통으로부터 삶을 지켜주기도 하지만, 그렇지 못한 경우도 있습니다. 어린 시절부터 부모의 사랑을 받지 못하고, 심한 학대까지 받았던 30대 여성이 있었습니다. 그녀의 고통은 성인이 되어서도 계속되었습니다. 원치 않았던 상대로부터 강간을 당한 적도 있고, 또 아는 사람과 오토바이를 탔다가 그만 교통사고로 큰 위기를 겪기도 했습니다. 다행히 신체 부상은 심하지 않았지만, 정신건강 치료는 무척 어려웠습니다. 한 가지 트라우마 사건만이 아니라 여러 트라우마가 결합된 복합, 혹은 복잡 트라우마(complex trauma)를 겪고 있었기 때문입니다. 복잡하게 얽힌 트라우마를 하나둘 풀어나갔지만, 겹겹이 꼬인 트라우마가 그녀를 끊임없이 괴롭혔습니다.

같은 교통사고였지만 대기업 임원의 경우는 자신의 풍부한 심리자원을 잘 활용하여 사고를 걸림돌이 아니라 오히려 디딤돌로 사용할 수 있었습니다. 반면에 30대 여성은 어린 시절부터 계속 트라우마를 겪는 동안 자신의 심리자원을 충분히 쌓지 못했고, 그런 탓에 큰 교통사고가 아니었는데도 결국 무너질 수밖에 없었습니다. 이런 개인의 심리자원의 차이가 같은 사고를 당해도 어떤 사람은 더 성숙한 삶으로 이어가고, 또 다른 사람은 여러 심각한 정신건강 문제를 겪게 됩니다.

현대 사회의 가장 큰 문제는 '불평등과 양극화'입니다. 어떤 어려움을 겪어도 부자는 점점 더 부유해지고, 가난한 사람은 점점 더 가난해집니다. 마이클 마멋(Michael Marmot)이 '건강 격차'라고 부르는 현상도 엄연히 존재합니다. 몸과 정신건강 모두 계층 간 양극화 현상이 벌어지고 있습니다. 이런 현상은 단순하게 가난 때문에 벌어지는 것이 아닙니다. 마멋은 《건강 격차》에서 이렇게 말합니다. "건강에 중요한 것은 얼마를 가지고 있느냐보다는 가진 것으로 무엇을 할 수 있느냐." 즉, 건강도 사회적인 시각에서 바라봐야 한다는 것입니다. 단순하게 개인이 가진 부나 개인의 노력으로 건강이 달라지는 것이 아니라, 사회의 평등 정도가 중요하다는 의미입니다. 가난보다 불평등이 병을 만드는 근본 원인일 수 있습니다. 만약 죽도록 일해서 먹고살아야 하고, 아파도 병원에 갈 시간도 돈도 없다면, 건강은 더 나빠질 수밖에 없습니다. "평등한 사회에서는 가난이 병을 만들지 않는다"는 마멋의 말을 다시 되새겨봅니다.

사회가 아프니까 나도 아프다

|

아프지 않은 사회에
아프지 않은 청춘이 산다

형섭 군 아버지는 그야말로 폭군이었습니다. 가정 폭력이라는 끔찍한 트라우마 속에서 살아왔던 그는 어른이 되어서도 무력하기 짝이 없었습니다. "병신 새끼" "네 까짓 게" "나가 죽어라" 등의 심한 언어폭력과 신체폭력을 당하면서 힘만 강해지면 '아버지에게 복수를 하겠다'고 이를 간 적도 있었습니다. 하지만 시간이 갈수록 아버지가 했던 말이 자신의 진짜 모습 같았습니다. 자신이 할 수 있는 것은 아무것도 없다는 느낌이 들었습니다. 어머니는 폭력을 견디다 못해 아예 말문을 닫았습니다. 형섭 군도 집을 나가고 싶었지만, 혼자 남겨진 어머니에 대한 걱정과 나가면 어떻게 살아야 할지 자신도 없었습니다.

그러던 어느 날, 아버지에게 폭행을 당하다가 더 이상 이렇게 살수 없다는 생각에 가출을 감행했습니다. 하지만 갈 곳도 없었습니다. 며칠을 굶다가 전화번호를 알고 있던 중학교 동창에게 연락을 했습니다. 그 동창도 가정형편이 넉넉하지 않았으나 편의점 아르바이트를 하면서 원룸을 얻어 살고 있었습니다. 형섭 군의 사정을 듣고 동창은 5평도 안 되는 공간이지만, 형섭 군을 받아주었습니다. 또, 편의점 야간 근무도 소개해주었습니다. 난생처음 해보는 일이었기에 형섭 군은 모든 것이 낯설고 어려웠지만, 더는 물러설 곳이 없다는 각오로 버텼습니다. 동창의 도움과 열심히 일한 덕분에 자기만의 공간도 마련할 수 있었습니다. 그리고 기초생활 급여를 받을 수 있다는 말을 듣고 주민 센터를 찾아갔습니다. 적은 금액이라도 받을 수 있다면 스스로 삶을 꾸려나갈 수 있다는 기대가 생겼지만, 알아보니 부양의무자가 있어서 안 된다는 것이었습니다. 아버지 때문에 수급비를 받을 수 없다는 말을 듣자 치가 떨렸습니다. 부양의무자 확인 제도가 곧 폐지될 것 같으니 좀 더 기다려보자는 담당 공무원 말에 견뎌보기로 했지만, 계속되는 밤샘 근무가 너무 힘들었습니다. 마침내 부양의무자 제도가 폐지되었지만 형섭 군은 다른 조건을 충족하지 못하여 생계급여를 받을 수 없었습니다. 형섭 군은 결국 무너졌습니다.

한 사람이 아프면 가족 모두가 아프다

코로나19 상황에서 많은 사람이 스스로 목숨을 끊는다는 뉴스가 종종 나왔습니다. 겉으로 보면 우리사회는 선진국이 되었다는데, 왜 이렇게 아프고 힘든 사람들이 많아질까요. 코로나19로 벼랑 끝에 선 사람들이 너무 많았습니다. 거리두기 등으로 자영업자들을 비롯하여 취약계층은 너무 힘들었습니다. 돌파구를 찾고자 주식이나 코인에 투자했다가 폭락장에서 모든 것을 날려버린 사람도 있었습니다.

인간은 의식주 기본 생활만 해결된다고 살 수 있는 존재가 아닙니다. 꿈과 이상 등에 대한 기대를 품을 수 있는 희망이 있어야 하고, 가치 있고 의미 있는 삶에 대한 바람이 작동해야 합니다. 인간은 생존을 위한 빵만으로 살 수 없고, 인간다운 삶을 위한 장미도 있을 때, 삶을 삶처럼 살아갑니다. 하지만 생존에 있어 가장 기본적인 문제를 해결할 수 없다면, 사람은 트라우마 상황을 맞닥뜨릴 수밖에 없습니다.

우리사회는 분명 경제 선진국 대열에 들어섰습니다. 하지만 사회 시스템이나 사회의식은 선뜻 선진국이라고 말하기에 저어되는 측면이 있습니다. 예를 들어 가족 중 한 사람에게 질환이나 장애가 있다고 봅시다. 이때 우리사회 시스템은 가족에게 의존하는 비율이 매우 높습니다. 국가가 책임지지 않기 때문입니다. 국가는 질환이나 장애에 대한 돌봄을 가족 문제로 떠넘깁니다. 결국 가족 중 누군가가 꼬박 붙어 간병하거나 수백만 원을 들여 간병인을 구해야 합니다. 세계 최고의 효율을 자랑하는 건강보험이라고 하지만, 간병은 가족이 몸으로 헌신하거나 돈으로 막아야 합니다. 병원 현장에서 보면, 입원비보다 간병비로 허덕거리는 경우가 비일비재합니다. 아프거나 장애를 맞닥뜨린 사람이 집안 경제를 책임지던 사람이라면 그 가정은 흔들리고 맙니다. 여기에 국가나 사회는 없습니다. 한 사람이 아프면 온 가족이 아플 수밖에 없는 구조입니다.

정신건강은 코로나19와 같은 감염병이 아닌데도 감염병과 같은 성상을 갖고 있습니다. 앞서 형섭 군 집안이 아픈 원인은 자신보다 약한 가족에게 온갖 패악질을 한 아버지에게 있었습니다. 아버지는 분노 조절을 못 하는 환자였습니다. 그런 아버지로 인하여 어머니는 심한 우울증, 화병, 함구증에 시달리는 환자가 되었습니다. 형섭 군도 우울증에 알코올 중독 환자가 되었습니다. 이처럼 그 어떤 감염병보다 전염성이 높은 것이 바로 '정신건강'입니다. 코로나19로 익숙해진 '감염 재생산 지수'(Reproduction Ratio)라는 개념이 있습니다. 감염자 한 명이 바이러스를 옮기는 숫자를 뜻합니다. 이 지수가 1 이상이면 유행이 확산되고 있다는 의미입니다. 형섭 군 가정은 한 명(아버지)이 아내와 아들까지 감염시킨 셈이니, 감염 재생산 지수가 2라고 할 수 있습니다. 이렇게 지수가 높아지면 대유행이 일어납니다.

코로나19로 우리사회 전반에 부정적 정서가 만연하다는 조사 결과가 나온 바 있습니다. 한국언론진흥재단이 성인 1,000명을 대상으로 '코로나19 이후 국민의 일상 변화'를 조사한 결과, 우울 단계인 '코로나 블루'를 넘어 분노 단계인 '코로나 레드'로 넘어가고 있었습니다. 코로나19 확산 전과 비교하여 일상에서 느끼는 감정은 어떻게 변화했는지 질문한 결과에서도 응답자의 78.0퍼센트가 '걱정 또는 스트레스'를 더 많이 느낀다고 답했습니다. 또, '불안 또는 두려움'을 코로나19 이전보다 많이 느낀다는 응답자가 65.4퍼센트에 달했고, '짜증 또는 화' '분노 또는 혐오'가 늘었다는 응답은 각각 60퍼센트, 59.5퍼센트로 집계되었습니다.[6]

개인의 감정은 사회를 비추는 거울

김찬호 사회학자는 "감정은 사회적"이라고 말했습니다. 코로나19 이후 감정을 조사한 결과가 말하는 바와 같이 개인의 감정은 사회와 밀접하게 영향을 주고받습니다. 아픈 사회에 아픈 사람들이 넘쳐납니다. 오염된 어항 속에 있는 물고기는 아무리 애를 써도 결국 병들어갑니다. 그렇다면 물고기를 돌보는 것도 중요하지만, 어항을 깨끗하게 관리하는 것이 더 중요하지 않을까요. 물고기에게 어항 관리를 맡길 수는 없습니다. 개인의 노력만 강조하고 평가해서는 안 된다는 의미입니다. 이는 사회의 잘못을 감추고 은폐하는 결과를 낳습니다. '아프니까, 청춘'이라고 말하기 전에 아프지 않은 사회를 함께 만들어야 합니다. 사회라는 말이 너무 크고 무겁다면 이웃, 직장, 마을 등 작은 공동체부터 건강하게 만들어야 합니다.

개인이든 사회든 한쪽이 건강하지 못하면, 다른 쪽이라고 멀쩡할 순 없습니다. 오염되고 불안한 사회가 개인과 공동체에 미치는 영향은 코로나19 등을 통하여 우리는 절감했습니다. 비록 사회적 비용이 들더라도 형섭 군 같은 상황에 있는 사람들을 사회가 살릴 수 있는 길을 만들어야 합니다. 그것이 감염 재생산 지수를 줄여 정신건강 적신호를 바꿀 수 있는 하나의 길입니다.

마스크에 갇히면서 잃어버린 것

|

보이지 않아도 거리를 두어도
더 커지는 누군가의 의미

야구 모자를 눌러쓰고 선글라스를 낀 채 마스크를 한 모습으로 진료실에 앉은 사람이 있습니다. 사회공포증, 즉 대인공포를 호소하는 사람의 전형적인 모습입니다. 그런데 코로나19 이후 상당히 많은 사람이 이런 모습으로 진료를 받고 있습니다. 갑자기 사회공포증이 늘어난 걸까요? 아닙니다. 감염이 두려운 사람들의 자연스러운 모습입니다.

코로나19로 사람 간 접촉이 줄어들고, 외롭고 쓸쓸한 시기에도 오히려 전보다 낫다는 사람들이 있습니다. 바로 사회공포증 환자입니다. 또, 주변에서 자신을 보고 쑥덕거리거나 피해를 주는 것 같다며 피해망상을 느끼는 사람도 마찬가지입니다. 이전에는 사람들이 있는 자리에서 자기 혼자 마스크를 쓰는 것에 위축되었다면, 코로나19 시국에는 다른 사람들도 마스크를 쓰고 다니고, 사람들 접촉을 피하니 오히려 마음이 편하다고 했습니다. 사람을 만나기 싫은, 이른바 MBTI에서 'I' 성향을 가진 사람은 코로나19가 불러온 상황이 오히려 좋았습니다. 코로나19 최대 수혜자는 자신들이라고 이야기할 정도였습니다.

반면에 MBTI에서 'E'로 시작하는 외향적인 사람에게 거리두기는 심한 형벌이었습니다. 만남을 좋아하고 함께 무엇이든 해야 하는 사람들에게 '거리두기'는 너무 힘들었습니다. 정신과 의사에게도 어려운 일이 닥쳤습니다. 정신과 의사는 환자의 말, 표정, 행동 등을 주의 깊게 보면서 어떤 변화와 특징이 있는지를 알아차리려야 합니다. 그래서 환자가 말로 하지 못한 내용도 표정의 미묘한 변화를 통하여 알아내고자 노력합니다. 그런데 코로나19로 진료실에서 마스크를 써야 하니, 그동안 쌓아온 정신과 의사의 민감한 촉이 무뎌질 수밖에 없습니다. 이처럼 코로나19는 사람에 따라 각자 다르게 다가왔습니다. 마스크를 쓰고 자신을 가리는 것이 더 좋았던 사람이 있는가 하면, 어떤 사람에게는 그것이 너무 힘들었습니다. 그런데 사람과 만나지 못하는 것이 누군가에게는 좋고, 누군가에게는 좋지 못한 그런 일일까요?

다른 사람이 필요하지 않은 사람은 없다

사람 간 접촉이 줄어 코로나19 상황이 좋다는 사회공포증 환자에게도 사람은 필요합니다. 아니 어떻게 보면 더 절실하게 필요합니다. 사람이 필요하지 않다면 굳이 남을 의식하지 않았겠지요. 다른 사람의 존재가 절실하고 중요하니, 자신을 어떻게 보고 평가하는지 신경을 곤두세울 수밖에 없어서 힘든 것입니다. 살면서 겪은 크고 작은 트라우마가 대인관계를 피하게 만들고, 외로움이 커지는 만큼 다른 사람을 끊임없이 의식하는 악순환에 빠집니다.

내향적인 사람에게도 다른 사람이 필요합니다. 다만 상대적으로 소수와 교분을 가져도 충분하므로 많은 사람이 필요하지 않을 뿐입니다. 다른 사람이 필요하지 않은 사람은 아무도 없습니다. 특히 진심으로 자신을 대하고 위로해줄 사람은 꼭 필요합니다. 이런 말을 하는 사람이 있습니다. "사람이라면 지긋지긋해." "세상은 혼자 사는 거야. 아무도 필요하지 않아." 이런 사람은 강한 정신력을 가진 듯 보이지만 실은 외로운 사람입니다. 강한 척하지만 관계에 서툴거나 상처 입은 자신을 감추기 위해서 이렇게 말로 회피합니다.

코로나19 상황에서는 사람 사이가 어쩔 수 없이 멀어졌습니다. 사람과 거리를 둔 채, 항상 마스크를 쓴 채 지내야 했습니다. 이는 한편으로 현대인의 심리상태를 상징적으로 보여주는 것 같았습니다. 현대인은 다른 사람과 심리적 거리를 점점 벌리며 살았습니다. 무한 경쟁 시대라는 이유로 타인은 서로 협력하고 돌봐야 할 상대가 아니라, 경쟁하고 이겨야 할 대상이었습니다. 함께 회식하고 술잔을 기울여도 그가 무엇을 고민하고 어떤 생각을 하는지 관심은 없습니다. 대화를 나누어도 집 평수와 집값이 얼마이며, 무슨 차를 타고, 어느 주식에 투자하는지에 관심을 둡니다. 상대방이 가치 있게 여기는 것은 무엇인지, 삶의 목적이 어떤 것인지 묻지도 않고 알고 싶지도 않습니다. 어쩌면 그러한 인생의 진짜 물음에 대해 스스로 생각하지 않거나 마음을 주지 않고 살아왔을 수 있습니다.

심지어 부모가 자식의 마음에는 관심을 두지 않는 경우도 허다합니다. 자식의 진심보다 성적과 직업, 즉 사람 그 자체의 존엄보다 기능에 초점을 두고 잘하고 못 하고를 판단합니다. 물론 판단을 받고 산다고 대문자 트라우마(T)에 노출되는 것은 아닙니다. 생명을 위협받는 일이 아니기 때문입니다. 하지만 이렇게 타인의 판단을 받는 삶이 지속되면 문제는 달라집니다. "이렇게 살아야 해" "이렇게 살지 마" "너는 아무리 해도 안 돼" 등과 같은 말이 반복되면 삶에 대한 자기 주도권이나 자기 결정권이 약해집니다. 희망은 약해지고 미래는 불안해집니다. 불안은 안전에 위협을 주므로 소문자 트라우마(t)의 요건을 갖추게 됩니다.

사회적 거리두기에서 사회적 연결로

물리적 거리두기는 있어도 사회적 거리두기는 불가능합니다. 저는 코로나 시국 내내 공식 용어인 '사회적 거리두기'는 잘못된 말이라고 지적해왔습니다. '물리적 거리두기'는 할 수 있어도 '사회적 거리두기'는 인간을 인간으로서 살아갈 수 없게 합니다. 감염병 앞에서 피치 못해 물리적으로 거리를 둘 수 있지만, 사회적으로 거리를 두면 생존에 위기가 옵니다. 힘든 일을 겪을 때마다 우리는 '사회적 거리'를 좁혀서 서로를 보듬어주고 돌봐준 덕분에 지금까지 생존할 수 있었습니다. 요즘은 기술 발전 덕분에 물리적으로 접하지 못해도 온라인을 통한 소통이 가능합니다. 비록 얼굴과 얼굴이 직접 만

"물리적 거리두기는 가능해도
사회적 거리두기를 하면
살지 못하는 존재가 바로 인간입니다."

날 수 없을지라도 '사회적 연결'은 끊지 않고 살아야 합니다. 사회적 연결은 '질'이 중요합니다. 만약 연결이 남과 비교하고, 다른 사람들이 어떻게 지내는지 탐색하면서 내 처지를 자책하게 만든다면, 고립보다 나을 것이 없습니다. 페이스북 등 SNS상에서 이뤄지는 연결의 부작용입니다. 사회공포증 환자들이 코로나 시국에서 편안함을 느낀 이유가 여기 있습니다. 사회적 연결을 차단하고 살아도 되었기 때문입니다.

저는 프로야구를 좋아하고 한 팀을 줄곧 응원하고 있습니다. 코로나19 이전에는 종종 야구장에 가서 목이 터져라 응원했습니다. 응원하는 팀의 성적이 좋지 않을 때도 응원석에만 가면 절로 기운이 납니다. 각 선수 응원가를 목청껏 부르면서 응원팀이 지고 있어도 9회까지 열정적으로 응원합니다. 응원하는 팀 유니폼만 봐도 가슴이 뜁니다. 저는 응원하는 팀과 선수들과 좋은 관계를 맺고 있다고 생각합니다.

좋은 사회적 관계란 이렇게 응원하는 사이입니다. 비록 성적이 좋지 않아도 응원하고 박수치고 좋아하고 사랑하는 관계는 누구에게나 필요합니다. 어떤 강력한 방역 상황에서도 만남을 허용하는 관계가 한 집에 사는 가족이었습니다. 팬데믹 시국에서도 가족끼리 잘 지낸 사람들은 힘이 덜 들었습니다. 오히려 이전에 나누지 못했던 이야기도 나누고, 서로를 더 깊이 알아가는 시간을 보냈습니다. 반면에 부부 사이, 부모자식 사이, 형제자매 사이가 좋지 않은 관계라면 가족이 함께 지내는 시간은 더 힘들 수밖에 없습니다. 가뜩이나 좁은 집이 더 좁게 느껴집니다. 사이가 좋지 않은 사람들이

한 공간에서 지내면 그곳이 바로 지옥입니다. 좋지 않은 관계가 되는 이유를 야구에 빗대자면, 팬으로 응원하지 않고 감독이 되어 상대를 자신의 입장에서 끌어가려고 하기 때문입니다. 감독은 팬심을 가진 사람이 아닙니다. 가장 큰 관심은 성적에 있습니다. 상대를 만나면 꼭 이기고 우승까지 해야 합니다. 하지만 진짜 팬들은 오랫동안 좋은 성적을 거두지 못해도 그 팀을 좋아하고 응원합니다. 경기에 지면 실망을 쏟아내기도 하지만, 그것으로 애정하는 마음을 바꾸지는 않습니다.

상당히 많은 부모와 부부가 자식과 배우자에 대하여 감독 역할을 하고자 합니다. 엄한 감독에게 자신의 삶이 끌려다니다 보면 소문자 트라우마에 노출될 수 있습니다. 그나마 야구팀 감독은 성적이 나쁘면 바뀌지만 가족 관계는 쉽게 바꾸거나 지울 수 없습니다. 가족 안에서 감독 역할은 어울리지도 맞지도 않습니다. 응원하고 지지하는 관계가 진짜 연결입니다. 사회적 연결이 중요한 우리에게 필요한 것은 감독이 아니라 어떤 상황에서도 늘 응원하는 팬입니다.

이것은
타인의 고통이
아니다

정서폭력이 난무하는 사회

|

갑질, 언어폭력, 사이버불링…
서서히 병들어가는 사람들

병철 씨는 아버지만 생각하면 긴장합니다. 말수가 없고 엄한 아 버지는 병철 씨가 작은 실수만 해도 큰소리를 쳤습니다. 집안 분위 기는 살얼음판이었습니다. 어린 시절, 병철 씨는 조용하고 항상 주 눅 든 모습의 존재감 없는 아이였습니다. 그러다 4학년 때, 도사견 이라는 별명을 가진 무서운 담임선생님을 만났습니다. 한 번은 반에 서 돈이 없어진 사건이 벌어졌습니다. 노발대발한 선생님은 반 학생 모두를 무릎 꿇려 책상 위에 앉혀놓고 범인을 잡고자 닦달했습니다. 살벌한 분위기가 커지는 순간, 집에서도 공포 분위기를 끔찍해하던 병철 씨가 갑자기 눈물을 터뜨렸습니다. 그런데, 이 눈물은 병철 씨 를 도둑으로 오해하도록 만들었습니다. 담임선생님은 병철 씨를 매 섭게 몰아쳤습니다. 주눅이 든 병철 씨는 억울했지만, 말을 제대로 잇지 못하고 훌쩍이기만 했습니다. 병철 씨는 선생님에게 심한 매

질을 당했습니다. 당시는 선생님이 학생에게 폭력을 가하는 일이 일
상다반사였습니다. 선생님의 매질도 아팠지만, 병철 씨가 지금까지
기억하는 것은 "도둑놈의 새끼가 고집도 세다"는 선생님 칼 같은 말
이었습니다. 끔찍한 시간이 끝난 뒤, 기다리는 것은 반 아이들의 싸
늘한 시선이었습니다. 병철 씨는 '왕따'를 당했습니다. 학년이 끝나
가면서 돈을 잃어버린 아이가 가방 속 주머니에서 돈을 발견하여 담
임선생님에게 이야기했다고 들었습니다. 하지만 병철 씨는 담임선
생님과 돈을 잃어버린 아이에게서 한마디 사과도 듣지 못했습니다.

병철 씨는 초등학생을 둔 아버지가 되었지만, 어릴 적 담임선생
님에게 당한 폭력을 잊지 못한 채 살고 있습니다. 신체에 가한 폭
력도 문제지만, 더 큰 상처는 "도둑놈의 새끼"라는 말이었습니다.
그 말을 들은 반 친구들이 자신을 도둑 취급했던 시간도 잊히지 않
았습니다. 대화를 나누다가 자신이 다가가면 대화를 멈추고 가방이
나 소지품을 여미던 아이들의 모습을 잊을 수가 없습니다. 맞아서
아픈 것이야 며칠 지나면 사라졌지만, 말로 맞은 것은 평생 잊을 수
가 없었습니다.

대물림되는 부정적 정서

미국 하버드의대 마틴 타이커 교수팀이 〈미국정신의학〉 학술지에
게재한 논문에 의하면, 어린 시절 부모나 친구에게 언어폭력을 당
한 성인 63명의 뇌를 조사한 결과, 좌뇌와 우뇌를 연결하는 뇌량과
감정과 기억을 담당하는 해마가 그렇지 않은 사람보다 쪼그라든 상

태였습니다. 타이거 교수팀은 뇌량 이상으로 좌우 뇌의 정보 교환에 이상이 생김으로써 언어나 사회성에 문제가 발생하고, 해마 이상에 따른 우울과 불안이 쉽게 나타난다고 설명했습니다.

병철 씨도 뇌 손상을 받았던 것입니다. 실제 얻어맞은 것도 있지만, 그것보다 말로 인한 손상이 더 컸습니다. 사람을 만나기가 어려워서 진심을 터놓을 사람도 없었고, 어렵게 취업한 직장에서도 의견을 잘 표현하지 못해서 고과 평가는 더 하위 등급에 있는 동기들보다 진급도 늦었습니다. 성실한 모습을 좋아하던 상사도 말을 잘하지 않는 병철 씨를 답답하게 여겼습니다. 평상시 말을 잘하지 않다가도 술자리에서 술이 몇 잔 들어가면 억눌러왔던 봉인이 풀려서인지 윗사람들에게 대드는 일이 몇 차례 있었습니다. 후배 직원들에게도 별말 않다가 갑자기 화를 내며 매몰찬 말을 퍼붓는 일이 종종 발생했습니다.

병철 씨는 자신이 아버지에게 가진 거리감을 자식에게 대물림하지 않겠다고 이를 악물었습니다. 그러나 쉽지 않았습니다. 아무리 다정하게 대하려고 해도 한두 마디를 하고 나면 할 말이 없었습니다. 본심과 달리 뚱한 아버지가 되어갔습니다. 아이들도 중학생이 되자 아버지를 소 닭 보듯 했습니다. 섭섭한 마음이 들었지만 어린 시절의 자신처럼 아이들이 아버지인 자신을 불편하게 여길까봐 아무 말도 하지 못했습니다. 그러다가 술이라도 한잔 마시고 온 날이면 아이들을 모아놓고 잔소리를 퍼부었습니다. 병철 씨도 노력했지만 닮고 싶지 않았던 아버지를 따라가는 것 같았습니다. 자기 안에 싫어했던 아버지 모습이 있다는 사실을 깨닫고 진료를 자청했습니다. 진료 중에도 말이 적었던 병철 씨는 어쩌다 심하게 정색하는 경우가 있었습니다. 상대방이 자신을 무시한다는 느낌을 받으면 화가 나는 것 같았습니다. 화를 드러내지 않으려 애썼지만 까칠한 톤으로 말을 이어가곤 했습니다. 어린 시절 받았던 정서적 폭력이 평생 병철 씨를 휘감고 있었습니다. 폭력을 당하면서 자신도 폭력에 익숙해진 것입니다.

'갑질'이라는 우리사회의 그림자

뉴욕타임즈에 'Gapjil'(갑질)이라는 단어가 소개된 적이 있습니다. 위키피디아는 'Gapjil'을 이렇게 정의합니다. "한국에서 다른 사람에 대하여 우월한 권력이 있는 사람이 행하는 무례하고 권위적인 태도와 행위를 일컫는 말." 갑질은 사실 계약 권리상 쌍방을 뜻하는 갑을(甲乙) 관계에서 상대적으로 우위에 있는 '갑'과 특정 행동을 낮추는 접미사 '-질'을 붙여 부정적인 어감을 강조한 조어입니다. 즉, 상대적으로 우월한 신분, 지위, 직급, 위치 등을 이용하여 다른 사람에게 무례한 행동을 하거나 언어폭력 등을 행사하는 것을 뜻합니다. 국제적으로 '한국에서 흔히 나타나는 현상'이라고 인식되고 있을 만큼 우리사회의 갑질 형태는 아주 다양합니다. 언론 등에는 각종 갑질 사례가 등장합니다. 병철 씨가 아버지나 선생님에게 당했던 폭력도 일종의 갑질에 의한 것이며, 병철 씨가 자녀나 후배들에게 행하는 폭력도 일종의 갑질이었습니다.

갑질은 물리적 폭력도 있지만, 정서적 폭력을 가하면서 오래가는 마음의 상처를 남긴다는 것이 큰 문제입니다. 물리적 폭력은 몸에 선명하게 증거가 남더라도 시간이 지나면 나아집니다. 하지만 마음에 가해지는 폭력은 그렇지 않습니다. 당시에는 분명한 표시가 나지 않아도 지워지지 않는 깊은 상흔을 남깁니다. 목숨이 위태로울 정도로 맞아서 대문자 트라우마(T)에 처하는 경우도 있지만, 정서적 폭력은 그 정도 위협은 아닐지라도 감당하기 어려운 일을 당한 것이므로 소문자 트라우마(t)에 노출될 수 있습니다. 인격모독을 비롯하여 모멸과 혐오, 차별과 무시 등 갑질에 속절없이 당한다면 그곳이 가정, 학교, 직장 어디든 바로 지옥입니다. 인간이 존엄하게 살 수 없다면 그곳이 지옥입니다.

우리나라는 경제적으로 선진국이지만, 사람을 존중하는 정도로 따진다면 선진국이라 할 수 없습니다. 후진국이 사람을 귀하게 여기지 않는 곳이라면 우리사회는 후진국에 머물러 있는 곳이 많습니다. 정서폭력의 그림자는 우리사회 곳곳에 난무합니다. 가정, 학교, 직장의 현장 곳곳에서 정서적으로 상처받는 모습을 수시로 목격합니다. 가정에서도 정서폭력은 차고 넘칩니다. 가톨릭의대 서울성모병원 정서연구실(이하 '저희 연구실')에서 325명의 우울·불안장애 환자들의 어린 시절을 조사해보니, 아동기 때 정서폭력을 당한 사람은 우울과 불안, 그리고 불안 민감도가 높았고, 성인이 되어서도 대인관계에 많은 문제가 있었습니다. 특히 정서적인 트라우마는 신체적인 트라우마보다 성인기 대인관계에 악영향을 미쳤습니다.[7] 정서폭력은 어린 시절뿐만 아니라 연인 사이에서도 벌어집니다. 물리적으로 폭력을 가하지 않더라도 가스라이팅으로 괴롭히며 정서폭력을 가합니다. 친구 사이에서도(이런 관계를 가족이나 연인이나 친구라고 불러야 하는지 의문입니다) 정서폭력은 흔합니다. 모순이지만 정서폭력을 저지르고 나서도 "사랑해서" 그랬다고 말하는 가해자들이 많습니다. 대중강연으로 유명한 김창옥 대표는 가족과 친밀한 사이에서 필요한 것은 '사랑'이 아니라 '예의'라고 말합니다. 사랑한다면서 함부로 대하는 것은 이유를 막론하고 사랑이 아닙니다.

사이버 폭력, 서서히 병들게 하는 심리적 살인

모르는 사이에도 정서폭력을 당하는 경우가 SNS나 인터넷 댓글을 통해 일어납니다. 명백히 사이버 폭력입니다. 이것은 피 한 방울 흘리지 않고 사람을 죽이기도 합니다. 일부 연예인이 댓글을 통한 정서폭력에 시달리다가 극단적인 선택을 하거나 피해를 호소합니다. 이에 일부 포털은 연예나 스포츠 뉴스 등에 댓글을 없애는 조치를 취했지만, 이것으로 사이버 폭력을 없앨 수는 없습니다.

사이버상에서 특정인을 집단적으로 따돌리거나 괴롭히는 행위를 뜻하는 '사이버불링'(Cyberbullying)도 심각합니다. 코로나19로 등교를 하지 않았는데도 사이버상에서 따돌림을 행하는 사례도 잦아졌습니다. 학교에 가지 않았는데 어떻게 따돌림을 당하는지 의문이 들 수 있지만 '카톡 감옥' '카톡 왕따'라는 말처럼 사이버상에서도 무시하고 괴롭히는 것은 얼마든지 가능합니다. 특히 어린 시절에 받은 이러한 상처는 성장 과정에서 큰 영향을 미칩니다. 뉴스를 보면 특정 연예인이나 운동선수가 학창 시절에 학교 폭력 가해자였다는 폭로가 종종 터집니다. 지난 일이지만 피해자들은 한결같이 오랜 시간이 흘러도 그때 그 기억에서 벗어나지 못하고 있다고 토로합니다. 가해자가 TV에 나와 웃고 떠드는 모습을 보면 몸이 얼어붙고 치가 떨린다고 하소연합니다. 그 상처의 기억 때문에 과거에 갇혀서 현재의 삶을 제대로 살지 못한다고 호소합니다.

학교 폭력은 이미 우리사회의 큰 문제로 떠올랐습니다. 특히 정서폭력은 코로나19 동안 더 증가했으며[8], 괴롭힘은 더 은밀하게 이뤄졌습니다. SNS 단체 대화방에서 특정인을 대상으로 언어폭력을 가하거나 피해 학생 SNS 계정을 빼앗아 유료 결제를 하는 등 사이버폭력이 한층 더 늘었습니다. 이처럼 일상에서 온·오프라인을 통해 막말, 무시, 경멸, 편견, 차별, 혐오 등을 흔하게 목격합니다. 대수롭지 않게 공격하는 말 한마디, 남의 마음을 멋대로 재단하는 정서폭력 등은 상하가 있는 권력관계에서 흔하게 생길 수 있습니다. 부모가 자녀에게, 상사가 부하에게, 교사가 학생에게 자신보다 약자라고 여기는 사람에게 말을 칼처럼 휘두릅니다. 남보다 우월한 위치에 있다는 것이 남을 업신여기고 얕잡아보는 경향으로 변질될 수 있습니다. 물론 권력관계에 있지 않은 사이버상에서도 특정인을 대상으로 정서폭력을 휘두르는 일도 잦습니다.

이처럼 정서폭력을 당한 사람이 느끼는 모멸감은 사회학자 김찬호 교수에 의하면 '정서적인 원자폭탄'입니다. 김 교수는 "인간이 인간에게 가할 수 있는 가장 무서운 폭력이며, 평생을 두고 시달리는 응어리를 가슴에 남긴다"라고 말했습니다. '사이버 트라우마'라는 용어를 정리한 심리치료사 캐서린 닙스(Catherine Knibbs)는 온라인 텍스트 등을 통해 받은 상처에 대하여 '비트리올릭'(vitriolic : 황산의, 황산으로 된)이라는 표현을 썼습니다. 이 표현의 명사인 '비트리올'(vitriol)은 황산입니다. 황산이 어떤 물질인가요. 피부에 닿으면 피부를 태우며 호흡기를 손상합니다. 눈 점막에 닿으면 실명하고, 마시면 위벽이 부식될 정도로 강력한 물질입니다. 황산에 의한 상처는 평생 돌이킬 수 없을 정도로 강력합니다. 그만큼 사이버 트라우마는 마음에 황산을 부은 것처럼 엄청난 고통입니다.

피 흘리지 않아서 눈에 보이지 않지만, 사람을 서서히 병들게 만드는 것이 정서폭력입니다. 만일 황산을 지나가는 사람에게 퍼부었다면 명백히 범죄행위이며 감옥에 갈 겁니다. 그러나 이것만큼, 어쩌면 이것보다 더 심각한 위험에 빠뜨릴 수 있는 막말, 무시, 경멸, 차별, 혐오 등은 대수롭지 않게 일어나고 있습니다. 지금도 말로 황산을 퍼붓는 사람이 주변에 널려 있습니다. 오죽하면 2019년 '직장 내 괴롭힘 금지법'이 시행되었을까요. 이 법은 직장 내 괴롭힘을 '사용자 또는 근로자가 직장에서의 지위 또는 관계 등의 우위를 이용하여 업무상 적정범위를 넘어 다른 근로자에게 신체적, 정신적 고통을 주거나 근무환경을 악화시키는 행위'로 정의합니다.

많은 사람이 집, 학교, 직장, 군대, 각종 관계 등에서 정서적 트라우마를 겪습니다. 정서적 황산을 여기저기 퍼붓는 사회에서 살면 트라우마에 노출되지 않을 방도가 없습니다. 대한민국은 총기 사용이 거의 완벽하게 제한된 안전한 나라입니다. 그러나 말을 이용한 총질이 곳곳에서 일어나고 있습니다. 일상에서 이런 언어폭력에 노출되어보지 않은 사람은 없을 정도입니다.

"시끄러워, 저리 가." "꺼져버려." "몰라서 물어?" "죽어라." "똑바로 살아." "아가리 닥쳐." "너, 싸이코야?" "네가 한 게 뭐가 있어?" "그렇게 살면 좋아?"

누군가에게 한 번쯤 들어봤을 법한, 어쩌면 나도 누군가에게 했을지 모를 이런 말은 모두 정서적 황산 공격입니다. 이런 말은 아무리 노력해도 소화가 되지 않습니다. 자기 안에 새겨지고 봉인되어 있다가 어느 순간 갑자기 튀어나오곤 합니다. 세상에는 확연한 악인이 존재합니다. 어떠한 방법으로도 교화되지 않을 것 같은 나쁜 사람이 있습니다. 이들은 다양한 방법으로 주변 사람들을 괴롭힙니다. 하지만 정서폭력은 이런 악인들만 가하는 것이 아닙니다. 평범한 사람도 흔하게 가해자가 됩니다. 현대 사회는 무한 경쟁이 중요한 요소로 장착된 고긴장 사회입니다. 이런 사회는 개인에게 학벌과 돈, 그럴듯한 직장 등이 뒷받침되지 않으면 불안과 두려움을 안깁니다. 사람은 불안과 두려움에 휩싸이면 교감신경계가 흥분합니다. 교감신경계는 싸움 등 위급한 상황에서 작동하는 본능적 자율신경계입니다. 격투기 선수가 시합할 때, 불이 났을 때 등 위험에 처할 때 활성화되는 신경계입니다. 교감신경계가 일상적으로 항상 켜져 있다고 상상해보십시오. 늘 촉각을 세우고 있어야 하니 피곤함이 극도로 심해집니다. 안전하고 평안한 상태라면 신경이 이완되어 평온을 유지하지만, 경쟁으로 긴장감이 팽팽한 상태에서는 불안을 잠재우며 살아남기 위해서 온 신경을 써야 합니다. 삐끗하다가는 생존에 위협을 받으니, 적을 찾아내는 데만 온 노력을 기울입니다.

우리는 코로나19 시국에서도 이를 확인했습니다. 유럽, 북미 등에서는 코로나19를 '중국 바이러스'로 지칭하며 아시아인을 감염원으로 취급하거나 폭행했습니다. 이른바 '혐오 폭력'입니다. 편견에 기반해 특정 집단에 폭력을 행사한 사례를 뉴스 등을 통하여 접할 수 있었습니다. 이처럼 사회 전반의 긴장 수준이 높아지면, 남을 적으로 여기고 공격을 가하는 일이 벌어집니다. 이런 모습은 역사에서 되풀이되고 있습니다. 폭력에 쉽게 노출될 수밖에 없는 사회적 취약 계층이 언제나 공격 대상입니다. 신체적, 언어적 폭력은 기본이고, 사회적 낙인을 찍고 정서적 황산을 뿌려댑니다. 이때 당한 사람은 긴장이 더욱 올라가면서 사는 게 힘들어집니다. 해외에서 아시아인이 당한 것처럼 우리 내부에서도 같은 양상이 펼쳐집니다. 이른바 이너서클에 있는 사람만 우리 편이고, 여기서 벗어난 사람들을 혐오하는 폭력은 지금도 일어나고 있습니다.

정서폭력의 악순환

정서폭력을 당하면 피해는 한 사람에 그치지 않습니다. 모멸을 느낀 피해자는 위축된 것처럼 보이는 한편, 그 상처를 봉합하기 위하여 다른 사람이나 집단에 대한 공격으로 이어지기도 합니다. 폭력의 대물림이자 끊임없는 먹이 사슬이 돕니다. 가령, 어린 시절부터 정서 학대나 폭력에 시달리다가 이를 치유하지 못한 채 성장하면 자신보다 약한 상대를 향하여 정서폭력을 답습하는 경우가 있습니다. 병철 씨가 그렇게 싫어했던 아버지를 닮아가듯 트라우마 피해자가 어

"피 흘리지 않아 눈에 보이지 않지만
사람을 서서히 병들게 하는 것이
바로 정서폭력입니다."

느 날 가해자로 변하기도 합니다. 어쩌면 병철 씨 아버지도 트라우
마 대물림을 받은 피해자였을지 모릅니다.

 트라우마의 대물림은 확인된 사실입니다. 나치 강제수용소에서
유대인 생존자들에게 가해진 극심한 트라우마가 자식뿐 아니라 손
주 세대까지 영향을 미친 사실이 여러 논문을 통하여 증명되었습니
다. 피해자들이 트라우마에 짓눌려 애착형성 능력이 떨어지고, 폭
력이 대물림되면서 후세대까지 영향을 미칩니다. 따라서 폭력의 악
순환을 끊기 위해서는 의식적인 노력과 실천이 따라야 합니다. 앞
세대에서 대물림한 트라우마, 혹은 현재 발생한 트라우마가 있다면,
이를 뒷세대로 물려주지 않는 책임을 개인과 사회가 함께 감당해야
합니다. 세상 모든 것에는 관성이 있습니다. 폭력도 다시 폭력으로,
트라우마도 다시 트라우마로 이어질 수 있습니다. 오늘 내가 쓰는
말 한마디, 행동 하나가 관성을 멈추고 뒤집어 메치는 힘으로 작동
해야 합니다. 트라우마가 트라우마를 낳고, 폭력이 폭력으로 이어
지는 악순환을 지금 우리가 끊을 수는 없을까요. 내가 집안을 일으
켜 세우고 경제를 부흥시켰다, 부자로 만들었다는 자랑보다 대물려
서 내려오던 트라우마의 영향을 멈추게 했다는 것이 더욱 자랑스러
울 수 있습니다.

억울해서 병난다, 울분 넘치는 사람들

|

슬픔은 견딜 수 있어도
원통한 마음은 도저히 견딜 수가 없다

'외상후스트레스장애'(PTSD : posttraumatic stress disorder)는 이제 대
중적으로 널리 쓰이는 진단명입니다. "트라우마 당했어." "PTSD가
왔어"와 같은 말이 일상에서 흔히 쓰일 정도입니다. 기실 PTSD는
목숨과 건강을 위협하는 심리적 충격, 즉 트라우마를 겪은 뒤 그 순
간을 재경험하면서 고통을 겪고, 신체와 정신에 기능장애가 오는 질
환입니다. 이 과정에서 트라우마와 관련된 사항은 회피하고 부정적
인 정서가 지배하면서 트라우마 이전과는 다른 삶을 살게 됩니다.
한편 비슷한 진단명을 쓰고 있지만, 좀 덜 알려진 '외상후울분장
애'(PTED : posttraumatic embitterment disorder)가 있습니다. 생명을 위
협받을 정도인 대문자 트라우마(T)를 경험한 것은 아니지만, 살다보
면 겪을 법한 특정 사건을 경험한 이후 울분에서 벗어나지 못하는
상태를 말합니다.

외상후울분장애는 세계보건기구(WHO : World Health Organization) 국제 질병분류나 미국 정신의학편람과 같은 공식 진단체계에는 아직 포함되지 않았습니다. 다만, 실제 임상 현장에서 흔하게 마주치는 배우자의 외도, 가족 갈등, 직장 내 문제, 실직, 사고 뒤에 배·보상 문제 등을 겪고 난 후 발생하는 울분으로 삶이 크게 흔들리는 경우가 이에 해당합니다.

모멸감을 느낄 때 무력해진다

인철 씨는 중견기업 임원이었습니다. 창업부터 30여 년간 창업자와 동고동락해온 창업 공신입니다. 창업주와 사석에서 형·동생으로 부를 정도로 친밀하고, 회사 구석구석 인철 씨 손길이 미치지 않는 곳이 없습니다. 직원들도 실세 임원인 인철 씨 말을 잘 들었습니다. 워낙 일을 좋아했던지라 인철 씨는 신나게 일을 해왔습니다. 문제는 미국 유학을 마친 창업주 아들이 회사에 들어와 초고속 승진 끝에 사장으로 취임한 뒤 벌어졌습니다. 창업주는 경영 일선에서 물러나 회장이 되었습니다. 어릴 때부터 봐온 사람이 사장이 되었지만, 인철 씨는 새 사장이 회사에 잘 적응하도록 깍듯이 대했습니다. 하지만 새 사장은 인철 씨를 마뜩잖게 여겼습니다. 회의석상에서 이제까지 잘해오던 일을 구태의연하다고 비난하고 호통을 치기도 했습니다.

처음에는 새 사장이 아직 회사 사정을 잘 모르거나 자기 위치를 잡아보고자 그런다고 애써 좋게 생각했습니다. 그러다 일이 터졌습니다. 회사의 중요한 방향을 결정하는 전략 회의에서 사장은 인철 씨의 기획안이 형편없다고 집어던졌습니다. 심한 모멸감을 느낀 인철 씨는 반박하는 의견을 강하게 말했지만 사장은 정색하면서 따르지 않으려면 나가라고 몰아붙였습니다. 그날 이후, 직원들 태도도 확 달라졌습니다. 하지만 인철 씨는 꾹 참고 사장에게 독대를 요청해 충언하고자 했습니다.

그런데 사장은 달랐습니다. 사표를 쓰지 않는다면 아버지와 관계를 생각하여 참기는 하지만 실무에서 손 떼라는 식으로 반응했습니다. 직원들도 인철 씨가 나타나면 하던 대화를 멈추고 자리를 떴습니다. 자기 의견이 무시당한 것도 화났지만, 직원들의 바뀐 태도는 더 참기 어려웠습니다. 마음 같아서는 당장 때려치우고 싶었지만, 회사의 미래가 걱정되었습니다. 실은 다른 사정도 발목을 잡았습니다. 최근 이사도 했고, 대학원에 진학하려는 자식의 학비 걱정으로 사표를 내지 못했습니다. 그야말로 근근이 버티던 중에 사장이 2년 전 일에 대한 감사를 의뢰했습니다. 당시 회사에 위기가 닥쳤었고, 이런저런 편법을 동원하여 막았던 일이 있었습니다. 감사 결과, 인철 씨 책임으로 귀결되었습니다. 당시 창업주 양해 아래 진행했던 일이었음에도 홀로 잘못을 뒤집어쓰게 된 인철 씨는 창업주인 회장을 만났습니다. 평생을 함께한 회장은 자신의 마음을 알아주겠거니 기대했습니다. 그러나 기대는 철저히 뭉개졌습니다. 30년을 같이 일한 사이였지만, 회장은 그렇게 냉정할 수가 없었습니다. 새 사장의 경영 방식에 대한 문제점을 조목조목 지적했지만, 회장은 들으려고 하지 않았습니다. 오히려 감사 결과를 놓고 "당신이 그럴 줄 몰랐다"라는 예상하지 못한 말이 나왔습니다.

인철 씨는 '울분'이 터져 나왔습니다. 부당하다며 이럴 수는 없다고 외쳐보아도 회사를 그만둘 수밖에 없는 상황이었습니다. 잠을 자려고 자리에 누우면 회장과 사장 얼굴과 함께 자신을 피하던 직원들 모습이 떠올랐습니다. 화가 차오르고 회사 사옥에서 분신을 해서라도 부당함과 억울함을 알리고 싶었습니다. 평생 회사를 위하여 모든걸 바쳤건만, 이런 취급을 당하니 극단적인 선택을 할까 하는 생각도 들었습니다. 결국 사표를 낸 인철 씨는 무력하고 우울해서 움직일 수조차 없었습니다. 아픔을 잊고자 술을 마셔 보았지만, 잊기는커녕 가슴에서 열불이 터졌습니다. 집 근처에 있는 회사 대리점 간판에 박힌 회사 로고만 보아도 분노가 치솟아 일부러 길을 돌아서 다녔습니다. 자신이 아무것도 할 수 없다는 사실 때문에 무력감은 커져만 갔습니다. 기력도 없고 모든 감각이 고장 난 것 같았습니다. 그러다가도 불현듯 모욕당하던 순간이 스치면 울화가 치솟기를 반복했습니다. 그런 그가 폐인이 되는 것 같다며 병원에 가보자는 아내의 호소에 이끌려 진료를 받게 되었습니다.

울분, 부당하고 불공정해서

외상후울분장애, 즉 PTED는 베를린 샤리테대학의 미하엘 린덴 교수가 제창한 개념입니다. 독일 통일 이후, 동독 주민들이 서독 주민들보다 불공정한 대우와 차별을 받고 있다고 느끼면서 병리가 생긴 상태를 PTED로 정의했습니다. 특히 한국인 특유의 '화병'이라는 증상을 알고 있던 린덴 교수가 저를 비롯한 한국의 정신의학자들과 교류하던 중에 방한한 적이 있습니다. 린덴 교수는 한국에 울분 유발요인이 지뢰밭처럼 깔려 있다는 사실을 듣고 저에게 PTED를 함께 연구하자고 제안했습니다. 당시 외래에서 울분 환자를 많이 만나왔던 저는 그분들을 PTED로 진단할 수 있다는 사실을 그때 처음 알게 되었습니다. 이를 계기로 2014년 토지보상 문제 때문에 홧김으로 남대문에 방화한 사례를 우리나라 최초의 PTED로 학계에 보고했으며,[9] 이 내용을 정리하여 나중에 학술서도 출간하게 되었습니다.[10]

울분은 우리에게는 낯선 정서가 아닙니다. 부당함이나 불공정함으로 인해 울분을 겪는 모습을 학교나 직장 등 우리 주변에서 심심치 않게 찾아볼 수 있습니다. 울분에는 분노, 분개, 억울함, 실망, 복수심, 무력감, 슬픔 등 복합적인 감정이 섞여 있습니다. 서울대 사회발전연구소, 보건사회연구소, 행복연구센터가 린덴 교수를 초청하여 국제학술 세미나를 개최한 적이 있습니다. 당시 '한국인의 울분' 세션이 있었는데, 한국인의 10.7퍼센트가 '심한 울분' 상태였고 '지속적 울분'을 느끼는 사람은 32.8퍼센트로 무려 43.5퍼센트가 울분을 만성적으로 느끼고 있다는 조사를 발표했습니다.

린덴 교수의 독일 연구에서는 심한 울분이 2.5퍼센트 정도로 우리나라 국민은 독일 국민보다 4배 이상 심한 울분을 겪고 있었습니다. 더 큰 문제는 우리나라는 젊을수록 울분을 느끼는 비율이 더 높았습니다. 가구별로 살펴보면 울분을 겪는 1인 가구가 66.5퍼센트로 4인 가구의 46.8퍼센트보다 훨씬 높았습니다. 또, 비정규직은 정규직보다, 저소득이 고소득보다 울분을 더 크게 느끼고 있었습니다. 어려운 계층일수록 상대적으로 더 큰 울분을 겪고 있다는 조사 결과였습니다. 린덴 교수는 울분을 "외부로부터 공격을 받아 분노가 생기고 복수심이 들지만, 반격할 여지가 없어 무기력해지고, 뭔가 달라질 거라는 희망도 없는 상태에서 굴욕감이 결합되며 생기는 감정"이라고 정의했습니다. 이것은 단순한 화나 분노가 아닙니다. 대개 인격이 송두리째 부정당하는 사건, 너무 부당하다고 여겨지는 일을 겪으면 PTED는 발생합니다. PTED 환자는 대개 불공정하다고 인식되는 일을 경험한다는 공통점이 있습니다. 특히 "세상은 공정하다." 혹은 "공정해야 한다"라는 신념을 강하게 가진 사람이 그 신념이 무너질 만한 일을 겪으면 울분이 발생합니다. 객관적으로 부당하다고 할 만한 사건을 겪으면서 울분이 생기는 것은 당연하지만, 순전히 주관적으로도 부당하다고 여길 때도 울분은 발생합니다.

노력의 무효화

심리학 용어로 '무효화'라는 경험을 겪으면 울분이 더 강해집니다. 이는 내가 쌓은 업적이나 경험, 성과 등이 별것 아닌 취급을 받는 것을 의미합니다. 인철 씨가 회사에 30년 이상 기여한 것이 별것 아니라는 피드백을 받은 이후 무너진 것을 보면, 무효화가 얼마나 그 사람의 삶을 '무효'로 만들어버리는지 잘 알 수 있습니다. 저희 연구실에서 174명의 우울 및 불안장애 환자들을 대상으로 조사한 결과, 울분이 높으면 자살 생각이 매우 높아졌습니다.[11] 이처럼 타인과 외부 요인으로 생긴 울분이 자신을 죽이고 싶을 정도로 치명적인 영향을 미칩니다.

울분은 신체 부상을 일으킨 트라우마 이후에도 중요하게 작용합니다. 화상은 가장 끔찍한 부상 중 하나입니다. 치료 과정에서 통증도 너무 심하고, 또 치료 이후에 외모 손상이 심하게 오기 때문에 견디기 어려운 트라우마입니다. 저희 연구실이 화상 전문병원인 한강성심병원과 함께 61명의 화상 환자들을 대상으로 조사한 결과, 우울과 울분을 많이 나타내는 환자들은 PTSD 증상이 심해서 정신적 고통도 너무 컸습니다.[12] 안전 관리가 미흡한 환경 속에서 화염, 전기, 열탕 등의 사고를 겪었던 환자들이 사고와 그 이후 처리 과정에서 울분을 갖게 된 것이 정신건강을 더욱 해치게 만든 것입니다. 이처럼 울분은 한 개인이 독자적으로 만들어내는 감정이라기보다 사회적인 상황 속에서 자신이 생각하고 기대했던 것과 다른 것을 경험하면서 나타나는 복합적인 감정입니다.

사회적으로 거절당했다는 경험은 울분의 주요한 요인으로 작동합니다. 또, 자신이 힘들게 경험하거나 혹은 겪는 것이 중요하지 않은 것처럼 여겨지면 울분은 악화될 수 있습니다. 우리나라의 젊은 세대에서 울분이 높은 이유가 여기에 있습니다. "우리 때는 지금보다 더 했지, 덜하지는 않았어" "아프니까 청춘이야" "청춘이 다 그렇지, 뭐." 그렇지 않아도 힘든 현실을 애써 버티고 있는데, 이런 발언을 접하면 청년들의 울분은 더 촉발할 수밖에 없습니다. 지금 젊은 세대는 자신들의 노력이 제대로 인정받지 못한다고 생각합니다. 최선을 다해 하루하루를 살아내고 있는 이들에게 사회는 위로와 격려는

커녕 더 세게 채찍질을 하고 있습니다.

지금 젊은 세대는 기성세대보다 공정 감각이 훨씬 더 높습니다. 그 이유는 자신들의 노력이 무시당하는 사회에서 기댈 것은 공정밖에 없다고 생각하기 때문입니다. 하지만 세상에는 여전히 특권이 횡행하고, 공정하지 않은 경우가 허다하게 발생합니다. 이러한 차별, 배제, 특혜, 특권, 비리 등 불공정에 노출되거나 이를 목격하면 울분이 더 심해질 수밖에 없습니다. 특히 이전 세대가 쉽게 가진 것을 자신들은 그럴 수 없다면 불공정하다는 감각으로 다가오고, 마침내 울분은 폭발합니다. 기득권층의 비리, 개인이나 기업의 지배적 지위를 이용한 갑질, 직장이나 학교 등에서 벌어지는 차별과 따돌림, 안전 관리 부실로 인한 참사 등도 울분을 일으키는 요인입니다.

생각해보면 울분이 우리나라에서 많은 것은 당연합니다. 갑질을 포함한 부당한 힘의 사용이 만연해 있기 때문입니다. 뒤집어서 이러한 사회 문제가 울분이나 트라우마로 작동하지 않으려면, 노력과 과정을 알아주고 공감하며 받아줘야 합니다. 자신의 노력이 무효하지 않고 충분히 유효한 것이며, 타인과 사회로부터 존중받는다면, PTED와 울분으로 인한 문제를 풀어나갈 실마리는 충분히 찾을 수 있습니다.

고통에는 소멸시효가 없다

|

"아직도 세월호야?"라고 묻는다면,
"여전히 세월호야!"라고 말해야 하는 이유

몸이 트라우마에 노출되면 고통이 다가옵니다. 신체 부상은 시간
이 지나면 치유를 향해갑니다. 적당한 재활치료까지 병행하면 대개
는 후유증 없이 신체는 회복됩니다. 반면 마음의 상처에는 다른 양
상이 펼쳐집니다. 시간이 지난다고 아물지 않는 경우도 많습니다.
'세월이 약'이라고 쉽게 말하지만, 마음에 깃든 상처는 몸의 상처처
럼 시간의 흐름에 따라 나아지지 않습니다.

앞서 스트레스와 트라우마 차이를 말한 바 있습니다. 어떤 일을
겪은 이후, 삶이 달라지느냐 여부로 구분했습니다. 만약 스트레스로
작동했다면 시간이 지나면서 그 아픔은 약해지거나 사라집니다. 반
면 트라우마는 치유되지 않는 한, 아무 일도 아닌 것처럼 사라지거
나 낫지 않습니다. 물론 사람에게는 놀라운 힘이 있습니다. 아무리
힘들었던 트라우마도 감당하고 적응해가는 사람이 대부분입니다.

그렇지만 감당하지 못하는 사람도 있기 마련이라, 10~20퍼센트 정도는 시간이 지나도 트라우마에서 벗어나지 못합니다. 시간이 흐르면서 나아지고 변화하는 경우가 많지만, 만성화된 트라우마는 그냥 놓아둔다면 시효 없이 지속된다는 점이 가장 큰 문제입니다.

초등학교 시절 기억을 한번 떠올려봅니다. 첫사랑과 나눈 아스라한 추억, 운동회나 소풍 때의 즐거운 기억, 좋은 성적을 받아 기분 좋았던 순간 등을 떠올릴 수 있지만 트라우마의 기억도 있을 수 있습니다. 문제는 트라우마의 기억은 왜곡되거나 강렬한 감정과 섞이기도 하며, 몸의 상흔과도 연계되어 몸과 마음에 배어 있게 됩니다. 잊은 듯해도 기억을 부르는 특정 자극이 주어지면 갑자기 그 시절로 점프해 들어갑니다. 참전 군인이 강한 선풍기 바람을 맞고 갑자기 헬리콥터에서 내리던 전장으로 갈 수 있고, 교통사고 트라우마를 겪은 사람이 급브레이크 소리나 경적에 사고 순간으로 돌아가기도 합니다.

제주 4.3, 외면해버린 아픔

제주 4.3 사건이 있습니다. 4.3이라는 말은 1948년 4월 3일에 벌어진 사건에서 유래한 말이지만, 실상은 1947년 3월 1일부터 1954년 9월 21일까지 7년 7개월 동안 남조선로동당 무장대와 미군정·국군·경찰이 충돌하면서 주민들이 희생당한 사건입니다. 이 과정에서 낮에는 군경 등이 인민군에 협조했다는 이유로 주민들을 처형하고, 밤에는 인민유격대가 주민들이 군경에 협조했다며 인민재판을 열어 죄 없는 민간인을 무차별적으로 학살했습니다. 제주 4.3은 대한민국 건국 이래, 가장 끔찍한 비극이었습니다. 공식적으로는 민간인 피해자만 1만 4천 명 이상으로 조사됐지만, 실제로는 제주도민 8분의 1이 죽거나 행방불명이 되어 3만 명에서 최대 8만 명까지 희생된 것으로 추정되는 대학살이었습니다.

일가족이 몰살당하거나 혹은 학살의 와중에 도피하거나 살아남았어도 트라우마를 감당하는 것은 쉬운 일이 아니었습니다. 이 사건은 당한 사람에게는 지옥이요, 이념과 상관없이 마구잡이로 민간인을 죽인 살육의 현장이었습니다. 총살은 기본으로 투항한 사람들도 끔찍한 방법으로 학살하는 등 차마 말로 설명할 수 없는 무서운 일이 비일비재했습니다. 당대에 살았던 사람들과 자손들이 이 사건에서 자유로울 수 없는 것은 당연합니다. 수십 년간 정부는 공산 폭동을 진압하기 위한 정당방위였다며, 어떤 진상조사나 공식적인 사과를 취하지 않았습니다. 이 같은 정부의 태도가 지속되면서 진상을 밝히는 일은 물론, 피해자들의 트라우마 치유나 회복 활동은 제대로 이뤄지지 못했습니다. 그러다 55년이 지난 2003년, 노무현 대통령이 국가폭력에 대해 공식적으로 사과했습니다. 그리고 72년이 되는 2020년 피해자와 친족, 후손 등의 트라우마 치유를 위한 '제주 4.3 트라우마센터'가 설립되었습니다. 2021년에는 당시 군사 법정에서 재판을 받고 억울한 옥살이를 한 335명이 무죄라는 집단 선고가 있었습니다. 이듬해에는 진상규명 및 희생자 명예회복에 관한 특별법을 통해서 희생자들에게 입법적 보상을 할 수 있게 되었습니다.

늦어도 너무 늦었습니다. 세월이 흘러서 이미 고인이 되거나 노인이 된 직접 피해자와 자손들은 오랫동안 트라우마 후유증을 앓고 있었습니다. 그동안 그분들의 고통은 철저히 외면당해왔습니다. 너무 늦었지만 이제야 죄 없이 학살당하고 희생당한 사실을 인정받고 존중받았습니다. 그런데 이 사실은 매우 중요합니다. 트라우마는 70년이 아닌 더 오랜 시간이 지난다고 저절로 해결되는 것이 아닙니다. 트라우마를 치유하기 위한 진정한 노력이 주어질 때, 변화는 시작됩니다. 제주연구원이 2019년 내놓은 '4.3 피해자 회복탄력성 연구'에 의하면, 대통령의 사과, 특별법 제정, 진상조사보고서 등이 피해자들의 심적 회복에 가장 큰 영향을 주었습니다. 트라우마가 치유되기 위해서는 이런 진정한 사과와 회복 노력이 뒤따라야 한다는 것은 저희 연구실의 연구에서도 증명됐습니다.

저희 연구실이 캄보디아 킬링필드 경험자를 대상으로 진행한 연구에서도 같은 결과가 나왔습니다. 1975년부터 1979년까지 크메르 루즈 집권기에 사회 구조망의 파괴, 집단학살과 기아, 강제노역 등으로 당시 인구의 3분의 1에 해당하는 200만여 명이 학살당했습니다. 이 끔찍한 사건에서 40년이 지났지만, 아직도 여러 정치집단의 이해관계가 엇갈리면서 가해자들에 대한 재판이 순조롭게 진행되지 못하고 있습니다. 캄보디아 정부에 크메르 루주 정권 부역자들이 아직도 요직을 차지하고 있기 때문입니다. 저희 연구실이 캄보디아를 직접 방문하여 프놈펜 인근 캄퐁창 주의 일반 주민 600여 명을 조사한 적이 있습니다. 그 결과 아직도 PTSD, 우울, 불안 등의 증상이 심하게 나타났습니다. 심지어는 킬링필드를 경험하지 못한 청년층에서도 간접 효과가 남아 있었습니다.[13] 이처럼 회복과 치유

를 위한 노력 없이 시간만 지난다고 트라우마가 저절로 나아지는 것
은 아닙니다.

아직도 '세월호야'라고 묻는다면

2014년 세월호 참사를 놓고도 몰지각한 반응이 끊임없이 있었습
니다. 어떤 사람들은 "아이 죽음을 놓고 징하게 해쳐 먹는다" "지긋
지긋하다" 등과 같이 함부로 말하거나 진상 규명을 요구하며 단식하
는 유가족 앞에서 '먹방'을 하거나 수장된 희생자를 '물고기 밥'이라
며 조롱했습니다. 트라우마의 기억은 피해자가 존중받으면서 사실
이 규명되고, 모두가 함께 애도를 해주어도 회복이 쉽지 않습니다.
그런데 당사자가 아닌 사람들이 "어서 잊으라"고 강요하거나 피해
자들을 조롱한다면, 트라우마는 치유는커녕 더 악화될 수 있습니다.
"아직도 힘드냐" "이제는 잊고 새 삶을 살아야지"라는 일방적 태도
로는 어떤 회복도 일어나지 않습니다.

트라우마의 고통은 혼자만의 아픔으로 분리되지 않고, 함께하는
아픔으로 연결될 때, 나아질 수 있습니다. "당신의 고통과 함께 있
겠다" "당신의 고통을 잊지 않겠다"는 사람들이 늘어나고, 고통을
기억하려는 진심 어린 노력이 이어질 때, 트라우마의 회복과 치유
도 시작됩니다. 그래서 "아직도 세월호야?"라고 묻는다면 "여전히
세월호야!"라고 답해야 합니다. 많은 사람들이 함께 기억하고 애도
할 때, 우리사회는 사람의 안전과 생명을 최우선으로 두는 사회로
나아갈 수 있습니다.

몇 년 전 독일 베를린에서 열린 학회에 참석했을 때, 강한 인상을
받았습니다. 베를린 시내를 걷다가 곳곳에 황금색으로 빛나는 명패
가 보도블록에 박혀 있는 것을 발견했습니다. 옆에 있던 독일 의사
에게 물어보니, 그것은 '슈톨퍼슈타인'(Stolperstein)이라고 했습니다.
독일어로 '걸려서 비틀거린다'는 '슈톨페른'(Stolpern)이라는 단어와
'돌'이라는 '슈타인'(Stein)을 합쳐서 '걸려서 넘어지게 하는 돌'이라
는 의미였습니다. 가로, 세로 10센티미터 정도인 명패에는 "몇 년
에 태어난 누가 여기 살다가 언제 추방되어 어디서 죽음을 맞이했
다"라고 쓰여 있었습니다. 이 명패를 강제수용소에서 죽음을 맞이
한 유대인이나 장애인이 거주하던 집 근처에 박아 놓았습니다. 끔
찍했던 기억을 되새기고, 다시는 그런 일이 벌어지지 않도록 마음
에 새기기 위한 것이었습니다. 우리는 불과 몇 년 지나지 않은 참사
도 어서 잊어버리라고 하는데, 독일은 이 수치스럽고 끔찍한 기억을
잊지 말고 영원히 기억하라며 많은 사람들이 오고가는 길거리에 버
젓이 박아두었습니다.

　이 프로젝트를 기획한 조각가 군터 뎀니히(Gunter Demnig)는 "희
생자들의 정체성과 운명이 담긴 돌을 통해 그들에게 다시 생명을 불
어넣고 싶었다. 사람은 그의 이름이 잊힐 때, 비로소 잊히는 것"이
라고 말했습니다. 이 슈톨퍼슈타인은 베를린에만 5천 개가 넘고, 전
유럽에 걸쳐서 5만 개 정도가 설치되었습니다. 이뿐만이 아닙니다.
베를린 시내 한가운데에 관 모양을 상징하는 콘크리트 비석을 놓아
둔 베를린 홀로코스트 기념 공원이 들어선 것도 고통의 역사를 기억
하기 위해서입니다. 이렇게 끊임없이 과거의 잘못을 반성하고 희생

자를 기리다보니, 가해자의 나라 독일을 유대인의 나라인 이스라엘이 친근하게 느끼는 나라 중 하나로 꼽을 정도가 되었고, 심지어 이스라엘 수상이 독일 차를 전용차로 타기도 합니다. 저는 걸으면서 황금빛 명패를 다시 살펴봤습니다. 의미를 알고 보니 이전과 다르게 보였습니다. '걸려서 넘어지게 하는 돌'은 물리적으로 넘어지라고 한 게 아니라, 마음이 걸려 넘어지라는 의미였습니다. 도로에 안전 운전을 위한 과속방지턱이 있듯, 이 명패는 '마음성찰 턱'이었습니다. 지난날의 아픔을 잊지 말고, 희생자를 기억하라는 의미였습니다. 황금빛 명패는 또 다시 참혹한 비극과 아픔이 일어나지 않도록 성찰하라고 말하고 있었습니다.

고통과 함께 살아가기

저는 이런 생각이 들곤 합니다. '아픔과 고통은 극복되는 것이 아니라 함께 살아가야 하는 것 아닐까.' 다른 사람의 고통을 온전히 이해하기는 어렵습니다. 하지만 아픔을 다독여주며 곁에 있을 수는 있습니다. 곁에 있어주는 것만으로도 고통은 위로받고, 아픔은 나눌 수 있습니다. 가수 윤복희 씨의 〈여러분〉이라는 노래가 있습니다. 이 노래는 이렇게 말합니다.

"네가 만약 괴로울 때면, 내가 위로해줄게 / 네가 만약 서러울 때면, 내가 눈물이 되리 / 어두운 밤 험한 길 걸을 때, 내가 내가 내가 너의 등불이 되리."

그리고 이렇게 맺습니다. "만약 내가 외로울 때면, 누가 나를 위로해주지? 여러분!" 아픔과 고통의 곁에 있겠다는 것은 눈물이 되고 등불이 된다는 뜻입니다. 나 혼자가 아니라는 마음은 고통에 짓눌린 삶을 다시 일으킬 수 있습니다. 누군가 함께 있다는 사실이 산산이 부서진 마음에 조금씩 희망의 싹을 틔워주기 때문입니다.

고통 앞에서 시간은 약이 아닙니다. 앞선 제주 4.3과 세월호 참사 외에도 일본 정부의 제대로 된 사과와 피해보상이 없는 상태에서 한 분 두 분 돌아가시고 있는 일본군 위안부 피해자, 광주 민주화운동, 천안함 피격 사건, 연평도 포격 사건 등 수많은 사건 경험자와 가족, 후손들이 시간이 흘러도 충분히 회복되지 않고 있습니다.

2021년 3월 17일, 제주지법 형사부에서는 "이 사건의 공소 사실은 범죄의 증명이 없는 것에 해당하므로 형사소송법 제325조 후단에 따라 다음과 같이 선고합니다. 피고인들은 각 무죄"라는 판결이 울려 퍼졌습니다. 행방불명된 부모와 가족 대신 법정에 섰던 유족들은 벅찬 마음을 감추지 못했습니다. 4.3사건과 관련하여 형식적인 엉터리 재판으로 유죄를 받고, 억울한 옥살이를 했던 335명의 재심 재판 결과였습니다. 당시 수용소로 끌려갔던 생존 수형인 두 분만이 직접 재심 재판에 참여했습니다. 아흔을 넘겨서야 억울한 누명을 벗게 된 그분들은 눈시울이 뜨거워졌습니다. 연좌제처럼 평생을 옥죈 채 살아온 유족도 이제야 억울함이 풀렸다는 것에 기쁨을 감추지 못했습니다.

비록 70년이나 지났어도 세상이 자신의 고통을 알아주기 시작하면 트라우마는 회복과 치유의 길로 들어설 수 있습니다. 시간이 지났으니 "잊으라"는 말은 위로가 될 수 없습니다. '시간이 약'이라는 말은 아무 때나 쓸 수 있는 말이 아닙니다. 마음의 고통은 몸과 달리 소멸시효가 없습니다. 쉬이 아물지 않습니다. 이제 '잊으라'는 말을 건네지 않으면 좋겠습니다. 가족 트라우마 유전 분야 연구자인 마크 월린(Mark Wolynn)은 저서 《트라우마는 어떻게 유전되는가》에서 이렇게 말합니다. "기억과 감정은 사라지지 않는다. 새로운 숙주를 찾아 옮겨 다닐 뿐." 우리가 트라우마 생존자에게 "시간이 지났으니 잊으라"고 쉽게 말할 수 없는 이유입니다.

아픔을 대하는 태도가 그 사회의 수준

|

모르는 사람도 애도하는 사회가
진정으로 성숙한 사회

세월호 참사가 벌어졌던 해, 유가족들은 아픈 마음을 안고 너무도 뜨거운 여름을 길바닥에서 보내야 했습니다. 진상을 규명하고 안전한 대한민국을 만들겠다는 대통령 약속에 진척이 없자, 연좌 농성에 들어갔고, 몸싸움을 벌이며 경찰과 대치하다가 연행을 당하기도 했습니다. 당시 유가족은 그저 범죄인 취급을 당했습니다.

다음은 세월호 참사 때와 사뭇 다른 풍경입니다. 정부 각료 모두가 검은 정장을 입고 일렬로 늘어섰습니다. 예기치 못한 참사가 있었습니다. 해당 부처 각료만 온 것이 아니라 최고 통치자를 비롯하여 모든 부처 각료가 한날한시에 모였습니다. 국왕과 가족도 모였습니다. 희생자들 시신이 도착하기 때문이었습니다. 공기는 무거웠지만 희생당한 국민을 위한 정부 차원의 애도가 이뤄지고 있었습니다. 군악대의 근엄한 음악이 흐르는 가운데, 유가족들을 정부 각료들이

한 명씩 일일이 안아주며 위로했습니다.

애도하는 사회가 성숙한 사회

대조적인 이 두 풍경은 같은 2014년 여름에 있었습니다. 전자는 세월호 참사 뒤 우리나라에서, 후자는 네덜란드에서 있었던 일입니다. 세월호 참사 3개월 후였던 2014년 7월 17일, 네덜란드 암스테르담을 떠나 말레이시아 쿠알라룸푸르로 향하던 여객기 MH17편이 우크라이나 동부 도네츠크주 상공에서 어디선가 날아온 미사일에 격추당했습니다. 승객 283명과 승무원 15명 등 298명 모두가 숨졌습니다. 이 가운데 네덜란드 국적을 가진 사람이 193명으로 가장 많았습니다. 이역만리 다른 나라에서 미사일을 맞아 격추된 까닭에 시신 수습은 쉽지 않았습니다. 그런 와중에 희생자 시신을 수습한 첫 비행기가 네덜란드에 도착했고, 공항에는 국왕 내외와 정부 모든 각료가 유가족과 함께 마중을 나갔습니다.

모두가 희생당한 국민의 죽음을 애도했습니다. 유가족들과 슬픔을 함께하는 것보다 더 급한 나랏일은 없었습니다. 시신 대부분이 산산조각이 난 터라 신원 파악이 어려워서 수습된 시신을 국립과학수사연구원과 같은 기관으로 보내야 했습니다. 이를 위해 가장 복잡한 고속도로로 가야 했는데, 일반 차량 진입을 제한하고, 운구 차량이 신속하게 목적지로 갈 수 있도록 조치했습니다. 일반 국민은 불편을 겪어야 했음에도 길가에 도열하여 그 죽음을 애도했습니다. 우리나라에서는 쉬이 상상하기 힘든 풍경이었습니다.

비슷한 시기, 비슷한 숫자의 죽음을 대하는 정부의 태도가 왜 이렇게 달랐을까요? 세월호 참사 때, 진도 체육관을 방문한 대통령의 어색한 광경이 떠오릅니다. 유가족을 상대로 단상에서 마이크를 잡고 이야기한 뒤 떠나는 장면과 유가족들을 일일이 안아주는 암스테르담 공항의 장면이 비교되면서 겹쳐 보였습니다. 이러한 황망한 죽음 앞에서 함께 슬퍼하고 울어주며 손잡아주는 것이 그렇게 어려웠을까요?

고통을 기억하는 이유

인간의 고통은 함께 아파해주고, 그것을 기억하려고 노력할 때, 절망의 늪에 빠지지 않고 고통에서 의미를 만들어갈 수 있습니다. 그래서 고통을 기억하는 것이 중요합니다. 세계 곳곳에 추모 공원(Memorial Park)이 있는 것도 이런 이유입니다. 2001년 9.11 테러가 발발한 후, 뉴욕 시는 시민들의 트라우마를 돌보기 위하여 엄청난 노력을 기울였습니다. 생존자를 위한 트라우마 치유는 물론, 3천여 명의 희생자를 추모하고 애도하기 위하여 '911 메모리얼 파크'를 조성했습니다. 이는 또한 유가족을 위로하기 위한 것이었습니다. 특히 무너진 세계무역센터가 있던 공간에 '그라운드 제로'(Ground Zero)라는 인공폭포와 추모박물관을 만들었습니다. '멈추지 않는 눈물'을 의미하는 인공폭포를 둘러싼 난간에는 희생자 한 명, 한 명의 이름을 새겨두었습니다. 상실의 아픔 속에서 고통의 기억이 공존하는 인상적인 추모 공간이었습니다.

앞서 언급한 독일 베를린의 '홀로코스트 메모리얼' 공원도 나치에 학살된 유대인을 기리기 위한 추모 공간입니다. 이곳에는 베를린 시내 한가운데 거대한 비석 2,711개가 늘어서 있습니다. 2차 세계대전 뒤, 60년이 지난 시점에 건립된 이 공원의 비석을 처음 바깥에서 바라볼 때는 그리 높지 않습니다. 하지만 안쪽으로 들어가면 땅이 점점 낮아지면서 비석의 크기는 점점 커집니다. 가장 깊은 곳까지 들어가면 적막감, 외로움, 단절감과 같은 느낌을 받습니다. 마치 나치에게 당한 희생자의 마음을 느껴보는 듯합니다. 이처럼 공감과 위로를 위한 기억의 장치가 공원 설계에도 담겨 있습니다.

우리나라는 어떠했을까요? 세월호 참사 이후, 안산에 추모공원 설립을 둘러싼 논란이 있었습니다. 의견이 반반 갈렸습니다. 시내 중심에 납골당이 웬일이냐며 반대 의견이 만만치 않았습니다. 2019년 정부가 화랑유원지 일부를 '4·16 생명안전공원' 부지로 확정했지만 일부 주민들 반발은 여전히 있습니다. 누구나 고통이나 아픔을 원하지 않습니다. 그렇지만 고통 없는 인생은 없습니다. 특히 고통은 개체가 지금 위험한 수준에 있음을 알려주는 생명의 신호입니다. 아픔과 고통을 느끼지 못하는 병이 있습니다. 신경 말단에 균이 들어가 감각이 없는 한센병입니다. 과거에는 나병(癩病) 혹은 문둥병으로 불렸습니다. 이 병은 어딘가 부딪혀서 상처를 입어도 아픔을 느끼지 못하고, 살이 썩고 문드러지면서 손발이 떨어져 나갑니다.

어쩌면 지금 우리는 한센병과 같은 상태에 있는 것은 아닐까요? 사회적 재난을 겪게 되면 그 사회의 안전 수준과 공동체의 민낯이 여실히 드러납니다. 특히 아픔을 대하는 태도에서 한 사회의 수준이 드러납니다. 트라우마를 겪은 이름 모를 누군가의 아픔에 눈 감고, 더 나아가 혐오를 표현하는 것은 사회의 고통에 무지하고 무감각한 태도입니다. 다른 사람의 고통을 외면하고, 자신만은 어떻게든 아프지 않으려는 사람이 많은 사회는 한센병을 앓고 있는 것과 같습니다. 마하트마 간디는 "그 나라의 인권 수준과 도덕성은 그 나라 동물이 어떻게 대우받고 있는지를 보면 알 수 있다"고 했습니다. 동물은커녕 사람조차 그 아픔을 제대로 존중받지 못하고 있는 사회에서 살고 싶은 사람은 아무도 없습니다. 모르는 사람에게도 한 송이 국화꽃을 꽂으며 애도할 수 있는 사회가 진정으로 성숙한 사회입니다.

사람의 생명에도 값이 있을까?

|

같은 목숨인데,
왜 죽음에도 차별을 두는가

2013년 7월 6일, 인천발 아시아나항공 214편이 샌프란시스코 국제공항 착륙 중 활주로 앞 방파제에 충돌했습니다. 폭발이나 화재는 발생하지 않았지만, 동체 지붕에 구멍이 났고, 꼬리날개가 떨어져 나갔습니다. 승객 291명, 승무원 16명 등 총 307명의 탑승자 가운데 총 3명이 사망, 49명이 중상, 181명이 부상을 당한 큰 사고였습니다.

김 이사는 대기업에서 중요 임무를 맡고 있는 임원이었습니다. 이 항공기에 타고 있던 그는 큰 부상을 당하지 않았지만, 심각한 트라우마 반응을 겪게 되었습니다. 밤에 잠을 잘 이룰 수 없었고, 잠이 들었다가도 깜짝깜짝 놀랐습니다. 갑자기 비행기가 충돌하던 순간으로 돌아가는 플래시백 현상이 수시로 들이닥쳤습니다. 원래 평온한 성격이었는데, 사건 이후 짜증을 내는 일이 잦아졌습니다. 또, 자주 무력하고 귀찮아져서 회사 출근도 힘들어졌습니다. 무엇보다 일 때문에 자주 가야 하는 미국 출장이 너무 끔찍했습니다. 그날의 사건을 상기하도록 만들었기 때문입니다. 부상 후유증 등을 고려하여 수개월 말미를 주었던 회사도 업무 복귀가 길어지는 것을 더 이상 용납하기 어려웠습니다. 이 사고로 인해 김 이사의 삶은 총체적으로 흔들리기 시작했습니다.

그를 더 힘들게 만든 것은 항공사와 합의 등 피해보상과 관련한 것이었습니다. 자신을 추스르기조차 힘든 상황에서 합의를 진행하고 소송 절차를 알아보는 것도 힘들었습니다. 특히 피해보상을 위한 합의금 수준도 실망스러웠습니다. 비교 대상이 있었기에 더욱 그랬습니다. 출장을 함께 다니던 직원은 미국 국적을 가진 교포였는데, 그가 미국 법정에서 소송을 진행하면 한국 국적인 김 이사보다 수십 배 차이가 나는 보상금을 받는다는 사실을 알게 되었습니다. 전례도 있었습니다. 1997년 대한항공 괌 추락사고 당시 대한항공은 유가족에게 사망자 한 명당 2억 5천만 원을 지급하고, 대신 소송을 제기하지 않는 것에 합의했습니다. 반면에 대한항공과 합의하지 않고, 미연방 정부를 상대로 소송을 제기한 일부 유가족은 사망자 한 명당 50만에서 500만 달러에 달하는 보상금을 받았습니다. 환율로 계산하면 6억에서 60억 원이 넘는 금액입니다. 같은 사고에 같은 생명을 잃었는데, 왜 이렇게 차이가 있는 걸까요?

미국은 이른바 아픔과 고통(Pain & Suffering, 사고로 인한 신체·정신적 스트레스)을 폭넓게 인정하고, 직접 피해자뿐만 아니라 가족의 정신적 충격도 보상 대상으로 삼습니다. 2011년부터 시행된 연방항공청(FAA) 규정에 따르면, 사망자 한 명당 600만 달러를 보상 기준으로 삼고 있으며, 이는 미국 법원 소송에도 적용되는 금액입니다. 이처럼 피해자에 대한 보상 기준과 관점이 우리와는 너무 달라서 사실 피해자 입장에서는 미국에서 소송을 내야 유리했습니다.

배상과 보상, 트라우마 치료의 기본

2005년도 PTSD 치료의 대가인 에드나 포아 박사가 내한하여 PTSD 치료법에서 가장 기본이 되는 '지속 노출'(Prolonged exposure) 워크숍을 열었습니다. 이는 트라우마가 발생한 기억을 자주 떠올리고 직면해서 그 기억을 처리하게 만드는 치료법입니다. 트라우마를 유도한 기억을 회피하는 것이 오히려 트라우마를 만성화한다는 이론에 근거하고 있습니다. 가령 음식을 먹고 체하면 괴롭더라도 토해내거나 배설하여 음식을 몸에서 배출해야 하는 것과 같은 원리입니다. 다시 말해, 트라우마도 제대로 처리하지 못한 끔찍한 기억을 '일부러' '자주' 떠올려서 '익숙하게' 만들어야 한다는 것입니다.

어쩌면 트라우마 환자에게는 부담이 될 수 있는 이 치료법의 효능을 에드나 포아 박사는 확신하고 있었습니다. 그는 이 치료법을 사용하면 교통사고나 강간 피해와 같은 트라우마로 인한 PTSD는 대부분 낫는다고 말했습니다. 저도 이 치료법을 익히기 위해서 워크숍에 참여했었습니다. 그런데 여기서 그전까지 생각해보지 못했던 새로운 통찰을 하나 얻었습니다. 그것은 치료 방법에 관한 것이 아니라 피해자의 배상 문제에서 머릿속에 불이 '번쩍' 켜졌습니다. 2005년 당시에도 미국에서 보통의 교통사고는 100만 달러 정도 배상을 받는다고 했습니다. 원화로 따지면 10억 원이 넘는 금액입니다. 그때만 해도 한국은 교통사고로 인한 PTSD는 거의 인정조차 하지 않던 시절이었습니다. 만약 소송을 하더라도 치료하는 동안 들어간 수천만 원 상당의 치료비도 받아내기 어려운 실정이었습니다. 변호사 비용까지 계산해도 피해자에게 돌아오는 돈은 기백만 원에 불과했습니다. 사고를 당해서 일도 하지 못하는 데다 끔찍한 증상을 안고 몇 년을 고통받는다고 생각하면 누구라도 탄식이 나올 수밖에 없습니다. 이런 상황에서 사고에 대한 배상도 제대로 받지 못한다면 어떨까요? 억울한 마음에 병도 회복되기 어렵습니다.

에드나 포아 박사는 배상이 트라우마 치료의 기본이라고 말했습니다. 배상이 충분하게 이루어진 뒤에야 남아 있는 PTSD를 다룰 수 있다고 덧붙였습니다. 수십억 원의 배상을 받게 되면 아플 겨를이 없을 것 같다며 농담도 했지만, 한편으로는 씁쓸했습니다. 같은 사람이고 같은 사고를 당했는데, 사람의 목숨 값이 달라서 배상에서 차이가 있는 걸까요? 더없이 안타까웠습니다. 그동안 트라우마를 치료하는 과정에서 배상을 제대로 받지 못하고, 삶이 망가지는 분들을 수없이 봐왔습니다. "무슨 돈 때문에 병이 안 낫느냐?"고 함부로 말할 수 없습니다. 배상은 사고로 부서진 삶의 일부를 인정받는 중요한 요소입니다. 트라우마 치료자로서 오랫동안 사고로 삶이 무너진 사람과 그 가족들의 아픔을 수없이 지켜보면서 충분한 배·보상이 전체 사회적 비용을 아끼는 가장 적합한 방법이라고 지금도 믿고 있습니다.

인간으로 존중받기 위하여

사람은 사람으로 대우받아야 합니다. 사람 나고 돈 났지, 돈 나고 사람 나지 않았으며, 돈보다 사람이 더 중요하다고 말합니다. 하지만 이는 말로만 갇혀 있는 경우가 허다합니다. 돈과 권력이 없으면 사람 취급을 못 받는 경우가 너무 많습니다. 돈과 권력이 사람 위에 있어서 그렇습니다. 무슨 수를 써서라도 돈을 벌고, 돈이 최고의 가치라는 인식이 유령처럼 우리사회를 배회합니다. 촘촘하게 복지가 이루어질 수 있도록 애쓰고 있다지만 2014년 송파 세 모녀 사건을 비롯하여 2018년 관악구 탈북 모자 사건, 2019년 성북 네 모녀 사건 등에 이어 2022년 수원 월세 집에서 빚 독촉에 시달리던 난소암 투병 어머니와 희귀병을 지닌 두 딸이 세상을 등졌습니다. 돈이 없어서 "미안하다"라는 말을 남기고 세상을 등지는 사람들에게 세상은 '존엄하게' 대하지 않았습니다.

2022년 여름, 대우조선해양 하청노조 파업사태가 있었습니다. 기사에 의하면,[14] 그 조선소는 이러한 곳이었습니다. 일하다 사람이 죽으면 "죽었네" 하고 마는 곳, 산업재해 신청을 하려면 블랙리스트에 올리는 곳, 하루 15시간 일에 월 260만 원 받는 곳, 소변볼 시간이 없어 전전긍긍하는 곳, 고된 일을 하다가 허리 디스크가 터졌는데도 산재 처리를 해주지 않는 곳이었습니다. 아무리 요즘 취업난이 심각하다지만, 제조업을 하는 많은 업체는 구인난에 시달립니다. 청년들에게 '왜 제조업에 가지 않느냐' '헝그리 정신이 부족하다' 등과 같이 말하는 사람들이 있습니다. 사람대접을 받지 못하는 곳에 선뜻

들어가려는 사람이 없는 것은 당연합니다.

　2021년도 산업재해 사망사고는 전년보다 54명이 줄어든 828명으로 집계되었습니다. 여전히 추락이나 끼임 같은 재래형 사고가 절반을 넘었습니다. 건설업 50.4퍼센트, 제조업 22.2퍼센트 등 건설·제조업에서 70퍼센트 이상 발생했습니다. 빵 공장에서 주말에 혼자 작업하던 22살 여성이 제빵 반죽기에 손이 빨려 들어가면서 상반신이 끼어 현장에서 즉사한 사건은 지금도 계속 일어납니다. 이런 사건·사고를 막기 위하여 예방을 위한 인프라와 인식 개선이 우선 필요하지만, 이미 발생한 것에 대하여 배·보상은 반드시 필요합니다. 물론 배·보상을 충분히 하더라도 피해자가 입은 손해나 트라우마를 온전히 회복하기 어렵습니다. 하지만 적절한 배·보상은 최소한의 기본 요건입니다. 영화 〈재심〉을 보면 억울한 누명을 쓰고 옥살이를 한 조현우(강하늘 분)는 출소 뒤 재심 전문변호사 이준영(정우 분)의 도움을 받아 국가에 손해배상 청구를 합니다. 현우는 재심에서 무죄를 확정받고 형사보상금 8억 3천여만 원을 받습니다. 억울하게 감옥에서 보낸 세월과 불명예 등을 이 돈으로 온전하게 보상받는다고 볼 수는 없습니다. 그럼에도 보상금은 상징적입니다. "네(현우)가 잘못한 것이 아니"라는 사회적 증명입니다.

　삶은 언제든 재난을 맞닥뜨릴 수 있습니다. 재난은 혼자 지닌 자원만으로 넘어서기 어렵기 때문에 재난입니다. 그래서 외부의 자원 지원이 절실히 필요합니다. 아무리 큰돈을 보상받아도 잃어버린 명예, 세월, 심리적인 상처, 손해 등의 원상 복구는 불가능합니다. 하지만 배·보상은 재난 상황에서 자원을 채워넣는 첫 시작입니다. 물질적이든 심리적이든 외부에서 자원을 지원받을 때, 재난으로 인한 트라우마는 해결의 실마리를 키웁니다. 대한민국은 이미 선진국에 진입했습니다. 그러나 노동자가 일하다가 몸이 망가지면 끝이라는 인식이 있는 한, 우리나라를 선진국이라고 말할 수 없습니다. 환자가 치료비나 생활비에 대한 걱정으로 질환이 나아지지 않는다면 아직 선진국이 아닙니다. 정신과 의사 입장에서 아픔과 고통도 책임진다는 태도로 배·보상을 제도로서 보여준다면 그때가 진짜 선진국입니다. 트라우마 환자가 다른 걱정 없이 온전히 치료에만 전념하는 날이 하루빨리 오기를 기대합니다.

고통의 곁에 선다는 것

|

고통 속에 함께 머물 때,
고통에서 빠져나올 수 있다

지원 씨는 활달한 성격에 잘 놀고 자신의 꿈을 향하여 열심히 하루하루를 살아가던 청춘이었습니다. 고등학교 때 어머니와 크게 충돌하면서 힘든 시기를 보냈지만, 대학에 입학한 뒤에는 조금 나아진 상태였습니다. 하지만 지원 씨가 친구들과 여행을 가고 싶다고 해도 어머니는 절대 못 가게 했습니다. 딸에 대한 걱정이 너무 컸기 때문입니다. 대학교 2학년 때, 지원 씨가 여행을 너무 가고 싶어 해서 언니가 약혼자와 가는 여행에 따라갈 것을 어머니가 권했습니다. 커플 여행에 짐처럼 따라가는 것이 내키지는 않았지만, 무척 가고 싶었던 여행지여서 함께 갔습니다. 처음에는 형부가 될 사람과 어색했지만, 함께 여행하면서 조금씩 편해졌습니다.

그러다 3일째 밤에 '사건'이 일어났습니다. 술자리를 함께하다가 언니는 피곤하다며 잠자리에 든 사이, 간단하게 더 마시자던 언니

약혼자가 지원 씨를 성추행했습니다. 지원 씨는 너무 무섭고 정신이 멍해졌습니다. '도대체 이 사람이 왜 이러지?' '술에 취해서 그런 것인가'라는 생각도 들었지만, 어처구니없는 상황에 정신이 없었습니다. 강간을 피하고자 심한 몸싸움도 벌였습니다. 악몽 같은 밤이 지났습니다. 언니에게는 말도 하지 못하고 집으로 돌아왔습니다. 가슴이 너무 떨리고 두근거렸습니다. 도저히 이대로 있을 수 없었습니다. 수십 번 고민하고 망설이다가 어머니에게 말했습니다. 그런데 어머니가 한 말이 더 큰 충격으로 다가왔습니다.

"그 사람이 그럴 사람이 아닌데⋯."
"넌 도대체 옷을 어떻게 입고 있었던 거야?"
"술을 얼마나 마셨던 거야?"

어머니는 지원 씨 마음을 달래고 지지하기는커녕, 구박하고 2차 가해를 가했습니다. 지원 씨를 더욱 견디지 못하게 만들었던 말이 있었습니다. "언니에게는 이야기하지 마." 가장 큰 충격이자 할 말을 잃게 만드는 한마디였습니다. 딸이 형부가 될 사람에게 강간까지 당할 뻔했는데, 어머니에게 이런 말을 들어야 하는 자신의 처지가 지옥에 떨어진 사람처럼 느껴졌습니다. 지원 씨는 극심한 트라우마 상태로 들어갔습니다.

칼이 되어 꽂히는 가해의 말들

"원래 꽃뱀 아니야?"
"다른 의도가 있었던 것 아니야?"
"그 시간에 거기는 왜 갔어?"

성추행이나 성폭행이 벌어졌을 때, 피해자가 여성이라면 흔하게 듣는 말입니다. 이런 말들은 성범죄 피해 경험자에게 성범죄와는 별개로 또 다른 형태의 가해입니다. 우리사회에도 '2차 가해'가 얼마나 나쁜 것인지 조금씩 인식의 폭이 넓어지고 있습니다. 이는 특정 피해 사실을 근거로 피해자를 모욕하거나 배척하는 행위입니다. 말하자면 피해 경험자에게 공감하지 못하거나, 민감하지 못한 태도로 피해 경험자를 탓함으로써 정신적 충격을 주는 행위를 말합니다. 최근 일부 정치인들이 저지른 성비위 사건에서 이 같은 2차 가해가 이어졌습니다. 피해 경험자는 원래 사건에 더해서 2차 가해 때문에 상당한 정신적 고통을 겪게 되었습니다. 가뜩이나 어렵게 버티던 중에 피해 경험자를 또 한 번 무너뜨리는 것이 2차 가해입니다. 치료와 회복이 쉽지 않은 트라우마 상태에서 2차 가해까지 이어지면 2차 트라우마에 노출됩니다. 이런 상황을 여러 사람에게 반복해서 당하면 트라우마 치료는커녕 더 악화되어갑니다.

트라우마 치료에서 중요한 요소가 트라우마 이후에 만나는 사람들의 태도입니다. '당신이 힘든 것은 당연하다' '당신은 잘못한 것이 없다' '함께 트라우마를 이겨보자.' 이런 아픔을 충분히 공감하는 주변의 태도가 트라우마를 회복으로 향하게 합니다. 그래서 트라우마에 노출된 사람에게는 무엇보다 '트라우마 기반 케어'(Trauma-informed care) 원칙을 지키는 것이 중요합니다. 과거에는 트라우마를 당한 사람에게 "당신에게 잘못된 것이 무엇이었나요?"라는 식으로 접근했습니다. 이것은 2차 트라우마를 만들 수밖에 없는 방식입니다. 반면에 "당신에게는 어떤 일이 벌어졌었나요?"라는 접근 방식이 바로 트라우마 기반 케어입니다. 즉, 우선적으로 피해 경험자의 안전을 살피면서 누구라도 그럴 수 있고, 그래서 당신의 잘못이 아님을 알려주는 방식입니다. 지원 씨에게 어머니가 이런 방식으로 대해주었다면, 아마 지원 씨는 트라우마의 나락에 빠지지 않았을 것입니다.

트라우마를 겪으면 누구나 마음이 취약해집니다. 사소한 자극에도 평생 잊을 수 없는 상처를 입을 수 있습니다. 반면에 작은 공감으로도 트라우마는 회복으로 나아갈 수 있습니다. 시시비비를 가리던 재판 과정 중에 "얼마나 힘들었어요?"라는 판사의 한마디에 상처가 치유되었다는 분도 있습니다. 사건·사고의 원인을 파악하는 과정에서 트라우마 경험자들이 흔히 마주하게 되는 경찰, 검찰, 판사 등에게 '트라우마 감수성'이 있다면, 트라우마는 회복의 방향으로 향할 수 있습니다. 이처럼 트라우마의 고통은 주변의 공감적 태도에 따라 작아질 수 있습니다. 특히 친밀한 사람이 건네는 한마디는 그 사람을 살릴 수도 죽일 수도 있습니다. 모든 사람이 내 편은 아니라도 가까운 사람들에게 듣는 사소한 한마디가 큰 영향을 줍니다. 내게 중요한 사람들이 나에게 "아프면 충분히 그럴 수 있다"고 공감해주면, 트라우마의 고통은 한결 견디기 수월해집니다.

　트라우마를 겪어내는 과정에서 주변의 관계는 이만큼 중요합니다. 곁에서 나를 전적으로 지지해주는 사람이 있다는 사실만으로도 큰 힘이 됩니다. 연예인들이 악플 등을 접하고 견디지 못해 스스로 목숨을 끊는 일이 여러 차례 있었습니다. 사람은 좋은 것보다 나쁜 것에 더욱 민감하게 반응하는 '부정성 편향'을 갖고 있습니다. 트라우마 경험자들은 더욱 그렇습니다. 아주 작은 부정적인 이야기에도 귀를 쫑긋 여는 측면이 있습니다. 어머니에게 큰 상처를 받고 나락으로 떨어진 지원 씨가 회복될 수 있었던 큰 힘은 언니에게 나왔습니다. 언니는 어머니와 달랐습니다. 전적으로 지원 씨 편을 들어주었습니다. 어머니의 만류에도 약혼을 파혼하고 전 약혼자에게 사법적인 책임을 묻도록 격려했습니다. 전적으로 동생을 믿고 한 편이 되어준 언니 덕분에 지원 씨는 그나마 회복 단계에 접어들 수 있었습니다.

우리는 모두 잠재적 트라우마 경험자

　세상에는 아픈 일이 너무 많습니다. 특히 미디어의 발달로 아픈 상황이 실시간 중계되거나 전세계로 퍼져나갑니다. 문제는 이런 것을 많이 접하다보면, 타인의 아픔과 고통을 영화 속 장면으로만 소화할 수 있습니다. 귀 막고 마음을 닫아버리는 바람에 고통에 대한 감수성이 낮아지고, 고통을 알아차리는 임계점은 점점 높아집니다. 내 손가락 끝이 살짝 베이면 죽을 듯이 아프지만, 남의 신체가 잘려

나가고 피가 솟구쳐도 무감각합니다. 수전 손택이 《타인의 고통》에서 지적했듯이 전쟁을 겪지 못한 사람들이 분쟁지역 사진을 보면서 전쟁을 이해한다고 착각합니다. 특히 전쟁터에 있는 사람들이 겪는 고통을 일종의 스펙터클로 소비합니다.

우리는 다른 사람들의 고통을 알고 싶어 하지 않습니다. 알면 자신이 불편하기 때문입니다. 그래서 자신이 고통을 겪지 않으려고 타인의 고통을 외면합니다. 하지만 아프지 않으려는 태도가 결국은 고통을 끊임없이 이어가도록 만듭니다. 물론 고통을 겪고 있는 사람의 곁에서 함께하는 것은 힘든 일입니다. 하지만 고통에 대한 주변의 공감대 없이 트라우마 경험자는 끔찍한 고통에서 빠져나올 수 없습니다. 공감하는 마음으로 고통 속에 함께 머물러 있을 때, 진정한 회복이 일어나기 시작합니다. 쓰나미를 당한 가족 이야기를 다룬 영화 〈임파서블〉에서 인상적인 장면이 나옵니다. 부상으로 병상에 누워 있는 엄마가 아들에게 이렇게 말합니다. "주위를 봐, 아픈 사람들이 많아. 네가 도와줘. 사람들 돕는 거 잘하잖아." 자신도 힘든 와중에 더 힘든 사람을 도와주는 마음 덕분에 쓰나미로 뿔뿔이 흩어진 가족이 기적처럼 다시 만납니다. 이처럼 고통에 공감하는 힘이 서로를 살립니다.

2장
존중받지 못한 아픔들

올여름의 할 일은

모르는 사람의

그늘을 읽는 일

– 김경인, 〈여름의 할 일〉 중에서

고통이
몸과 마음에
남긴 흔적

트라우마, 마음의 화상을 입다

|

마음 깊은 곳이
총상을 입은 듯 뚫리면서 무너지는 아픔

저는 커피를 무척 좋아했습니다. 커피 향미가 온몸으로 스며들면 피로가 풀리고 좋은 기분이 들었습니다. 심지어 마시다 남은 식은 커피도 입을 깔끔하게 만들어주는 기분에 하루에도 몇 잔씩 마셨습니다. 그러나 '한 사건'이 모든 것을 바꿔놓았습니다. 그 좋아하던 커피도 입에 대지 못하게 되었습니다. 커피가 몸에 들어가면 심장이 터질 것처럼 빨리 뛰고, 혈압이 마구 오르고 긴장이 심해집니다. 의학적으로 표현하자면 교감신경 활성이 지나쳐서 과도 각성상태로 돌입합니다.

나름 트라우마 전문가인 저도 트라우마 유발 사건을 혹독하게 겪었습니다. 날짜도 정확하게 기억합니다. 2020년 6월 26일, 이른바 성범죄자 신상 정보를 검증 없이 공개하는 '디지털 교도소'라는 사이트에 저에 대한 내용이 올라왔습니다. 당시 한창 떠들썩하던 텔

레그램 'N번방'의 성 착취물을 제가 구매하기를 원했다는 허위 채팅 내용이 그 사이트에 올라간 것입니다. 모든 것이 허위였지만 그런 내용을 담은 조작된 캡처본이 올라갔고, 말 그대로 지옥문이 열렸습니다. 거짓으로 조작된 내용은 금요일 오후에 올라가서 주말 동안 SNS 등을 통해 여기저기 퍼져나갔습니다.

이후, 악몽 같은 현실이 펼쳐졌습니다. 여러 언론사에서 전화가 왔습니다. 아무것도 모르고 있다가 전화를 받고서야 사이트에 들어가 봤습니다. 휴대전화 번호를 비롯하여 모든 신상 정보가 노출된 채 저는 성범죄자로 '낙인찍혀' 있었습니다. 이 거짓을 어디에 이야기해야 하는지 알 수 없었습니다. 운영자에게 메일을 보냈지만 소용없었습니다. 경찰에 신고하고 포털 사이트와 국내 인터넷 사이트를 관장하는 방송통신위원회에도 연락했지만 잘못된 사실을 바로잡을 방법이 없었습니다. 그러는 동안 조작된 허위 내용은 SNS를 타고 계속 번져갔습니다. 결국 몇 달 후에 디지털 포렌식을 포함한 경찰 조사를 받고 나서야 혐의를 벗고 모두 거짓이자 허위임이 밝혀졌습니다. 그 내용이 신문과 방송 등에 보도되었고, 해외로 도피했던 운영자가 구속되는 것으로 그 사건은 마무리되었습니다.

정신과 의사도 트라우마를 겪는다면

진실이 밝혀지기 전까지 저는 이루 말할 수 없는 봉변을 당했습니다. "죽을 준비해라." "죽어라, 제발" 등과 같은 저주와 욕설이 담긴 전화와 문자를 하루에만 백여 통 이상 받았습니다. 문자 폭탄은 물론 전화가 너무 많이 와서 업무를 볼 수 없을 지경이었습니다. 전화를 받으면 욕설이 쏟아졌고, 밤새 지속되는 육두문자로 잠을 이룰 수도 없었습니다. 휴대폰을 꺼놓지 않으면 일상생활을 할 수 없을 정도였습니다. 휴대폰을 켤라치면 육두문자가 폭발했습니다. 전화번호를 바꿀까 생각했지만, 뭔가 숨기고 있다는 의심을 받기 싫어서 버텼습니다. 무엇보다 당시 저를 가장 힘들게 한 것은 '주변의 반응'이었습니다. 병원, 학회 등에서 의심의 눈초리를 보내는 사람도 있었고, 학교 관련 사이트 등에도 혐오 댓글이 달렸습니다. 의과대학 학생이라면서 욕을 하는 문자도 왔습니다. 제 강의가 올라가 있던 유튜브를 비롯한 SNS에도 험한 댓글들이 달렸습니다. 심지어 전공의나 지인을 사칭한 댓글도 잇따랐습니다. 세상 모두가 저에게 등을 돌리고 욕을 하는 것 같은 느낌이었습니다.

두려움이 몰려왔습니다. 그리고 억울했습니다. 누가 한 짓인지 모르니 고소 절차도 너무 어려웠습니다. 경찰서와 사이버 수사대를 수도 없이 오가야 했고, 방송통신위원회에도 수차례 진정서를 냈습니다. 가해자가 명확하면 고소도 쉬울 텐데, 누군지 알 수 없는 가상인물을 고소하자니 너무 어려웠습니다. 특히 소문이 일파만파 퍼지면서 제가 속한 학회 등에 '비윤리적인 의사'라는 제보가 들어와 사실관계를 따지는 윤리위원회도 개최되었습니다. 한순간에 세상에서 매장되면서 '고립된 느낌'을 받았습니다. 병원에서도 동료들 보기가 어색해졌습니다. 지나가던 동료가 웃음을 보이면 나를 보고 비웃는 것 같은 느낌, 전문용어로 '관계 망상'까지 생겼습니다. 가장 가슴 아팠던 것은 저에게 치료를 받고 회복된 환자가 인터넷에 떠도는 내용을 봤다며 보낸 문자였습니다. 그는 '그동안 치료를 잘해 주셔서 힘내서 살고 있었는데, 당신이 그런 사람이었다니 정말 세상에는 믿을 사람이 없다. 이제 좀 살고 싶었는데, 다시 죽고 싶다' 고 연락을 해왔습니다.

참담했습니다. 저뿐만 아니라 가족, 지인, 심지어 제가 치료하는 환자들까지 죽이는 폭력을 당한 것 같았습니다. 참으로 아이러니한 상황이었습니다. 트라우마를 치료하는 의사가 트라우마에 시달리는 처지가 되었다니요. 어마어마한 파급력을 지닌 사이버 폭력에 노출된 저는 날조라는 경찰 조사 결과가 나오기까지 두 달 이상 심한 고통과 아픔을 겪었습니다. 제아무리 정신과 의사라도 견디기 어려웠습니다. 울분장애, 불안장애, 우울증이 생길 정도였습니다. 24시간 내내 언제, 어느 때고 울리는 전화나 문자 알림도 무섭고, 시시때때로 불안과 공포가 엄습했습니다. 당시 받은 충격으로 지금도 전화기를 무음으로 해놓고 지낼 때가 많습니다.

사이버 트라우마는 물리적 폭력과 다른 특징이 있습니다. 물리적 폭력은 맞은 뒤 상처가 아물면 끝이지만, 이것은 온라인 공간 안에서 한없이 반복됩니다. 온라인에서 지워지지 않는 한 지속되면서 퍼져나갑니다. 아물 틈도 없이 영원히 얻어맞는 꼴입니다. 다행히 경찰 수사를 통해 '혐의 없음'으로 밝혀지고, 공식 통보를 받고서야 죽음에서 벗어난 것 같았습니다. 이 내용이 언론을 통해 널리 알려진 덕분에 차츰 일상을 회복하게 되었습니다.

트라우마를 겪은 후, 삶이 달라진다

몸은 외부 충격이 가해지면 눈에 보이는 상처가 남습니다. 멍이 들거나, 피가 나고 부어오를 때도 있습니다. 몸이 아프면 증상이 외부로 드러나기 때문에 주변의 안쓰러운 시선과 관심을 받습니다. 덕분에 몸은 쉴 수 있고 적절한 치료를 받을 수 있습니다. 하지만 마음은 몸과 같이 드러나지 않습니다. 몸에 화상을 입으면 누구나 알 수 있지만, 마음에 입은 화상은 남이 알아채기 어렵습니다. 무서운 것은 자신조차도 마음에 화상을 입었는지조차 모를 수 있습니다. 더구나 한국 사회에서 마음의 아픔을 드러내는 것이 쉽지 않습니다. 이런 관습이 문화처럼 굳어져서 사회적으로 학습화된 경향을 보입니다. 이런 영향 탓에 마음이 아파도 드러내기보다 덮고 사는 경우가 많습니다. 기껏 상처 입은 마음을 드러냈다가 "너만 아픈 게 아니다"라는 말을 듣기 십상입니다.

그런데, 여기서 다시 떠올려봐야 합니다. 트라우마는 마음이 받은 큰 상처입니다. 즉, 심리적 외상입니다. 어원을 보면 고대 그리스어 'τραῦμα'(트라우마)는 '뚫다' '뚫리다'라는 뜻입니다. 구멍이 뚫릴 만큼 심각한 마음의 상처가 바로 트라우마입니다. 마음 깊은 곳에서 깨지고, 갈라지고, 부서졌으니 상처의 흔적이 남을 수밖에 없습니다. 충격적인 사건을 겪고 난 후, 그 전과는 다르게 살게 될 만큼 트라우마는 우리의 삶에 강력한 영향을 미칩니다. 그런데 일상에서 트라우마를 입에 올리는 경우가 자주 있습니다. 가령 직장에서 상사에게 싫은 소리를 듣거나 양육자에게 야단을 맞으면 시쳇말로 '마상'(마음의 상처)을 입었다고 표현합니다. 이를 트라우마라고 부르기도 하지만, 대개는 상황에 따라 트라우마가 아닌 스트레스에 가까운 경우가 많습니다. 스트레스와 트라우마는 확연히 다릅니다. 스트레스는 자신의 자원으로 얼마든지 이겨낼 수 있습니다. 하지만 트라우마는 자신을 둘러싼 모든 보호막이 깨진 상태로 혼자의 힘으로는 벗어나기 매우 어렵습니다. 이전에는 조심스레 잘 담아두었던 아픔도 트라우마 이후에는 불쑥 터져 나올 정도로 사소한 자극에도 예민해집니다. 몸을 보호하는 피부가 화상을 입으면 보호막이 깨져서 아픔이 몰려옵니다. 햇빛이 강한 날에 선크림을 바르지 않았다가 피부에 작은 화상이라도 입으면, 몸을 닦고 옷을 입는 것조차 엄청난 통증으로 다가옵니다. 트라우마도 마찬가지입니다. 이전에는 별 문제 없던 평범한 이야기도 트라우마를 겪은 뒤에는 엄청난 아픔으로 다가올 수 있습니다.

트라우마 반응은 사람마다 다르다

물론 트라우마가 모든 사람들에게 똑같은 영향을 주지 않습니다. 같은 트라우마를 겪어도 사람마다 그 영향은 다르게 나타날 수 있습니다. 트라우마로 처음부터 힘든 사람이 있고, 나중에 점차 힘들어지는 사람도 있습니다. 짧게 트라우마를 겪는가 하면 길게 겪기도 합니다. 개인마다 지닌 소인에 따라 다르고, 주변 환경에도 영향을 받습니다. 가령 주변에 누가 곁에서 잘 품어주느냐에 따라서도 트라우마 반응은 다를 수 있습니다.

트라우마 증상도 제각각 다릅니다. 어떤 사람은 트라우마로 인해 심각한 질환인 PTSD를 나타내고, 더 나아가 만성적으로 넘어가는 만성 PTSD를 겪기도 합니다. 또, 전형적인 PTSD 증상 외에 중독으로 드러나기도 합니다. 전쟁터에서 죽을 고비를 넘기고 살아남은 참전군인들이 마약 중독에 빠지는 경우가 많았습니다. 베트남전이 대표적인 사례였습니다. 참전군인들이 본국에 돌아와 마약과 알코올 중독에 빠져 심각한 사회 문제가 됐습니다. 제가 미국에서 연수했던 사우스캐롤라이나 의대의 PTSD 클리닉은 약물 중독 클리닉을 함께 운영하고 있었습니다. 연구도 임상도 어차피 대상자가 같다고 할 정도로 트라우마와 중독은 밀접합니다.

트라우마 앞에서 사람은 이렇듯 취약한 존재지만, 때로는 강인함을 드러낼 때도 있습니다. 끔찍한 일을 당했다고 그것이 무조건 트라우마로 발현되는 것은 아닙니다. 그동안 겪어온 수많은 사건·사고를 통하여 적당히 면역력을 확보한 덕분도 있습니다. 트라우마를 겪고 처음 얼마간 고통스러운 시간이 지나면서 회복하는 사람도 많습니다. 일반적으로 큰 사건을 당하면 적어도 10~20퍼센트 정도는 심한 병적인 문제가 생깁니다. 이런 사람들을 취약하다고 여길 수 있지만 그렇게 쉽게 생각할 수 없습니다. 한 사람이 선천적으로 취약해서 병이 났다고 생각하다면 너무 단순한 해석입니다. 실상은 그들에게 트라우마를 감당할 수 없는 외부 조건이 우연히 맞았기 때문이기도 합니다.

누구나 살다가 강력한 트라우마 사건을 겪을 가능성이 있습니다. 또, 언제 어떤 식으로 트라우마를 겪을지는 아무도 알 수 없습니다.

물론 트라우마에 노출되었다고 해서 모두가 다 정신적인 질환이 발생하는 것은 아닙니다. 엄청난 고통을 겪었지만 그럼에도 불구하고 잘 견디며 자기 삶을 살아가는 사람들이 더 많습니다. 저는 사이버 트라우마 피해 생존자입니다. 이전과 다른 몸과 마음이 되었고, 다르게 반응하고 행동합니다. 하지만 이것이 이상하지 않다는 것을 알기에 서두르지 않습니다. 대신에 저 자신을 더욱 유심히 들여다보고자 노력하고 있습니다. 트라우마로 입은 마음의 화상이 저를 어떻게 달라지게 했고, 또 어떻게 살아나가고 있는지 관찰하고 있습니다. 지금의 내가 이상한 상태가 아니며, 그럴 수 있다고 달래며 제가 해야 할 일을 하면서 지내고 있습니다. 이전과 달라진 일상이지만, 저는 이렇게 생존해 있습니다.

고통을 기억하는 몸

|

칼로 새겨지듯
몸에 박혀버린 마음의 상처

미국 정신의학계 트라우마 연구의 최고 권위자 중 한 사람인 베셀 반 데어 콜크 박사가 쓴 《몸은 기억한다》는 트라우마의 이해 방식을 바꿔준 명저입니다. 이 책에는 2001년 다섯 살 때 9.11 세계무역센터 테러 사건을 겪은 사울의 사례가 나옵니다. 눈앞에서 9.11테러 현장을 경험한 사울은 폭격에 따른 잔해와 연기를 뚫고 도망쳤습니다. 다섯 살 아이가 무엇을 알까 싶지만 사건 24시간 뒤, 사울이 그린 그림은 그가 얼마나 공포에 질렸고, 어떻게 필사적으로 도망쳤는지를 잘 보여줍니다. 비행기가 빌딩에 충돌하고, 창문으로 뛰어내리는 사람들 모습이 그림에 담겼습니다. 특히 주목할 만한 모습은 빌딩 바닥에 놓인 동그란 원이었습니다. 그것이 무엇인지 사울에게 묻자, 통통 튕기는 '트램폴린'이라고 했습니다. 왜 트램폴린이 거기 있느냐고 물으니 사울은 "그래야 다음번에 뛰어내릴 때는 무사할 수 있을 테니까요"라고 답했습니다.

이는 트라우마로 그때의 고통을 기억하는 아이가 삶을 다시 이어가는 모습을 보여주는 긍정적인 사례입니다. 사울은 끔찍한 재난에서 필사적으로 달아나는 능동적인 행동을 했고, 다음에는 어떻게 하면 살아날 수 있을 것 같다는 기특한 생각으로 이어갔습니다. 그러자 사울의 몸과 마음에 울린 경고음이 잠잠해졌고, 트라우마에서 회복함과 동시에 언제든 일어날 수 있는 재난에서 자신을 지킬 수 있는 무기까지 떠올렸던 것입니다.

몸에 새겨진 트라우마

이러한 긍정적인 사례도 있지만, 트라우마는 많은 경우에 뇌와 몸에 부정적인 흔적을 남깁니다. MRI나 CT와 같은 정밀 두뇌 검사를 해도 그 흔적을 확인할 수 있는 것은 아닙니다. 하지만 눈에 보이지 않는다고 아프지 않은 것이 아닙니다. 그날 그 순간이 떠오르면 급격한 생리적 반응이 나타날 수 있습니다. 긍정적으로 처리해낸 사울도 마찬가지입니다. 긍정적인 해결을 하지 못한 경우라면 그 상흔은 더욱 깊게 새겨져 있습니다.

2013년 대구지하철 참사 생존자들을 조사한 적이 있습니다. 어떻게 보면 사건 자체는 황당하게 발생했습니다. 발단은 뇌출혈 후유증을 겪으며 사회에 반감을 품었던 사람이 혼자 죽지 않겠다며 휘발유 두 통을 들고 지하철에 불을 질렀습니다. 그런데 정작 그가 불을 질렀던 1079호 열차에서는 범인을 포함해 대부분이 탈출했습니다.

그러나 마침 건너편에서 들어오던 1080호 열차는 화재 발생을 모른 채 플랫폼에 들어왔고, 엎친 데 덮친 격으로 문이 잠긴 상태에서 전원이 꺼지는 바람에 탈출하지 못한 192명이 사망하는 끔찍한 사건이 일어났습니다. 이때 151명이 생존했는데 몸에 입은 부상도 문제였지만 정신적 후유증이 어마어마했습니다. 저희 연구실이 중앙일보사와 함께 조사한 결과, 참사 10년이 지난 시점에서 생존자의 절반 이상이 PTSD 증상을 겪고 있었고, 심지어 64.7퍼센트가 해리장애, 즉 의식이 분리되는 듯한 증상을 보였습니다. 우울증은 이보다 높은 70.6퍼센트에 달했습니다.

참사 이후 10년 이상 지났지만, 여전히 과거의 순간에 머물고 있는 재난 경험자들이 있었습니다. 그분들은 켜켜이 쌓인 원망과 분노를 풀 수 있는 방법이 없었습니다. 불을 지른 범인은 감옥에서 지병으로 사망했으니, 그를 원망해봐야 소용이 없었습니다. 참사 전후 현장이나 생존자를 제대로 관리하지 못한 당국에 대한 울분을 쏟아내는 것은 물론, 그 시간에 지하철을 탔던 자신까지 원망했습니다. 무엇보다 화마에 노출된 채 오가지도 못했던 두려움은 없어지지 않았습니다. 칠흑 같은 어둠 속에서 당한 일로 밤에 불을 끄는 것도 고통스러워했습니다. 연기 속에서 괴로웠던 기억 때문에 연기가 나는 근처에도 갈 수가 없었습니다. 혼자 다니는 것도 힘든데 자신의 고통을 이해해주지 않는 지인이나 가족과의 관계도 망가졌습니다.

그 끔찍했던 순간을 떠올리게 하는 것과 갑자기 마주하면 다시 '그 순간'으로 돌아갔습니다. 빛, 냄새, 소리, 느낌 등 그때와 비슷한 자극을 만나는 순간, 자신도 모르게 몸서리를 쳤습니다. 아무 생각도

하지 않았는데, 저절로 몸이 반응했습니다. 재난의 기억이 몸의 시스템을 완전히 뒤바꿔버렸던 것입니다. 너무 큰 위협으로 충격을 입은 탓에 새로운 감각 회로가 장착되었고, 특히 안전에 대한 감각이 예민해졌습니다. 이런 상태를 반 데어 콜크는 'Body keeps score'라고 표현했습니다. '몸은 기억한다'라고 번역했지만 '기억'이라는 표현으로도 부족합니다. 그야말로 칼로 새겨지듯 지워지지 않고, 몸에 박혀버린 마음의 상처이기 때문입니다.

대구 지하철 참사 생존자들은 조금만 비슷한 상황을 만나면 지금도 고통의 현장으로 돌아갑니다. 몸은 그때와 똑같이 극심한 스트레스 반응을 겪었습니다. 고통이 반복되며 병들어갔습니다. 이런 반응에 대하여 일반 병원에서는 원인을 찾아낼 수 없었습니다. 숱한 진료를 받았지만 심인성 혹은 스트레스가 원인이라는 답만 들을 뿐이었습니다. 죽을 것처럼 불안하고 불편한데 원인을 찾을 수 없다니 답답함만 커졌습니다. 이것이 트라우마가 몸에 남긴 상처입니다. 트라우마를 경험한 불안과 공포가 몸과 일체화되면서 몸과 마음을 병들게 한 것입니다.

몸은 스스로 회복한다

생물물리학과 심리학 박사인 피터 레빈(Peter Levine)은 소매틱 경험요법(Somatic Experiencing)이라는 새로운 트라우마 치유 방법을 제창했습니다. 그는 원래 인간에게는 트라우마를 치유할 수 있는 선천적인 능력이 있는데, 이런 치유의 자연적 과정이 흐트러지면서

PTSD라는 질환이 발생한다고 주장했습니다. 가령 자연계에서 치타가 영양을 사냥하려는 순간을 보면, 영양은 얼어붙어서 죽은 척을 합니다. 그러다 치타가 방심한 상태에서 도망가거나, 혹은 치타가 사라지고 나면 몸을 툴툴 털며 아무렇지도 않게 그 자리에서 풀을 뜯어 먹는 등 일상을 살아갑니다.

그러나 사람은 발달한 뇌 기능(물론 그런 기능이 있기에 살아왔겠지만) 때문에 적절하게 싸우거나 도망가지 못합니다. 트라우마를 당하는 엄청난 충격적 상황에서 몸의 반응대로 맡기지 않고 머릿속으로 온갖 부정적인 상상을 합니다. 현재 상황에 대한 두려움, 압도되는 것에 대한 공포, 저항할 수 없다는 무력감, 울분 같은 것을 겪으며 (동물처럼 자연스럽게 얼어붙었다가 스스로 빠져나오는 과정을 겪지 않고) 스스로 '이를 악물며' 버티는 과정을 겪습니다. 쉽게 말해 과도한 에너지에 체해버리는 것입니다. 그 영향으로 트라우마를 몸으로 해소하거나 방출하는 능력을 발휘하지 못하고, 몸에 남아 얼어붙은 에너지 때문에 트라우마 관련 증상이 생긴다고 보았습니다. 이렇게 몸에 새겨져 있던 트라우마의 흔적은 치료 과정을 통해 재조정을 거치면서 조금씩 회복되어갑니다.

몸은 사건 당시에는 들을 수 없었던 소리를 그대로 새겨서 지니고 있습니다. 또 그 사람의 기쁨, 슬픔, 긴장, 몸짓, 움직임, 자세, 호흡, 표정, 리듬 같은 모든 정보를 몸에 품고 있다가 다양한 방법으로 표현해냅니다. 몸은 이렇게 고통의 기억을 고스란히 저장합니다. 따라서 정신심리치료(psychotherapy)에서도 기존의 이야기 중심 치료에서 벗어나 몸을 기반으로 하는 치료로 전환하고 있습니다. 트라우마

치료자는 말이 아닌 몸의 언어를 몸짓, 자세, 움직임 등을 통해서 읽어내어 트라우마 경험자가 잃어버렸던 신체감각을 회복하도록 돕고 있습니다. 이를 통해 그동안 잘 활용하지 못했던 몸의 자원을 스스로 찾아내어 꺼내 쓸 수 있도록 치료합니다.

안전감이 흔들리면 삶도 흔들린다

삶에서 '안전감'은 매우 중요합니다. 안전에 대한 확고한 믿음이 바탕에 있어야 우리는 일상생활을 살아갈 수 있습니다. 나를 둘러싼 모든 것이 든든하게 받쳐주고 있다는 믿음이 없다면, 우리는 단 하루도 온전히 살아갈 수 없습니다. 안전감을 잃어버리면 삶은 태풍 앞에 놓인 촛불처럼 위태롭게 흔들리고 맙니다.

그런데 안전감을 뒤흔든 사건이 발생한 적이 있습니다. 2017년 11월, 포항시 홍해읍에서 리히터 규모 5.4의 지진이 일어났습니다. 당시 지진을 경험했던 사람들은 땅이 꺼질 수 있다는 것을 한 번도 생각해본 적이 없었습니다. 그래서 더 공포로 다가왔고, 전혀 의식하지 못했던 안전감에 대한 불안까지 안고 살게 되었습니다. 건물 붕괴를 경험한 사람은 이후부터 큰 건물에 들어가는 것이 무섭습니다. 교통사고를 심하게 겪은 사람은 차를 타기 어렵고, 비행기 사고를 겪었다면 비행기를 타면 추락부터 생각합니다. 문제는 한 사건으로 국한되지 않는다는 점입니다. 일상생활에서 안전감이 깨지면 모든 것이 흔들리기 시작합니다. 자신을 둘러싼 모든 세계의 기반이 모래성처럼 느껴지기 때문입니다. 심한 지진을 겪은 사람들은 가장 안전하다고 믿었던 땅이 흔들리고 무너질 수 있다는 사실에 오랫동안 힘들어했습니다. 그만큼 근본이 흔들리면 내 생명이 백척간두에 선 듯한 불안한 느낌에 사로잡힙니다. 이제부터 트라우마의 고통이 시작됩니다.

고통이 쌓이면 살아 있어도 살아 있지 않은 것 같습니다. 고통을 잊기 위해 자해를 하는 사람도 있지만, 자신이 살아 있는지 확인하기 위해 자해하는 트라우마 경험자들도 많습니다. 고통에서 어떻게든 벗어나고자 마약이나 술 중독으로 회피하기도 합니다. 재난을 겪고 가까스로 목숨을 구했지만, 앞으로 살아갈 날이 너무나 고통스럽기 때문입니다. 트라우마는 '안전하다'라는 기본 믿음이 깨진 상태로 혼자서는 헤쳐 나갈 수가 없습니다. 그래서 주변의 도움을 받는 것이 대단히 중요합니다. 이것은 빠를수록 좋습니다. 최우선으로 사건을 겪은 당일에 트라우마 경험자가 절대 안정을 취할 수 있는 환경을 만들어주는 것이 중요합니다. 몸이 안정되면 위험하다는 신호를 적게 보냅니다. 가령 강간 같은 큰 트라우마를 겪고 응급실에 실려온 트라우마 경험자에게 우선 교감신경차단제, 즉 몸이 과도하게 흥분하지 않도록 안정제를 처방하면, 나중에 PTSD와 같은 문제가 적게 발생한다는 연구도 있습니다.

몸은 확실히 트라우마를 기억합니다. 다만 있는 그대로 기억하는 것이 아니라, 해당 사건을 암호화하여 기억합니다. 문제는 그 암호를 해독하기 어려울 때가 많습니다. 자기 자신이 잘 모르면 주변 사람은 더욱 알기 어렵습니다. 암호화되어서 모호하게 나타나는 신체 증상이 트라우마와 연계되어 있음을 알아채는 것에서 회복을 시작해야 합니다. 신체 증상은 불면, 구토, 통증 등 다양한 모습으로 나타납니다. 트라우마를 겪으면 안전하다는 믿음이 깨집니다. 믿음이 흔들리는 그의 곁에 믿을 수 있는 사람, 자신의 감정을 편안하게 드러낼 수 있는 사람, 고통에 귀 기울여주는 사람이 있다면, 안전감을 회복하기 시작합니다. 그릇은 깨지면 다시 붙일 수 없지만, 안전감은 믿음과 이해라는 강력한 접착제로 이어 붙일 수 있습니다. 가족이나 주변 사람이 아니어도 괜찮습니다. 병원에서 치료자와 안전한 관계를 만드는 것부터 시작할 수 있습니다. 안전감을 차츰 회복하고, 안정된 관계 속에서 트라우마는 치유로 향합니다. 몸이 기억하고 몸에 각인된 고통은 분명히 메시지를 품고 있습니다. 트라우마가 몸에 새겨져 있다는 신호이고, 안전감을 회복하고 싶다는 외침이 거기에 있습니다.

즐거움과 친밀감을 잃어버리면

|

고통은 감정을 차단하고,
사람에 대한 신뢰도 끊어버린다

큰 기업체 대표의 사모님이셨던 정 이사장님은 성매매 경험 여성들에 대해 애틋하고 따뜻한 마음을 지니고 있었습니다. 처음 뵈었던 순간부터 몸가짐, 말씀 하나하나가 감동을 주셨습니다. 정 이사장님은 성매매 경험 여성을 위한 재단을 만들었습니다. 불행한 환경을 탈피하고자 외국에 나가서 성매매에 나섰다가 여권을 빼앗기고, 고국으로 돌아오지 못하는 여성들을 직접 돕기 위해서였습니다. 저는 그 재단에서 트라우마 자문역할을 하면서 성매매 경험 여성들의 피해 사례를 연구했습니다.

당시 연구를 하면서 기억에 남은 한 사람이 있습니다. 그 사람은 어린 시절부터 친아버지에게 지속적인 성폭행을 당했습니다. 반항도 해봤지만 그럴 때마다 아버지에게 무섭게 맞았습니다. 마찬가지로 폭력의 피해자였던 어머니도 딸이 성폭행을 당하고 있음을 알았지만, 폭력 앞에 무기력할 수밖에 없었습니다. 참다못해 집을 뛰쳐나왔지만 갈 곳이 없었던 그녀는 결국 성매매를 하는 곳까지 흘러갔습니다. 하지만 그곳도 지옥이었습니다. 돈을 벌어서 독립하겠다는 마음으로 시작했지만, 상황은 나아지지 않고 깊은 구렁텅이에 빠지고 말았습니다. 그곳에서 폭행은 다반사였고, 시간이 갈수록 자기혐오도 심해졌습니다. 다른 사람은 물론 자신도 믿지 못하는 나날이 계속되었습니다. 다행히 정 이사장님이 만든 재단의 도움으로 지옥에서 빠져나올 수 있었지만, 그녀가 다시 사회에 적응하는 일도 만만하지 않았습니다. 무엇보다 큰 문제는 자기를 도와주겠다는 사람조차 믿기 어려워했고, 그러자 안정적으로 마음을 둘 곳이 하나도 없었습니다.

사람을 함부로 믿어선 안 된다는 믿음

트라우마가 끔찍한 것은 삶의 의지를 꺾어버리는 데 있습니다. 끔찍한 기억은 사람을 변하게 만듭니다. 특히, 어린 시절에 경험한 특정 기억이 삶의 의지를 박탈하는 경우가 있습니다. 건강한 삶을 위해서 꼭 필요한 안정감을 파괴하기 때문입니다. 사람을 만나 좋은 관계를 맺고, 즐겁고 친밀해지면 세상은 살 만한 곳이라는 믿음을 선사합니다. 이처럼 좋은 관계는 즐거움과 친밀함의 감각을 키웁니다. 하지만 가장 소중했던 가까운 사람에게 받은 트라우마는 다른 사람과 좋은 관계를 맺는 데 걸림돌이 될 수 있습니다.

삶에서 기본적인 안전에 대한 믿음이 무너지면 불안과 공포가 뇌를 지배합니다. 이 때문에 어떤 관계든 의심부터 하게 됩니다. 어린 시절에 안전한 애착에 실패하면 '사람을 함부로 믿으면 안 돼' '이 사람도 결국 나를 이용할 거야'와 같은 심리적 방어벽을 만듭니다. 나를 지키기 위한 방어기제가 작동할 수밖에 없기 때문입니다. 이런 애착 실패는 좋은 관계를 통해서 회복될 수 있지만, 단단하게 막힌 심리적 방어벽은 그 기회조차 차단합니다. 안타깝게도 관계의 악순환에 빠질 수밖에 없습니다.

앞서 말한 성매매 경험자는 남성에 대한 불신과 혐오로 가득 차 있었습니다. 아버지가 시작한 학대의 상처는 이어서 만난 남자들에게 이어졌고, 성매매를 통해 만난 남자들은 그런 믿음을 확고하게 굳히는 계기가 되었습니다. 간혹 서로 좋은 감정을 느끼는 경우가 있었지만, 트라우마는 그 관계에서도 발목을 잡았습니다. 그런 감정이 올라치면 부정하고 일부러 멀리하거나, 그런 감정을 느끼는 자신까지 혐오했습니다. 그래서 자신뿐 아니라 좋은 감정을 갖고 다가오던 남자에게도 상처를 줬습니다. 스스로 감정의 문을 철저히 닫았던 것입니다. 이처럼 그녀의 트라우마는 관계에서 오는 즐거움과 친밀함을 번번이 밀어냈습니다.

한편, 폭행까지는 아니라도 본인이 원하지 않는 성행위를 한 경우에도 정신건강 상태는 나빠졌습니다. 저희 연구실에서 성폭행을 당하거나 원하지 않는 성관계 경험이 있는 204명의 환자를 조사했습니다. 그 결과, 병적 음주, 스트레스 지각, 불안 등은 성폭행을 당한 집단이나 원하지 않는 성관계를 한 집단이나 비슷했습니다. 다만 우울과 자살 생각과 같은 좀 더 심각한 증상은 성폭행 피해 경험자가 더 높았습니다.[15] 이렇듯 자신이 원하지 않던 성적인 경험도 지속적인 마음의 상처를 남깁니다.

감정을 잃어버리면 관계도 잃어버린다

트라우마는 어찌 보면 전염병과 유사합니다. 바이러스가 전파되듯 트라우마에 결박된 사람은 함께 있는 사람에게도 영향을 미칩니다. 그래서 트라우마는 당사자를 넘어 가족에게 영향을 끼치거나 세대를 넘어 전해지기도 합니다. 나치 독일의 유대인 수용소에서 트라우마를 겪은 사람의 자손도 세대를 넘어 트라우마 증상을 보였다는 연구는 유명합니다. 또한 트라우마는 감정을 느끼는 능력에도 영향을 미칩니다. 성장해가는 과정에서 우리는 감정을 조절하는 능력도 키웁니다. 그런데 앞선 사례처럼 즐겁고 친밀한 감정을 억지로 밀어내면 자연스러운 감정이 일어날 수가 없습니다. 이렇듯 감정이 차단되면 관계도 막히고, 트라우마 회복을 도와주는 모든 관계에서도 멀어집니다. 사람은 기계가 아니기에 감정은 지극히 자연스러운 반응입니다. 이런 자신의 감정을 억압한다면 삶은 지독하게 건조해질 수밖에 없습니다. 관계도 연결될 수 없습니다. 사회적 동물에게 사람을 배제한다면, 삶의 행복에서 멀어진다는 것과 같습니다.

누구나 나이를 먹습니다. 나이가 들면서 늙는 것에 대한 불안은 가질 수 있습니다. 그렇지만 늙어가면서도 어떤 작은 것에 희망이 있기에 살아가는 것입니다. 그런데 트라우마는 다릅니다. 미래의 희망까지 빼앗습니다. 그 순간에 닥쳤던 공포와 두려움이 지나갔음에도 지금 당장 일어난 일처럼 그때의 고통을 생생하게 느낍니다. 이 고통이 앞으로도 지속될 것 같습니다. 출구 없는 뜨겁고 답답한 사우나에 갇혀 있다고 상상해봅니다. 만약 1시간 후, 문이 열린다는 희망이 있다면 아무리 고통스러워도 견딜 수 있습니다. 2시간, 3시간, 혹은 심하게는 하루나 이틀 후에 열린다고 해도 문이 열릴 것이라는 확신, 즉 희망만 있으면 극심한 고통 속에서도 견딜 수 있는 것이 사람입니다. 그러나 열린다는 희망이 없다면 견딜 수 있을까요? 과거의 끔찍한 경험이 지워지지 않고, 현재와 미래에도 생생하게 얽혀 있다면 정말 끔찍합니다. 과거에 붙들린 것도 큰 문제지만 앞으로도 계속 같은 상황에 있다면 절망의 구렁텅이가 따로 없습니다.

고통은 사람을 외롭게 합니다. 혼자만의 고통은 자신을 사람과 삶에서 멀어지게 합니다. 그래서 고통의 곁이 필요합니다. 웹툰과 드라마 등으로 인기를 끈 〈나빌레라〉를 보면 알츠하이머 환자 심덕출과 청춘의 좌절을 겪고 있는 이채록은 발레를 통하여 서로에게 힘이 되는 관계로 발전합니다. 공통점이나 공유할 것이 없을 것 같은 이들에게 발레는 서로를 연결하는 다리였습니다. 사람 사이에 믿음은 쉽게 형성되지 않습니다. 또, 믿음을 다질 수 있는 계기도 있어야 합니다. 이 작품은 두 사람 각자가 가진 고통과 슬픔을 발레라는 매개를 통해 선생과 제자로 마주하고, 더 나아가 믿음이 스며드는 과정을 재미있고 감동적으로 보여줍니다. 친밀한 관계를 맺지 못하던 청년 이채록은 노년의 심덕출을 통해 다시 사람을 믿고 희망을 품는 단계로 나아갑니다.

트라우마를 경험한 후, 친밀한 관계를 맺지 못하는 것은 트라우마로 인하여 관계에 대한 믿음이 깨지고, 공포와 불안이 대신 채워졌기 때문입니다. 믿음을 되찾으려면 좋은 관계를 맺는 것이 최선입니다. 가까운 사람의 정서적 지지를 얻을 때, 상처받은 마음은 새로운 삶을 향해 높이 점프할 수 있습니다. 트라우마는 혼자 해결하기 어렵습니다. 혼자 발버둥 치다 과거에 더욱 갇혀버릴 수 있습니다. 화상을 입으면 옷 입는 것조차 너무 아픕니다. 마음의 화상을 입은 사람은 누군가와 접촉하는 것이 매우 힘듭니다. 그래서 그에게는 보통 사람과 다른 방식으로 조심스럽게 다가가야 합니다. 벗겨진 피부가 서서히 아무는 속도에 맞춰 천천히 가까워져야 합니다. 포기하지 않고 곁에서 지지하며 함께해줄 때, 마음의 화상은 새로운 세포를 만들어내며 서로에게 힘이 되는 관계로 발전할 수 있습니다.

상처를 부추기는 것들

|

편견, 혐오, 무지, 막말

트라우마는 그 사회가 얼마나 건강한지를 보여주는 거울입니다. 사회적 조건, 문화적 관습, 사회적 편견 등을 통하여 트라우마는 커질 수도, 반대로 치유의 길로 갈 수도 있습니다. 이런 예를 들 수 있습니다. 전쟁에 참전한 군인들이지만 확연히 다른 대우를 받으면서 서로 다른 모습을 보였습니다.

제2차 세계대전에 참전한 미군은 영웅 대접을 받았습니다. 이들은 악의 축으로 여겨졌던 독일과 일본을 상대로 조국과 세계의 평화를 지켜낸 자랑스러운 군인들이었습니다. 반면에 베트남 참전 군인들은 그렇지 못했습니다. 참전 명분도 없었고, 반전 문화가 미국 사회를 지배했으며, 베트남에서 쫓기다시피 전쟁을 마무리한 탓에 군인들은 죄인 같은 분위기에 사로잡혀 귀향했습니다. 정신의학 교과서에 PTSD(외상후스트레스장애)가 공식적인 진단 기준으로 실린 시기가 베트남전 이후인 1980년이라는 사실은 시사하는 바가 큽니다. 이전까지 PTSD는 스트레스 상황에 대한 반응 정도로 여겨졌지만, 수많은 베트남 참전 군인들이 후유증을 겪고, 큰 사회문제가 되면서 공식적으로 정신의학 진단체계에 추가되었습니다. 이처럼 같은 전쟁을 겪어도 당대 사회 분위기에 따라 트라우마와 그 후유증을 겪어내는 것은 확연히 다를 수 있습니다.

병든 사회에서 개인은 뒤로 숨는다

심리적 상흔으로 고통스러운 사람은 어쩔 수 없이 약해지고 불안정합니다. 그런 사람을 주변에서 '나약하고 못난 사람'으로 취급하는 경우가 있습니다. 하지만 트라우마는 혼자서 감당하기 어려운 상태로 주변의 도움이 절실하게 필요합니다. 그런데 주변 사람들과 사회의 편견, 무지, 가짜 정보가 일으키는 혐오와 차별이 범람할수록 트라우마는 치유는커녕 더 깊은 나락으로 빠져들고 맙니다.

그렇다면 우리사회는 트라우마에 처한 사람들에게 어떻게 다가갔을까요? 2014년 4월 16일, 이날은 우리가 잊을 수 없는 날입니다. 250명의 안산 단원고등학교 학생들을 포함하여 304명의 생명을 앗아간 세월호 참사가 일어난 날입니다. 더 큰 문제는 참사 직후에 일어났습니다. 국가나 사회 차원에서 제대로 된 애도만 이루어졌다면, 지금과 같은 사회적 트라우마로 확대되지 않았을 가능성이 큽니다. 사람의 생명 앞에서는 진정성 있는 애도가 먼저입니다. 진상규명과 책임자 처벌을 원했던 유가족들의 말에 귀 기울이고, 그분들 곁에서 아픔을 함께 나눠야 했습니다. 사람의 생명을 입장에 따라 다르게 생각할 수는 없습니다. 그러나 우리사회는 그렇게 하지 못했습니다.

저희 연구실은 세월호 참사 이후, 생존자들과 유가족들의 상태를 모니터링하는 코호트 연구(대상자를 선정하여 일정 기간 동안 시간 경과에 따라 추적·관찰하는 연구)를 지속하면서 중요한 사실을 발견했습니다. 트라우마 자체도 힘들지만 생존자들을 더 힘들게 하는 것은 무지와 편견에 사로잡혀서 내뱉는 '막말'과 '혐오'였습니다. 일부 정치인이 생각 없이 하는 말 한마디, 언론의 왜곡된 보도는 간신히 버티고 있는 트라우마 생존자와 유가족의 상처를 후벼팠습니다. 참사 희생자들을 물고기밥 취급했던 이른바 '어묵 사건', 4월이면 온라인 등을 통해 쏟아지는 "시체 팔이 그만해라" "돈 받았으면 적당히 해라" 등과 같은 악랄한 혐오 표현들, 유가족들이 광화문 광장에서 단식 투쟁을 벌였을 때 그 앞에서 피자, 치킨 등을 폭식한 패륜 행위, 4·16 생명안전공원과 기억교실을 만드는 것에 대한 지역사회의 반대 등이 트라우마의 고통을 더 부추겼습니다.

이러한 혐오 표현을 전달한 일부 언론의 문제도 지적하지 않을 수 없습니다. 언론은 이러한 혐오 표현을 정제하지 않고 보도해 이른바 '클릭수 장사'를 했습니다. 우리사회와 달리 독일은 2018년 '헤이트 스피치법'을 만들어 온라인상에서 혐오 표현 등이 포함된 게시글을 규제하지 않는 SNS 등에 최대 5천만 유로(약 700억 원)의 벌금을 부과하는 등 혐오 표현을 강력하게 제재했습니다. 하지만 우리사회는 어떤가요. 혐오 표현을 '자유'라는 이름으로 방치하고 있는 건 아닌지 돌아봐야 합니다.

"왜 하필이면 거기에 갔느냐"라는 말

2022년 10월의 마지막 토요일, 이태원에서 핼러윈을 즐기겠다고 10만 명 이상의 거대한 인파가 몰렸습니다. 하지만 좁은 골목길에서 사람들이 겹겹이 넘어지고 깔리면서 159명이 사망하는 끔찍한 참사가 벌어졌습니다. 건물이 무너진 것도 아니고 거리에서 사람들이 깔려 죽었습니다. 물론 이전에도 국내외 축구경기장, 대형 행사장 등에서 사람들이 갑자기 몰려 압사당하는 사건이 있었습니다. 하지만 수도 한복판 거리에서 수많은 압사자가 나온 참사가 어떻게 선진국 대열에 섰다는 나라에서 일어날 수 있을까요. 대다수 국민이 큰 충격을 받으면서 이번에도 수많은 사람들이 트라우마에 무방비 상태로 노출되었습니다. 주변 사람이 고통스럽게 죽어가는 모습을 목격하거나 가까스로 살아남은 사람들도 있었습니다. 또, 함께 갔던 친구가 사망하거나 크게 다치기도 했습니다. 그런데 더 무서운 것이 있습니다.

"하필이면 그곳에는 왜 갔느냐?"
"친구가 죽어갈 때, 너는 뭐 했느냐?"
"혹시, 누가 밀어서 그런 것은 아니냐"

살아남은 사람들은 잘못을 저지른 사람들이 아닙니다. 그저 그곳에 있다가 가까스로 생존했을 뿐입니다. 잘못이라면 참사 그 자체에 있습니다. 따라서 생존자에게 그 어떤 편견이나 비난, 혐오를 가해서는 안 됩니다. 언론도 사고 영상을 반복적으로 보도하는 것을 멈추어야 합니다. 비난, 혐오, 낙인, 편견을 갖게 하는 모든 기사나 방송 역시 일체 삼가야 합니다. 이런 집단적 트라우마 상황에서는 무엇보다 유가족을 위로하고 지지하는 사회적 분위기를 만들어야 합니다. 이런 재난 상황에는 직접 경험자, 유가족, 취재 기자, 구급대원, 경찰관 등 모든 사람들이 트라우마에 노출될 수 있습니다. 심지어 그 자리에 없었던 사람들도 SNS 등을 통하여 당시 상황에 대한 사진과 설명을 공유하거나 접하면서 간접 트라우마를 겪게 됩니다. 생각만 하면 가슴이 답답하고 터질 것 같다는 사람들도 있습니다. 자극적인 뉴스를 읽거나 보고 퍼 나르며, 혐오와 비난으로 가득 찬 댓글을 쓰거나 읽을 때도 트라우마가 작동할 수 있습니다.

재난은 영어로 'disaster'라고 합니다. 어원을 따져보면 별(aster)이 다른 곳으로 옮겨지거나 이상해지는(dis) 상태입니다. 점성학자들이 놀랄 정도의 일, 일어날 수 없거나 일어나기 어려운 일이 벌어진 것입니다. 그렇기에 재난 상황에는 별의별 루머와 거짓 소식이 만들어집니다. 이럴 때일수록 '중심'을 제대로 잡아야 합니다. 거짓과 허위, 날조 등에 흔들리지 않아야 합니다. 유튜브 등 1인 미디어 시대라지만, 책임을 망각한 일부 근거 없는 주장들이 판을 치고 있습니다. 이런 이야기에 휘둘리면 우리사회 전체가 조금씩 병들 수 있습니다. 타인의 고통을 이용하고, 생명을 가볍게 여기는 이야기가 퍼져나가고, 편견을 자극하는 가짜 정보가 판을 친다면 트라우마 당사자들뿐만 아니라 사회 자체가 멍들 수밖에 없습니다. 재난 상황에서 트라우마는 점점 더 사회적인 형태로 퍼져나갑니다. 트라우마

"혐오, 편견, 무지 등에 기인한 발언은
마음에 큰 화상을 입은 사람을
다시 불로 지지는 격입니다.
명백한 폭력입니다."

당사자들도 자신의 고통을 주변 사람들과 나눌 수 없게 되고, 그 결과 이분들이 직접 겪은 고통의 이야기도 사라져버립니다. 더 큰 문제는 트라우마 당사자가 스스로 자신의 인식과 역량을 깎아내린다는 점입니다.[16]

이미 우리사회에는 잘못된 정보로 트라우마의 고통을 부추기는 모습이 만연해 있습니다. 만약 '세월호 유가족'이라는 단어를 들었을 때, 머리에 떠오르는 이미지는 무엇인가요? 그 이미지들 중에는 자신만의 생각이 아닌 조작된 정보에 의해 주입된 것도 있습니다. 트라우마 당사자들은 외부에서 주어진 일종의 낙인 때문에 쉬이 자신의 고통을 꺼내놓지 못합니다. 상처는 드러내놓고 인정과 수용을 받아야 치유도 가능한데, 낙인으로 인하여 고통을 꽁꽁 숨기고, 도움을 요청하지 못합니다.

트라우마는 심리적 약자로 만든다

인간은 확실히 사회적 동물입니다. 영향을 받지 않으려 해도 사회가 주는 압력과 분위기에서 마냥 자유로울 수 없습니다. 각자 개별 행동을 하지만 어떤 행동이든 사회와 동떨어져서 일어나지 않습니다. 개별 행동도 사회가 용인하거나 부추기는 기준에 따라 일어나며 지금의 사회적 이슈에 휘둘립니다. '공정'은 지금 우리사회의 중요한 화두이자 가치가 되었습니다. '공정한 사회'는 사람답게 사는 데 중요한 역할을 합니다. 권력을 가졌다고 재산이 많다고 공정을 깨는 사회는 병적인 사회입니다. 지금 정치권과 기득권층이 존경받지 못하는 이유는 그들이 행한 불공정 때문입니다.

그렇다면 진정한 공정은 무엇일까요? 시험 성적에 따라 상급학교에 가는 것은 공정일까요? 지금은 그런 것이 잘 작동하지 않습니다. 과거에는 개천에서 용이 났습니다. 그 시절에는 가난해도 권력이 없어도 사회적 조건을 뛰어넘어 용이 될 수 있었습니다. 지금은 다릅니다. 부모 세대가 가진 경제력과 학력, 직업 등이 대물림되는 추세입니다. 이런 차이에 의하여 계층의 수직이동 가능성이 적은 폐쇄적 계층 구조가 나타나고 있습니다. 즉, 사회의 불평등 구조가 고착화되고 있습니다. 경제적 여유가 있고, 정보 수집이 쉬운 집안의 자녀 성적이 더 높고, 그래서 좋은 학벌과 직업군을 차지할 확률도 높습니다. 이러한 구조에서 성적만으로 공정을 이야기한다면 놓치는 것이 너무 많은 불공정한 일입니다. 출발부터 기울어진 운동장입니다. 내가 열심히 공부하고 성적이 높으니 출세하는 것이 당연하다는 시각은 공정하지 않습니다.[17] 출발선은 생각하지 않은 채 노력에 상응하는 대우를 못 받았다고 분노하는 것은 '불의'보다 '불이익'을 견디지 못함에 가깝습니다.

많은 사람이 '의'(義)보다는 '이'(利)에 따라 움직입니다. 진짜 공정을 해치고 특혜를 누리는 세력에 맞서기보다 자신의 이익이나 처지에 해가 된다면 비슷한 처지의 다른 노동자에게 되레 분노를 쏟습니다. 우리는 자기 이해와 무관한 사안에는 분노하지 않습니다. '선택적 공정'이라기보다는 오히려 '총체적 불공정'입니다. 내 이익에 방해되면 불공정하다고 주장하고, 실제로 불공정한 대우를 숱하게 받는 여성, 장애인, 이주노동자 등 사회적 약자를 위한 공정에는 관심이 없습니다. 공정도 자신의 시각에 따라 다르게 볼 수 있다는 것입니다. 그렇지만 공정을 어떻게 바라보든, 공정해야 한다는 믿음은 강한 시대입니다. 많은 사람에게 공정은 매우 중요한 요소입니다.

공정의 문제는 트라우마를 당한 사람들에게도 영향을 미칩니다. 재난 등으로 트라우마를 겪은 사람들 중에서 사회적 약자가 많을 수밖에 없는 사회구조가 있습니다. 이런 현실을 외면한 채 트라우마 경험자에게 '피해자다움'을 강요하고, 살다보면 겪을 수 있는 일이니 스스로 헤쳐 나오라는 사람들이 있습니다. 물론 트라우마를 경험했다고 무조건 약자 취급을 하는 것도 바람직하지 않습니다. '피해자' 대신 '경험자'라는 말을 쓰는 것도 약자로만 보지 말고 회복할 수 있는 잠재력을 가진 사람으로 보기 위해서입니다. 그럼에도 지금 트라우마를 당한 상황이라면, 약자에 처한 것은 분명합니다. 우리는 약자를 보듬고 곁을 내어주어야 한다고 어릴 때부터 배워왔습니다. 그래야 사회적 비용을 낭비하지 않고, 사회 전체가 함께 건강해질 수 있습니다. 그런데 이런 사회적 합의가 차츰 무너지고 있습니다. 자신이 당한 일이 아니라고 트라우마 경험자를 함부로 조롱하거나 너무 오래 슬픔을 우려먹는다며 혐오 발언을 일삼는 사람들이 있습니다. 제가 만났던 트라우마 경험자들은 한결같이 호소합니다.

"누구 하나 제대로 들어주는 사람이 없습니다."
"아무렇지 않게 던지는 혐오 표현에 죽을 것 같아요. 제가 죽으면 저런 소리를 안 들을 수 있을까요?"
"사람이 가장 무섭고 두려워요."

혐오, 편견, 무지 등에 기인한 발언은 마음에 큰 화상을 입은 사람을 다시 불로 지지는 격입니다. 명백한 폭력입니다. 특히 온라인상에서 누구나 볼 수 있는 험한 댓글은 트라우마 경험자에게 씻을 수 없는 상처를 안깁니다. 온라인에서 행한 험한 댓글도 분명한 폭력입니다. 물리적 폭력과 달리 가명 혹은 익명으로 가해지는 폭력은 잡기 어렵다는 점에서 트라우마 상흔을 더욱 깊게 후벼 팔 수 있습니다. 상처에 상처를 덧대는 가중 폭력입니다. 한 지상파 다큐멘터리에 나온 대구 지하철 참사 생존자이지만 딸은 사망했던 한 어머니 말씀이 너무 아프게 다가옵니다.

　"너는 살았지만, 너의 딸은 죽었다고 말하는 사람들. 나는 너무 살고 싶어서 그곳을 나왔는데, 사람들은 살아나온 것 자체가 싫은 거 같아요. 사람들은 내가 계속 아파야 하나봐요."

고통에서 의미를 찾지 못하면

|

자신의 고통을 존중받지 못할 때,
인간은 무너진다.

1960년대 베트남전이 한창일 무렵, 참전한 한국 군인들은 떠날 때나 돌아올 때 엄청난 인파 속에 영웅 대접을 받았습니다. 당시는 한국전쟁 상흔이 남은 반공의 시대였습니다. 공산주의와 전쟁을 치르는 군인을 향한 응원은 어쩌면 당연했습니다. 전장의 참혹함은 차치하고, 당시 군인에게 파병은 두려움보다 훈장이자 명예였습니다. 국가 차원에서도 참전을 적극적으로 홍보했습니다. 한국전쟁으로 초토화된 국가 경제를 살릴 수 있는 초석이자, 파병군인을 애국자로 추켜세웠습니다. 많은 국민이 이를 당연한 일이자 명예로운 일로 여겼습니다.

그러나 미국은 달랐습니다. 전쟁 반대 분위기가 만만치 않았습니다. 명분 없는 전쟁이었기에 시민들의 반발이 거셌습니다. 이런 분위기는 군인들에게도 영향을 미쳤습니다. 베트남전에 나간 군인은 부끄럽고 수치심을 느꼈습니다. 전쟁을 반대하고 평화를 부르짖는 사람들이 늘어나는 사회 분위기 속에서 목숨을 걸고 전쟁터에서 살아 돌아왔지만, 그들은 죄인 취급을 받았습니다. 엄청난 돈을 써가며 오랜 시간을 끌었지만, 결국 미국은 전쟁을 멈추고 철수해야 했습니다. 전쟁에서 패배한 셈입니다. 미국도 심각한 타격을 입었지만, 가장 큰 피해자는 참전 군인들이었습니다. 고국에 돌아왔지만 나락으로 떨어진 군인들이 많았습니다. 환영받지 못한 전쟁에 나가 패했다는 충격과 상처는 개인의 삶에도 어마어마한 영향을 미쳤습니다. 참전 이후에는 완전히 다른 삶을 살아야 했습니다. 개인마다 차이는 있었지만, 후유증에 시달리고 고통과 아픔이 뒤따랐습니다. 누군가는 알코올이나 마약 중독에 빠졌고, 스스로 목숨을 끊는 사례도 속출했습니다. 참전 자체도 힘든 일인데, 귀향 이후에 이들에게 벌어진 것들이 더 큰 트라우마로 다가왔습니다.

사회적 맥락에 따라 고통의 반응이 다르다

이처럼 같은 베트남전 참전을 놓고 한국 군인과 미국 군인의 처지는 극명하게 달랐습니다. 후유증이 달랐고, 트라우마 발현에도 차이가 났습니다. 물론 한국 군인 중에도 PTSD에 시달리는 사람이 있었지만, 그 정도가 미국 군인과 사뭇 다르게 약했습니다. 왜 이런 차이가 났을까요? 가장 큰 이유는 사회적 맥락이 달랐기 때문입니다. 전쟁에서 같은 편으로 총을 들었지만 '우리는 왜 이 전쟁에 참여했는가?'라는 '의미'에서 두 나라 군인은 갈라졌습니다. 참전 배경을 살펴봐도 그렇습니다. 미국은 처음에 주한미군을 베트남에 보내려고 했습니다. 그러나 당시 박정희 정권은 북한과 대치하고 있는 상황에서 미군을 빼면 위험할 수 있다고 판단했습니다. 이에 한국군 파병을 제안했다는 뒷이야기가 있습니다. 여러모로 전략적 결정이었습니다. 불과 십여 년 전, UN군 도움으로 한국전쟁에서 벗어난 우리 국민들은 공산당으로부터 자유를 지키는 의로운 전쟁으로 베트남전을 인식했습니다. 그래서 베트남이 공산당 치하에 들어가지 않도록 도와주는 나라가 되자는 분위기가 형성되었습니다. 또, 우방 미국이 과거 한국을 도와주었으니 보답해야 한다는 인식도 있었습니다. 이런 사회적 분위기에서 국회에서도 파병 동의안이 만장일치로 통과될 정도였습니다. 특히 참전하면 미국에게 막대한 군사 및 경제 원조를 받을 수 있다는 실리적 계산도 컸습니다. 참전 용사를 애국자로 추켜세우는 사회적 분위기, 그리고 힘들었던 시절에 경제적인 이유로 파병을 선택한 군인도 꽤 많았습니다.

이처럼 사회적 맥락의 차이에 따라 '같은 사건'도 '다른 결과'를 가져올 수 있습니다. 내가 속한 사회가 아픔의 공감대를 갖고, 그 사건에 '의미'를 부여하면 트라우마도 견딜 만합니다. 앞선 베트남전에 참전한 한국 군인을 떠올려봅니다. 사실 전쟁은 누구에게나 무섭고 두려운 것입니다. 전장에서 만났을 살육과 인간성 말살은 얼마나 큰 아픔과 상처를 안겼을까요. 하지만 사회로 돌아온 그들에게 국가적 영웅으로 대접하고, 아낌없는 응원과 지지를 보내주면 전쟁의 두려움도 견딜 수가 있습니다. 반대로 반전 분위기가 강하고, 자신이 전쟁에 참여한 의미를 전혀 찾지 못한다면, 트라우마는 더욱 강력하게 작동합니다. 고통은 커지고, 상처는 더욱 깊게 파입니다. 의미를 찾지 못하면 트라우마의 고통은 더 깊어집니다. 이럴 때, 주변 사람들과 그 사회가 어떻게 대해주느냐에 따라 트라우마도 치유의 가능성이 열립니다. 폭풍우처럼 거대한 고통이 닥쳐도 그것이 '의미 있는 고통'이라면, 이것 또한 견뎌내는 것이 바로 인간입니다.

어떤 최악의 순간에도 삶의 의미를 찾는다면

"실패하더라도 과정에 의미가 있다면 괜찮습니다." 이 말은 실패한 사람을 달래기 위한 괜한 수사가 아닙니다. 어쩌면 사람은 평생 자기 삶에 부여할 의미를 찾기 위하여 살아가는지도 모릅니다. 삶에서 의미를 잃으면 살아도 산 것 같지 않습니다. 나치 유대인 수용소에서 가족을 잃고 자신도 죽을 뻔한 고비를 겪고 살아남은 빅터 프랭클(Victor Frankl)은 "사람은 어떤 최악의 조건에도 삶의 의미를 찾을 수 있다"며 생사 갈림길에서도 희망을 잃지 않는 것을 강조했습니다. 그리고 고통의 체험을 바탕으로 삶의 의미와 가치를 깨닫고, 새로운 삶의 목표를 찾아가는 '의미치료'(logotherapy)를 만들었습니다.

삶의 의미를 상실한 상태에서 고통받는 병을 '영인성(靈因性) 질환'이라고 합니다. 이는 심리적 고통이 병의 원인이라 보는 심인성(心因性)과는 다릅니다. 영인성 질환은 매사를 무의미, 무익, 무목적, 공허감으로 대하면서 고통을 받는 병입니다. 트라우마도 의미를 찾지 못하면 진짜 고통이 시작됩니다. 내가 왜 이렇게 힘들고, 아픈

"자신이 겪은 고통의 의미가 부정당할 때,

인간은 무너집니다."

지를 스스로 이해하지 못하면 고통은 고통 자체로만 남게 됩니다. 갑자기 트라우마를 당하고, 고통의 나락으로 떨어지면 혼란, 혼돈, 무감각, 무질서 속에서 "도대체 왜 나에게 이런 일이 일어나는 것이지?"라는 의문을 가지게 됩니다. 반면에 고통에서 이유와 의미를 찾을 수 있다면 '그럼에도 불구하고' 견디며 나아갑니다. 추위 속에서 수모를 당하고, 온몸이 아파도 지금 돈을 벌어서 배고파하는 아이를 먹일 수 있다면, 엄마는 그 고통을 온전히 감내해냅니다. 하지만 자신이 겪고 있는 고통이 무의미하고 무가치하다면, 그 고통을 견디기도 어렵고 어쩌면 더 큰 고통으로 느껴집니다. 자신이 아프고 힘들다는 것을 사람들이 알아주지 않을 때, 자신이 겪은 고통의 '의미'가 부정당할 때 인간은 무너집니다.

인간은 고통의 무의미에서 의미를 만들어낼 때, 그 고통을 넘어설 수 있습니다. 이를 민중신학자 정용택은 "고통에서 고난으로의 전환"이라고 표현했습니다. 너무 큰 고통이라도 그것이 의미가 있다면, 고통에서 고난으로 전환되고, 그때부터 그 고난은 감당할 수 있게 됩니다.

나쁜 기억은 더 강화된다

과거에 갇힌 기억을 안전하게 풀어줄 때,
새로운 기억이 들어올 수 있다.

우리는 나쁜 것에 더 촉각을 세웁니다. 한 번이라도 더 말하고, 귀 기울이고, 눈길이 갑니다. 학술 용어로 '부정성 편향'이라고 하는 이 현상은 역사와 진화 과정으로도 설명할 수 있습니다. 다른 동물보다 물리적으로 약했던 인간은 늘 공격받지 않을까 하는 두려움에 보호 레이더를 켜고 살아야 했습니다. 그래서 주변에서 벌어지는 일에 민감할 수밖에 없었습니다. 마음 놓고 지내다가 갑자기 공격을 받을 수도 있었기 때문입니다. 이에 인간의 뇌는 불안과 공포에 민감하게 진화했습니다. 뇌는 생존을 위해서 부정성에 초점을 두었습니다. 아흔아홉 번 칭찬 댓글보다 단 하나의 악플에 마음이 쏠리는 것이 인간입니다. 좋은 제목의 기사보다 끔찍한 범죄를 다룬 기사 제목을 클릭합니다. 사회심리학자 로이 F. 바우마이스터와 과학 저널리스트 존 티어니가 함께 쓴 《부정성 편향》은 이런 원리를 잘 보여줍니다.

기억도 마찬가지입니다. 좋은 기억보다 나쁜 기억이 더 선명합니다. 나쁜 기억이 사람을 변하게 만드는 '부정성 강화'를 일으킵니다. 트라우마는 과거의 부정적인 순간 속에 계속 머물게 만듭니다. 지금은 다 지나간 일들이지만, 그곳에 붙잡혀서 지금 여기의 현재를 살지 못합니다. 부정적인 것으로 가득 찬 마음은 기억도 왜곡시킵니다. 생각과 감정에 따라서 기억 자체가 변하는 것입니다. 사실 말하자면 거의 모든 기억은 어느 정도 왜곡되어 저장됩니다.

기억은 당시의 정서에 의존한다

지금은 고인이 된 로빈 윌리엄스가 주연한 영화 〈파이널 컷〉에서 주인공은 어린 시절 끔찍한 트라우마를 경험합니다. 다음은 주인공이 기억하는 한 장면입니다.

주인공은 헛간 위층에서 친구에게 외나무다리를 건너 오라고 손짓합니다. 무섭다는 친구를 주인공은 괜찮다며, 겁먹지 말고 건너라고 강요합니다. 결국 친구는 외나무다리를 건너다가 발을 헛디뎌 떨어집니다. 놀란 주인공이 아래로 내려가보니, 친구는 머리가 깨져 피투성이가 된 채 죽어 있었습니다. 두려움에 그 자리에서 도망친 주인공은 그 기억에 짓눌려서 사회와 등을 지고 어둠 속에서 살아갑니다. 그런데, 사실은 주인공의 기억과 달리 친구는 죽지 않았습니다. 또, 주인공이 친구에게 건너오라는 강요는커녕 멈추라고 말했지만, 친구가 이를 무시하고 건너다가 떨어진 것이었습니다. 잘못된 기억을 안고 주인공은 평생 그 장면을 되새기면서 고통스러워했습니다. 사실 그 장소의 흥건한 피는 뒷걸음치다 콜타르가 있던 바스켓을 넘어뜨렸는데, 이때 흐른 검은색의 진득한 물질을 피로 잘못 인식했던 것입니다. 당시 주인공이 느꼈던 극심한 불안과 공포가 사실과 다르게 기억을 뇌에 저장했던 것입니다.

강한 정서는 기억을 왜곡합니다. 일이 벌어진 순간, 정서가 불안했다면, 이후 불안이 기억을 지배합니다. 불안이 형상화한 이미지가 기억에 박히는 악순환이 일어납니다. 반대의 상황도 가능합니다. 만약 행복한 연애를 하고 있다면, 연인과 함께하며 느낀 행복감이 기억을 채웁니다. 이처럼 기억은 그날, 그 순간에 느꼈던 정서에 의존합니다.

유명한 미국의 장기 사례 연구가 있습니다. 2차 세계대전에 참전한 사람들을 대상으로 1946년 전쟁에 대한 기억을 조사했습니다. 응답자의 34퍼센트가 "적군의 포탄이 떨어지는 데 있었다"라고 응답했고, 25퍼센트는 "적군을 죽여본 적이 있다"라고 말했습니다. 42년이 지난 1988년 똑같은 질문을 던졌습니다. 앞선 질문의 응답은 40퍼센트로 늘었고, 뒤의 질문은 14퍼센트로 줄었습니다. 입장이나 상태에 따라 기억이 왜곡될 수 있다는 연구 결과였습니다. 이처럼 뇌가 저장하는 기억은 정서에 의존하는 경향이 있습니다. 사랑하는 사람과 있었던 일은 아름답게, 싫어하는 사람과의 기억은 끔찍하게 저장됩니다. 가슴 두근대는 첫 데이트에 대한 기억은 주변 환경이 아름답게 남아 있지만, 폭행이나 강간을 당했다면 그 순간 주변 환경은 끔찍한 기억으로 남아 있습니다.

얼어붙은 기억을 안전하게 녹여내려면

트라우마는 대표적인 부정적인 기억입니다. 이 부정적인 기억을 처리하고자 애쓰는 과정에서 악몽을 꿀 수도 있습니다. 이렇게 악몽에 나타난 기억은 대체로 부정적인 감정으로 도배되어 있습니다. 당시의 강한 부정적인 감정이 그대로 얼어붙기 때문입니다. 트라우마 정신치료 중에서 가장 고전적인 방법이 '지속노출치료'입니다. 얼어붙은 것을 파고 들어가 녹이는 치료법으로 기억조차 하고 싶지 않은 순간을 다시 떠올려야 합니다. 사고 순간 이후로 두 번 다시 떠올리지 않았던 기억을 하나하나 끄집어내는 작업입니다. 힘들지만 어쩔 수 없이 지금 다시 그 순간으로 돌아가야 합니다. 사실 트라우마 경험자들이 스스로 그 악몽 같은 순간으로 돌아간다는 것은 어려운 일입니다. 그래서 많은 환자가 어찌 보면 고문 같을 수 있는 이 치료를 견디지 못하고 중단합니다.

그런데, 지속노출치료를 처음 개발한 에드나 포아 박사는 트라우마 경험자가 괴로워해도 그 순간을 온전히 기억할 때까지 끌고 가야 치료가 가능하다고 주장합니다. 얼어붙었던 순간을 이야기함으로써 그 순간이 과거일 뿐, 현재가 아니라는 것을 표현하고 명확하게 인지해야 한다는 것입니다. 즉, 트라우마의 언어화와 인지처리가 지속노출치료의 목표입니다. 트라우마의 기억은 깊이 숨겨져 있습니다. 꺼내기 두려워서 숨겨둔 기억을 말을 통해서 세상 밖으로 드러낼 때, 치유가 시작된다는 개념입니다. 트라우마는 혼돈 속에 사람을 가둬버립니다. 그래서 반복하여 이야기하는 것이 중요합니다. 말하는 과정에서 혼돈이 정리되고, 과거의 갇힌 기억이 안전하게 밖으로 풀려납니다.

에드나 포아의 공식 워크숍 이후 우리나라에서 가장 먼저 지속노출치료를 시행했던 P씨의 사례를 소개합니다.[18] 정면충돌 교통사고를 당한 P씨는 사고 직후 정신을 차리지 못하고 누워 있었는데, '아이고, 죽었네'와 같은 주변의 수군거림을 들었습니다. 다행히 신체 부상은 심하지 않아 간단한 처치를 받고 퇴원했지만, 정신은 그렇지 못했습니다. P씨는 점점 불안해지고 교통사고 순간의 꿈을 반복하여 꾸었습니다. 생생한 사고 기억으로 과민해진 탓에 정신의학과 치료를 오랜 기간 지속했습니다. 그런데 장기 입원 치료까지 받았으나 증상이 나아지지 않은 상태에서 저와 만나게 되었습니다.

지속노출치료는 사실 통상적인 병원 치료 환경에서는 제대로 진행하기 불가능합니다. 적어도 90분 정도 치료 시간이 필요한 방법인데, 이른바 '3분 진료'로 악명 높은 대학병원에서는 이 정도의 시간을 내기 어렵습니다. 너무 끔찍한 기억을 묻어둔 터라 이를 끄집어내어 전후 맥락을 이어가려면 상당히 많은 시간이 필요하기 때문입니다. 그런데 당시 저는 에드나 포아 워크숍을 막 마친 상태였고, 또, 수년간 트라우마로 고통스러워하는 환자의 안타까운 상황에 일단 지속노출치료를 진행해보기로 했습니다.

사고 후 몇 년이 지났지만 P씨는 단 한 번도 그 순간을 떠올려보지 않은 상태였습니다. 너무나 괴로워서 그때를 다시 상상하지도 못하겠다고 했습니다. 계속 망설이며 그 당시로 돌아가지 못하고 있었지만, 지속노출치료의 원칙대로 사고가 났던 순간으로 돌아간 것처럼 모든 기억을 하나하나 꺼내기 시작했습니다.

치료 과정에서 그는 사고 순간, 장기가 뒤집혀 쏟아지는 듯한 느낌을 받았고, 그 느낌이 몸에 깊이 새겨져 있었습니다. 또, 당시 '죽었다'는 주변의 수군거림 속에서 '아, 나는 이제 죽는구나' 하는 무력감이 기억에 저장되어 있었습니다. 이 얼어붙은 기억을 녹여야 했습니다. 이를 위하여 그 순간에 대한 회상을 반복했습니다. 그때 기억을 떠올려도 자신이 이상해지지 않음을 경험하기 위해서였습니다. 또, 몸을 이완한 상태에서 녹음한 자신의 이야기를 반복해서 듣도록 치료를 계속했습니다. 그러는 동안 '사고로 내장이 제자리를 잡지 못하고 있다' '또 사고가 나서 죽을 것 같다' 등의 부정적인 생각이 똬리를 틀고 있음을 확인하고, 이런 생각을 하나하나 수정해갔습니다. 너무 힘들어서 다시는 불가능할 것 같던 자동차 타기와 일상 활동을 조금씩 다시 시작했습니다. 그 결과, 큰 사고를 겪었지만 살아남았다는 건강한 기억이 둥지를 틀면서 마침내 회복의 길로 들어설 수 있었습니다. 자신의 환갑을 병원에서 맞이할 거라며 비관했던 P씨는 치료 이후 유럽 여행까지 다녀왔다며 감격해했습니다. 그가 행복해하던 모습을 지금도 잊을 수가 없습니다.

사실, 트라우마 상태의 기억은 온전하지 못한 경우가 많습니다. 특히 엄청난 참사나 끔찍한 사건을 경험하면 더욱 그렇습니다. 온전하게 그 순간을 기억하지 못하고, 파편화되거나 왜곡된 기억으로 남아 있기 일쑤입니다. 트라우마로 인한 기억의 왜곡이나 단절은 살아남기 위한 정상 반응입니다. 트라우마 치료는 이런 왜곡되거나 끊어진 기억을 현재와 다시 연결하는 작업입니다. 과거 특정 순간의 정서에 지배당하고 있는 부정적인 기억을 객관화하여 다시 바라볼 수 있게 하고, 과거의 정서가 지배하는 기억을 재배치 및 재처리하는 것, 이것이 지속노출치료의 핵심입니다.

현재를
살아가지 못하는
사람들

참혹한 현장을 가장 먼저 만나야 하는 고통

|

소방관의 트라우마

소방관은 어느 사회든 꼭 필요한 직업입니다. 필요한 것을 넘어서 숭고하기까지 합니다. 이들은 화재와 재난 현장에서 화재 진압은 물론, 재해 등이 다시 발생하지 않도록 방지하는 일을 합니다. 그러니 화재를 비롯한 모든 재해가 일어나면 가장 먼저 출동하여 국민의 재산과 안전을 보호해주는 '진정한 영웅'이라 할 수 있습니다.

우리는 이런 소방관의 영웅적 모습을 일상과 미디어를 통하여 생생히 목격합니다. 특히 큰 재난이나 참사 현장에서 소방관들은 도드라진 활동을 보입니다. 그런데 위험한 현장에서 구조 활동을 펼칠 수밖에 없는 임무 특성상 수많은 소방관이 희생되거나 아픔을 겪는 경우도 만납니다. 우리가 대표적으로 알고 있는 사례에서도 이를 찾을 수 있습니다. 뉴욕 세계무역센터 빌딩이 붕괴한 9.11 참사 사망자는 2,500명에서 3,000명 사이로 추계합니다. 당시 세계 최고로 높은 110층짜리 빌딩 두 개와 옆 건물 5동까지 무너진 대형 사고를 감안한다면 사망자는 상대적으로 적은 편이었습니다. 이유가 있었습니다. 당시 소방관들은 위험을 감수하며 무너진 건물 안으로 신속히 진입하여 수많은 생명을 구해냈습니다. 하지만 구출 와중에 건물이 완전히 붕괴하면서 소방관 363명이 건물 잔재에 깔려 순직했습니다. 지금은 세계무역센터가 있던 그 자리에 그라운드 제로 뮤지엄이 설립되어 당시 순직한 소방관들의 희생정신을 추모하고 있습니다. 미국에서 어린아이들에게 꿈을 물어보면 'fireman', 즉 소방관이라고 답하는 경우가 많은데, 그만큼 아이들에게도 소방관은 영웅이나 다름없습니다.

소방관은 크게 세 가지 업무를 합니다. 우선 불을 끄는 '경방'은 화재 예방과 함께 화재를 진압하는 일이며, '구조'는 화재 진압 시 인명 구조나 사체 수습을 비롯하여 교통사고, 산악사고 등 각종 사고로 발생한 부상자 구조뿐만 아니라 맹수 포획 등의 일을 말합니다. 한편 '구급'은 현장에서 발생한 부상자를 응급처치하고, 의료기관으로 신속하게 이송하는 일입니다. 이처럼 소방관 없이 사회는 안전하게 유지될 수 없습니다.

재난 현장의 최전선에서 트라우마 경험자를 가장 먼저 만나는 직업이 바로 소방관입니다. 하지만 위험한 사건·사고에 수시로 노출되기 때문에 끔찍한 일도 많이 겪을 수밖에 없습니다. 재난 상황 자체가 끔찍하고, 수많은 죽음을 목격해야 하는 경우도 많습니다. 동료가 크게 다치거나 죽는 모습을 목격하는 것은 물론, 자신의 생명도 위협받거나 다치는 경우도 부지기수입니다. 소방관들이 재난 당시의 경험을 말하는 것만 들어도 간접 트라우마를 겪을 정도입니다. 아스팔트 포장을 다지는 타이어롤러에 밟혀 납작해진 시신, 참혹한 사고로 흩어진 사체들, 여름날 자살 뒤 시간이 많이 흘러 발견된 시신에서 풍기는 냄새 등 보통 사람이라면 평생 한 번도 경험하기 힘든 사건·사고를 소방관은 직업상 자주 마주칩니다.

동료 소방관의 죽음, 두려움과 죄책감 사이

태풍 속에서 인명 구조에 나섰던 소방관이 급류에 휩쓸려서 순직한 적이 있습니다. 그때 함께 출동했던 선배 소방관이 안타깝게도 스스로 목숨을 끊었습니다. 후배를 먼저 떠나보냈다는 죄책감에 시달렸던 것입니다. 재난의 현장에서 소방관은 매순간 엄청난 심리적 압박과 마주칩니다. 동시에 두 곳으로 출동했는데, 다른 곳으로 출동한 동료가 순직하면 내가 저렇게 될 수 있었다는 두려움이 덮치기도 하고, 화재 진압을 하다가 동료의 죽음을 목격하면 엄청난 트라우마에 노출되기도 합니다. 이외에도 신속하게 움직여야 한다는 심리적 압박에 시달리거나, 그 와중에 악성 민원이나 폭력·폭행에 시달리는 등 여러 원인에 의하여 심한 스트레스를 겪고 있습니다.

2020년 국정조사에서 나왔듯이 소방관들의 PTSD 유병률은 일반인보다 10배 이상 높고, 해마다 그 숫자도 늘고 있습니다. 스스로 목숨을 끊는 경우도 늘어나고 있는데, 소방관 자살률은 10만 명당 31.2명으로 일반인 25.6명, 경찰관 20.0명보다 훨씬 높았습니다. 소방청이 5만 명 이상 소방관을 대상으로 전수 조사한 결과, 응답자의 5.1

퍼센트가 PTSD 증상을 보였습니다. 우울증도 3.9퍼센트가 겪고 있었고, 수면장애는 무려 23.3퍼센트가 호소할 정도였습니다.

더 큰 문제는 음주습관 장애가 있다고 답한 소방관이 30.0퍼센트나 나왔습니다. 여기에는 이유가 있습니다. 요즘은 근무 환경이 예전과 많이 달라졌지만, 예전 소방관은 격일제로 24시간 근무를 오래 해온 직종입니다. 24시간 근무하고 퇴근 후 24시간을 쉬는, 즉 2조 1교대 체제였습니다. 이에 따라 퇴근 후 스트레스를 술로 풀면서 쉬는 날을 보내는 소방관이 많았습니다. 24시간 주기 근무를 반복하는 것은 엄청난 노역입니다. 일부 지역을 시작으로 3교대 체제가 도입되었지만 인원이 충분히 보충되지 않은 상태에서 3교대를 하면서 업무 강도가 더 높아지고 힘들어졌다고 호소하는 곳도 많습니다. 계속 충원하고 있지만 필요보다 훨씬 적은 인원으로 일하다보니, 소방관들이 바라는 3조 1교대, 즉 당직 뒤 이틀 동안 비번으로 지내는 근무 비율은 아직 높지 못합니다. 재난 사건 현장에서 맞닥뜨리는 일도 힘들지만, 평상시 근무도 쉽지 않다는 의미입니다. 이런 근무 환경에서 술에 의존하거나 습관적으로 마시는 소방관이 많은 것은 구조적인 문제라 할 수 있습니다.

트라우마 앞에서 영웅이란 없다

설문조사에서 극단적인 행동을 생각하고 있다는 소방관도 4.4퍼센트나 나왔습니다. 소방관의 정신건강에 심각한 문제가 있다는 것이 알려지면서 여러 심리지원 방안이 나오고 있지만, 현장에서는 심리지원을 받으면 인사상 불이익을 받을지 모른다는 우려로 진료를 제대로 받지 않는 경우도 있습니다. 서울신문에서 실시한 '2021년 소방관 생존 리포트'에 의하면, 소방관의 스트레스·트라우마 관리에 대해 21.4퍼센트 정도만이 잘되고 있다는 답변이 나왔습니다. 특히 트라우마 등으로 병원 진료를 받았다는 응답자 중에서 진료 사실이 조직 내에 알려진 뒤 '나약한 사람이라는 낙인' '인사상 불이익' '의견 무시' 등 부당한 대우를 경험했다는 답변도 있었습니다.

많은 사람들이 소방관을 영웅으로 추켜세우지만, 그 이면을 들여다보면 이들은 고통받고 있습니다. 소방관 덕분에 수많은 사람들이 구조되지만, 재난과 트라우마 앞에서 영웅도 장사도 없습니다. 소방관들이 심적으로 취약하고 문제가 많아서 트라우마에 시달리는 건 아닙니다. 마음을 굳게 먹는다고, 이른바 정신력이 강하다고 트라우마에서 자유로운 것은 아닙니다. 강인한 사람도 갑작스러운 재난에 맞닥뜨리면 트라우마를 겪을 수밖에 없습니다.

소방관의 트라우마를 생각하면 잊을 수 없는 K씨가 있습니다. K씨는 소방 공무원이었습니다. 그는 동료들이 스트레스와 트라우마를 겪고도 제대로 도움을 받지 못하고 술 등에 의존하며 망가지는 모습을 지켜볼 수는 없었습니다. 다들 영웅이라며 추켜세우지만 소방관을 돌보는 사회가 아니라는 점을 깨닫고, 상담심리를 공부하고 석·박사 과정까지 이어갔습니다. PTSD를 공부하는 정신과 의사들의 모임에도 참여하여 적극적으로 발표하고, 자신의 의견을 나눴습니다. 소방관들이 어려움을 어떻게 대처해야 할 것인지 논문도 함께 썼습니다. 자신과 동료 소방관이 처한 어려움을 헤쳐 나가도록 돕고자 적극적으로 나선 K씨를 보면서 왜 이들이 영웅인지 깨닫게 되었습니다. 자신이 상담심리사가 되어 동료들을 치유하겠다는 마음에 존경을 보내면서 한편으로 치유의 현장에 있는 전문가들이 그들을 제대로 돕지 못하고 있다는 자괴감도 들었습니다.

트라우마는 영웅도 혼자서 헤쳐 나갈 수 없습니다. 소방관이 우리 사회와 시민을 위해 구조의 손길을 뻗치듯 우리도 소방관들에게 힘이 되어주어야 합니다. 소방관들이 우리를 살려주듯 우리가 소방관들을 살려야 합니다.

수치심과 맞닥뜨려야 하는 고통

|

성매매 경험자의 트라우마

앞서 성매매 경험 여성들을 위해 재단을 만들었던 정 이사장님 이야기를 이어가겠습니다. 2005년 여름, 이사장님은 한국의 젊은 여성들이 해외에서 성매매를 하며 인신매매 수준의 인권 유린을 당하고 있다고 전해주었습니다. 당시 이런 처지에 내몰린 한국 여성들이 미국에만 5천여 명에 달하고 호주, 일본 등에도 빚까지 지면서 착취를 당하고 있는 경우가 많다고 했습니다. 심지어 태국, 베트남, 카자흐스탄 등에도 이런 상황에 내몰린 여성들이 있다고 했습니다. 독실한 기독교인이었던 이사장님은 재단을 통하여 이들을 체계적으로 돕는 것이 자신의 사명이라고 여겼습니다. 당시 재단은 성매매 경험 여성들의 재활과 치료, 교육을 돕는 한편, 이들의 보호단체와 활동가를 지원하는 사업도 함께 펼치고 있었습니다.

재단은 성매매 경험 여성들이 지옥 같은 성매매 집결지에서 빠져

나와 안전하게 머물 수 있는 쉼터 등을 지원하는 과정에서 이들이 극심한 정신적 외상으로 트라우마를 겪고 있음을 확인했습니다. 문제는 제대로 된 조사·연구가 없어서 어떻게 도와주어야 할지 막막하던 상황이었습니다. 이사장님은 성매매 경험 여성들의 트라우마 연구를 통하여 이들을 지속적으로 도울 방법을 모색해보자고 제안해왔습니다.

보호받지 못하고 신음하는 몸

본격적으로 연구에 나서며 기존에 어떤 연구가 있는지 알아보았습니다. 이전 연구를 살펴보니 성매매는 본질적으로 폭력이며 외상을 남길 수밖에 없음이 자명했습니다. 9개국 854명의 성매매 경험 여성들을 대상으로 진행한 연구 결과에 의하면, 신체학대 비율이 70~95퍼센트, 강간 경험도 60~75퍼센트에 달했습니다. 국내 성매매 여성 100명을 대상으로 진행한 조사에서도 응답자의 96퍼센트가 신체 위협이나 무기를 통한 위협, 폭력 및 강간 피해를 경험했다고 답했습니다. 또, 성매매 경험 여성의 81퍼센트가 PTSD를 겪고 있었으며, 이로 인한 자기 학대나 우울증, 인격장애, 경계선 인격장애, 정신분열 등 중복 장애를 겪고 있었습니다.

한편, 성폭력 피해자를 주로 만나는 상담자들도 엄청난 스트레스에 노출되어 있었습니다. 이들은 다른 영역의 상담자들보다 더 많은 스트레스를 느끼면서 쉽게 소진되는 것으로 조사됐습니다. 피해자의 고통을 세세하게 공유하며 경청해야 하는 성폭력 상담의 특성

상 다른 외상보다 간접 외상을 더 많이 겪고 있었습니다. 이런 어려
움으로 피해자와 상담을 중단하는 사례도 종종 있었습니다. 재단과
저희 연구실은 성매매 경험 여성들의 쉼터 18곳과 지원센터 상담소
8곳 등 전체 23개 단체를 대상으로 조사에 나섰습니다. 성매매 경험
여성들 중 쉼터에 입소한 사람(입소자)과 이들을 돕는 쉼터의 실무
담당자(실무자), 일반 대조군(대조군) 등에서 인구학적 자료, 성매매
활동 사항, 스트레스 반응, 수면 변인, 신체 및 정신질환의 과거력,
흡연력, 음주력, 트라우마 관련 척도 등을 조사 및 측정했습니다. 그
결과, 최종적으로 입소자 65명, 실무자 81명, 대조군 111명을 선정
했습니다. 입소자의 평균 연령은 20대 중반 정도로 비교적 젊었고,
성매매 기간은 평균 6년 남짓으로 심지어 열네 살 때부터 성매매를
시작한 사례도 있었습니다. 이들을 대상으로 조사한 결과, PTSD 증
상의 빈도와 심각도 모두 입소자가 실무자보다, 실무자가 대조군보
다 높았습니다. 다른 정신건강 지표에서도 신체화, 피로, 우울감, 좌
절 항목 등이 입소자가 가장 높았으며, 실무자는 대조군과 비교하여
우울증과 긴장도가 높았으나, 긴장도는 입소자와 실무자가 거의 차
이가 없을 정도로 심한 긴장 상태에 있었습니다. 또, 입소자는 실무
자, 대조군보다 수면 문제, 흡연 정도가 뚜렷하게 나왔고, 실무자도
대조군보다 심각한 수면 문제와 흡연 정도를 나타냈습니다.

　음주 문제는 입소자가 실무자와 대조군보다 유의미하게 많았습니
다. 특히 입소자들은 성매매 기간이 길수록, 나이가 많을수록 PTSD
증상이 심각했습니다. 술과 담배도 PTSD 증상과 비례했습니다. 괴
로움을 주로 술, 담배로 해결하려는 경향 때문이었습니다. 잠을 잘

이루지 못하는 것과 PTSD 증상도 비례하는 결과가 나왔습니다. 성매매 소굴에서 빠져나와 쉼터에 입소하여 돌봄을 받는 성매매 경험 여성들도 여전히 심각한 PTSD 증상과 여러 정신건강 문제를 겪고 있음을 확인할 수 있었습니다.[19]

상담자의 정신건강 상태도 심각하다

무엇보다 놀라운 점은 쉼터에서 성매매 경험 여성들을 돕는 실무자들도 일반 대조군보다 PTSD 증상을 자주, 더 심하게 경험하고 있었습니다. 긴장도, 수면 문제, 흡연 문제도 일반 대조군보다 높았습니다. 성매매 피해를 직접적으로 당하지 않았지만 심한 고통을 겪은 이들을 돌보는 것만으로도 간접 외상을 겪고 있음을 확인했습니다. 상담 등 돌봄 과정에서 나쁜 이미지를 떠올리고 회피, 우울감, 좌절 등 부정적 감정은 물론, 약물 사용, 불면, 에너지 감소, 자기 신뢰 저하, 가치 체계 손상 등을 겪고 있었습니다. 이에 저희 연구실은 성매매 경험 여성들뿐 아니라 이들을 일차적으로 접하는 돌봄 활동가들도 지속적으로 보호·지원받을 수 있어야 하고, 특히 정신건강 진단과 치료를 받을 수 있는 체계를 확립하는 것이 필요하다고 제안했습니다. 이 결과를 국내외 학술지에 발표하여 '성매매 피해 여성의 트라우마와 정신건강' 심포지움을 통해 널리 알리고자 했습니다.

이사장님은 이러한 결과를 보고 이들을 더 적극적으로 돕겠다고 했습니다. 저도 재단 이사로서 돕고자 했지만 몇 년 후 이사장님이 위암으로 돌아가시면서 그 뜻을 이어가지 못했습니다. 이사장님의 열정적인 지지와 지원 덕분에 수많은 성매매 경험 여성들이 지옥 같은 삶에서 빠져나와 새로운 삶을 살아갈 수 있었습니다. 지금도 이 사장님을 생각하면 트라우마에서 벗어나기 위해서는 누군가의 목숨 같은 노력이 필요하다고 생각합니다.

끔찍한 순간을 혼자 감당해야 하는 고통

|

지하철 기관사의 트라우마

A씨는 시민의 안전을 싣고 운행하는 지하철 기관사입니다. 길게는 2시간 반을 운전실에 승무하여 일하는 그는 특정 지하철역 부근에 갈 때마다 긴장감에 사로잡힙니다. 기관사로 10년이 넘은 베테랑 기관사임에도 머리가 '쭈뼛'하고 '식은땀'이 흐릅니다. 몇 달 전, 이 역에서 겪은 승객의 투신 때문이었습니다. 그의 잘못은 아니었지만 투신했던 승객은 지하철에 부딪혀 사망했습니다. 수습을 위해 어쩔 수 없이 기관실에서 내려 보아야 했던 시신은 처참했습니다. 지하철 바퀴에 시신이 그야말로 축구공처럼 돌돌 말려 있었습니다. 두렵고 무서웠지만, 경찰이 도착할 때까지 현장을 보전하며 그는 혼자서 너무도 길고 힘든 시간을 감당해야 했습니다.

그날 밤, 그는 잠도 못 자고 악몽을 꾸어야 했습니다. 회사에서 며칠 휴가를 주고 치료 상담 프로그램에 참여하도록 권유했지만, 그는

괜찮다며 거절했습니다. 혼자만 그런 일을 겪은 것도 아니고, 프로
그램에 참여하면 정신이 이상한 사람처럼 비칠까봐 그랬습니다. 그
는 보직을 바꾸지도 않았고 해당 노선을 계속 운행하겠다고 회사에
말했습니다. 이후 담대하게 운행하려고 자신을 다독였지만 정말 쉽
지 않았습니다. 혼자 있을 때마다 공허함이 밀려들었고, 사고 지점
을 통과할 때마다 온몸이 경직되었습니다. 자신이 잘못한 것도 아니
었지만 '좀 더 일찍 브레이크를 밟았더라면' 하는 후회가 밀려왔습
니다. 하필 왜 자신이 운행하는 지하철에 뛰어들었는지 원망이 들
기도 했습니다. 티 내지 않으려고 애썼지만 이 괴로운 시간이 얼마
나 더 지속될지 두려운 마음이 드는 건 어쩔 수 없었습니다. 이러
다 더 심해지면 트라우마 치료를 받아야 하는 건 아닌지 A씨 고민
이 깊어졌습니다.[20]

누군가의 죽음을 목격한 이후

지하철 승강장 플랫폼에 스크린도어가 설치되기 전, 스스로 목숨
을 끊는 시도가 많았습니다. 그것도 안타깝지만 이를 맞닥뜨리는 지
하철 기관사에게도 너무나 가혹한 일입니다. 사람이 갑작스레 뛰어
들면 지하철은 제동을 즉각 걸어도 무게와 속도로 인하여 사람과 부
딪치는 것을 막기 불가능합니다. 이렇게 인명 사고가 나면 기관사의
잘못은 아니지만, 앞선 사례처럼 사건 이후 겪는 고통은 이루 말할
수가 없습니다. 정신적 후유증을 고려하여 회사에서 휴가는 물론,
상담도 받을 수 있도록 하지만, 그것만으로 트라우마를 해결하기는

쉽지 않습니다. 또, 회복한 뒤 복귀도 어려울 뿐 아니라 복귀 후에도 사고 지점을 지나거나 운행하면 과거의 끔찍했던 기억이 되살아납니다. 혹은 사고 기관차에 남겨진 흔적을 보는 것만으로도 트라우마로 이어질 수 있습니다. 이런 사건을 경험한 뒤에는 공황장애, 불안장애 등이 생기고, 심각한 정신적인 후유증에 시달리기 일쑤입니다.

누군가의 사망 사고를 몸소 체험해야 했던 지하철 기관사의 PTSD 증상은 심각합니다. 잔상이 계속 남아 있기 때문입니다. 지하철로 뛰어든 사람의 뼈가 부서지는 소리와 느낌이 계속 따라붙습니다. 충돌하는 순간, 뛰어든 사람과 마주친 눈빛도 잊을 수 없다는 고백이 있습니다. 해당 장소를 운행할 때마다 사건이 되살아나거나 머리가 쭈뼛쭈뼛 서고 식은땀이 나기도 했습니다. 승강장에 사람이 오가는 모습을 보기만 해도 머리가 저립니다. 꿈을 꿀 때마다 훼손된 시신이 보이는 등 각양각색의 호소가 있습니다. 사건 후, 현장을 수습하는 과정에서 흩어진 시신 조각과 냄새를 평생 잊지 못하는 기관사들도 있습니다.

기관사의 정신건강, 우리 모두의 안전이다

기관사는 기본적으로 수많은 시민의 이동과 안전을 책임지며 일합니다. 더구나 과거와 달리 지금은 대부분 기관차가 '1인 승무제'로 바뀌었습니다. 적자가 너무 심해지다보니 자동화를 하면서 인원 및 인건비를 감축하려고 기관차 운행 승무원을 1인으로 줄였습니다. 2인 승무는 운행과 승객 확인, 방송 등을 나눠서 처리할 수 있고, 사고 처리능력도 높아지지만 대신에 비용은 올라갈 수밖에 없습니다. 이런 상황에서 1인 승무 이후, 기관사가 심리적으로 받는 부담감과 압박감은 전반적으로 더 높아졌다고 말합니다.

만약 지하철 기관사가 불안과 공포에 시달리면서 제대로 치료받지 못한다면 어떻게 될까요. 이는 시민의 안전까지 막대한 영향을 받을 수 있는 중대한 사안입니다. 스크린도어 설치 이후, 지하철 투신은 많이 줄었지만 완전히 사라지지 않았습니다. 사실 스크린도어는 실수나 고의로 투신하는 행위를 방지하는 역할도 하지만, 기관사의 심리적 안정을 위해서도 꼭 필요한 장치입니다. 누군가 갑자기 선로에 뛰어든다면 기관사는 엄청난 공포감을 느낄 수밖에 없습니다. 따라서 투신이라는 엄청난 사건을 겪은 기관사에게는 사고 후유증과 트라우마를 회복할 만한 시간과 치료를 반드시 보장해야 합니다.

하지만 현실에선 이런 절실한 보호와 돌봄이 잘 이뤄지지 못하고 있습니다. 자칫 어려움을 이겨내지 못하는 약한 사람처럼 비칠까봐 상담이나 심리치료에 선뜻 나서지 못하는 기관사들이 많습니다. 주변의 오해와 편견이 기관사들에 대한 도움과 치료를 가로막고 있습니다. 이것을 개인의 문제로 치부해서는 안 됩니다. 지하철 기관사들의 노동 조건이나 조직문화 등 구조적인 문제를 철저히 돌아보고, 개선이 필요한 부분이 있다면 고쳐나가야 합니다. 스크린도어 도입 이후 자살 사고가 줄어들었지만, 아직 설치하지 못한 곳에서 사고가 지속되고 있는 것을 보면 하드웨어적인 예방도 중요합니다.

자살은 그 자체로 비극입니다. 또한 다른 사람이 스스로 목숨을 끊는 행위를 목격해야 하는 사람들에게도 비극이 스며듭니다. 결과적으로 한 사람의 불행이 다른 사람의 불행까지 유도하는 식입니다. 자신이 운행 중인 기관차로 사람을 치는 끔찍한 순간을 경험한 기관사가 그 충격을 혼자서 감당해서는 안 됩니다. 회복은 혼자서 할 수 없습니다. 기관사라는 직업 때문에 사람을 치었다는 죄책감과 공포감을 평생 품고 살아야 할 이유도 의무도 없습니다. 감당할 수 없는 순간을 경험한 기관사들이 충분히 상담을 받고, 회복할 수 있는 여건을 만들어주는 것이 중요합니다. 이들과 함께 숨 쉬며 살아가는 우리 모두가 해야 할 일입니다. 또한 이것은 우리를 위한 일이기도 합니다. 기관사들이 시민의 발 역할을 하면서 안전을 책임지기 때문입니다. 우리가 안전하기 위해서는 기관사들의 정신건강에도 안전이 깃들어야 합니다.

목숨을 걸고 위험과 마주해야 하는 고통

|

산업재해와 트라우마

2018년 12월 11일 새벽, 한국서부발전 태안화력발전소의 하청업체 소속 김용균 씨가 떨어진 석탄을 치우려다가 석탄 이송 컨베이어 벨트에 끼어 숨을 거뒀습니다. 시신은 5시간 후에야 발견되었습니다. 야간에는 2인 1조 근무가 원칙이었지만 한 명씩 근무했다는 진술이 나왔습니다. 김용균 씨는 안전을 보장받지 못한 채 혼자서 근무하다가 참변을 당했습니다. 태안화력발전소에는 1년 전에도 비슷한 사망 사고가 있었지만 안전 강화는커녕 조업을 강행했다는 질타가 쏟아졌습니다. 이 사고를 계기로 이른바 '위험의 외주화'에 대한 담론이 본격적으로 형성되었고, 안전과 산업재해에 대한 여론의 관심 또한 높아졌습니다.

제가 학회장일 때 한국트라우마스트레스학회에서 김용균 씨의 어머니 김미숙 씨를 초청하여 말씀을 들을 기회가 있었습니다. 김용균 씨는 2018년 9월, 서부발전 협력사인 한국발전기술에 취직하여

10월 말에 사흘간 예비군 훈련을 받고자 고향 구미에 왔다가 다시 일터로 돌아가서 한 달여 만에 목숨을 잃었습니다. 취직하고 불과 3개월 만의 일이었습니다. 어머니는 아들의 죽음 이후, 삶이 한순간에 바뀌었습니다. 그날 이후로 평범한 어머니에서 비정규직과 하청 노동자를 위해 투쟁하는 사람이 되었습니다. 현재는 노동자가 건강하게 일하는 세상을 만들고자 여러 사람과 함께 '사단법인 김용균 재단'을 만들고, 산업재해 피해가 발생하면 어디든지 전국 곳곳 발로 뛰고 있습니다.

이런 노력에도 불구하고 여전히 안타까움은 남아 있습니다. 어머니는 당시 대통령도 산업재해 사망 사고를 절반으로 줄이겠다고 약속했지만 현장은 크게 달라진 것이 없고, 책임자 처벌을 위하여 김용균 특별조사위원회가 내놓은 권고안 합의도 이뤄지지 않았다고 한탄했습니다. 만약 별다른 진전이 없다면 앞으로도 이런 황망한 죽음을 막을 수 없다며 안타까워했습니다. 그러면서 어머니는 김용균 재단 이사장으로서 억울한 죽음을 막기 위하여 계속 투쟁하겠다고 다짐했습니다. 생때같은 자식을 잃은 어머니가 다른 사람의 자식을 위해서 나서겠다는 말씀이 큰 울림으로 다가왔습니다.

돈이 사람 목숨보다 더 중요한가

오랫동안 산재로 사망하는 사람은 한 해 2천 명 안팎에 달합니다. 고용노동부의 산재 현황분석에 의하면, 통계상 산재는 줄고 있습니다. 2021년에는 질병을 제외하고 작업 현장에서 떨어지고 끼이고 부딪히는 등 산재 사고 사망자가 828명이었는데, 이는 산재 사망 사고 통계를 작성한 이후 최저 수준이었습니다. 그러나 이 수치는 다른 나라들에 비하면 아직도 높은 편입니다. 10만 명당 산재 사망자 수가 4.6명으로 일본의 1.4명보다 3배 이상입니다. 영국은 1996년에 1명 이하로 낮아졌고 최근까지 0.5~0.8명 수준에 지나지 않습니다.

사업장 특징에 따라 끔찍한 산재가 많이 발생합니다. 신체가 절단되는 사고를 비롯하여 용광로 쇳물에 빠지는 사례도 있습니다. 소비자들의 불매 운동을 일으킨 어느 제빵 회사 공장에서 샌드위치에 들어가는 소스 교반기를 가동하던 중 기계 안에 상반신이 끼어 사망하는 사고도 있습니다. 이외에도 유독가스 질식, 추락, 장비 충돌 등 숱한 사건·사고가 일터에서 매일 일어납니다. 사업장의 안전조치 위반에 기인하는 경우가 부지기수입니다. 산재와 안전에 대한 관심이 높아졌다고 하지만, 우리사회는 여전히 일하는 현장의 안전 인프라 구축에 인색합니다. 많은 기업들이 비용을 이유로 안전시설과 조치를 갖추지 않습니다. 행여 사람이 죽어도 큰 불이익을 받지 않고 벌금으로 해결할 수 있으니, 굳이 돈을 들여 안전을 챙기지 않습니다. 말하자면 안전 비용보다 사람의 목숨 값이 더 싼 것이 지금 우리사회의 큰 문제이자 잘못입니다.

산재 이후, 생존자와 유가족의 트라우마

2021년 4월, 평택항에서 300킬로그램 컨테이너 날개에 깔려 숨진 이선호 씨도 마찬가지였습니다. 학비에 보태고자 아버지를 따라 아르바이트에 나섰던 청년은 계약서에도 없는 업무를 하면서 보호구도 지급받지 못했습니다. 고정판 장착 등 안전조치도 없었고, 적절한 신호나 안내도 없는 환경에서 결국 사망하고 말았습니다. 산재 사망률을 낮추고 안전 기준을 높이며, 하청 업체도 위험 관리를 제대로 실시하게 만들겠다는 정치인들의 공약이 무색했습니다.

사업장의 오랜 관행을 개선하고, 안전한 일터를 만드는 과정이 정말 쉽지 않습니다. 2021년 제정된 중대재해기업처벌법이 2022년 1월부터 시행되었지만, 형사 처벌과 벌금만으로 안전한 사업장이 만들어질 수 있을지는 여전히 의문입니다. 물론 구멍이 숭숭 뚫려 있는 법이지만, 기업과 노동자의 경각심이 이전보다 높아진 것은 사실입니다.

정신건강의학 측면에서 살펴보면, 산재 예방 활동이 중요하지만 산재 이후 피해 생존자와 유가족의 트라우마를 관리하는 일에도 관심을 가져야 합니다. 부상당한 노동자와 유가족뿐 아니라 끔찍한 사건을 목격한 다른 노동자의 심리상태에도 관심을 갖고 세심히 돌봐야 합니다. 같은 작업장에서 함께 일하던 동료가 어느 날 갑자기 사망했다는 사실을 알게 되거나, 혹은 동료가 사망하는 순간을 목격한다면, 그때부터 끔찍한 트라우마로 다가옵니다.

하루 중 가장 많은 시간을 보내는 곳이 바로 일하는 현장입니다. 단순히 돈을 벌고 생계를 꾸리는 것을 넘어서 삶의 의미와 보람을 창출하는 일터에서 트라우마를 겪는다면, 그 자체로 절망이자 비극입니다. 그야말로 삶의 기반이 흔들립니다. 생계는 물론, 삶의 가치 모두가 흔들립니다. 우리가 일하는 장소의 신체적, 심리적 안전을 위해서라도 법과 제도뿐만 아니라 정신건강을 위한 적절한 조치도 하루빨리 이뤄져야 합니다. 누구도 목숨을 걸면서 일하고 싶지 않기 때문입니다.

우리가
꼭 기억해야 할
사회적 트라우마

내가 안전하지 않다는 항시적 불안감

|

성수대교 붕괴 참사, 1994

1994년 10월 21일 오전 7시 38분, 등교를 위해 16번 버스 안에 있던 학생들이 놀라 비명을 질렀습니다. 성수대교 10번, 11번 교각 사이가 무너져 다리가 끊어진 모습을 본 버스 기사는 급히 브레이크를 밟았습니다. 영화에서나 봤던 믿을 수 없는 일이 벌어졌습니다. 한국전쟁 때 북한군 진입을 막고자 한강 인도교를 폭파해서 다리가 끊어진 장면을 영화로는 봤지만, 대한민국 수도 서울의 한강을 가로지르는 큰 다리가 대명천지에 무너지다니요. 그것도 사람이 몰리는 출퇴근 시간에 다리 붕괴를 생각해본 사람은 아무도 없었을 겁니다.

버스 기사가 급브레이크를 밟았지만 앞바퀴는 이미 끊어진 다리를 넘어갔고, 다리 잔해 부분에 뒷바퀴가 대롱대롱 걸렸다가 하중이 쏠리면서 버스는 강으로 추락했습니다. 이후 차체가 뒤집히면서 버스에 탑승했던 30여 명 중 단 2명만 생존했습니다. 안타깝게도 이

버스를 타고 평소처럼 등교하던 무학여중 학생 1명과 무학여고 학생 8명 등 한 학교 교정에서 9명이 소중한 목숨을 잃고 말았습니다. 버스가 다리에 매달려 있다가 뒤집히면서 추락한 탓에 유독 사망자가 많았습니다. 성수대교 붕괴사건은 차량 6대와 49명이 추락하고, 총 32명이 사망한 참으로 비극적인 대형 참사였습니다.

사람이 저지른 재난

우리나라는 세계에서 비슷한 사례를 볼 수 없을 정도로 초고속 경제성장을 했습니다. 그 탓일까요. 부작용은 1990년대 사회 곳곳에서 드러났습니다. 안전을 뒷전으로 빨리빨리 건설하던 관행은 사건·사고를 계속 일으켰고, 성수대교 붕괴는 그 하나의 신호였습니다. 성수대교 붕괴 원인을 조사한 결과, 설계와 시공의 미흡함이 원인이었습니다. 교각에서 연결하는 볼트가 손으로 빼낼 수 있을 정도로 허술하게 조여 있었고, 볼트 구멍도 제대로 뚫려 있지 않았습니다.

재판 과정을 통해 건설회사 책임자들과 발주관청 공무원들이 업무상 과실 등의 유죄 판결을 받았습니다. 붕괴 전, 1일 통행량 8만 대로 설계됐던 성수대교는 동부간선도로 등이 연결되면서 하루 16만 대 이상이 오갔습니다. 감당할 수 있는 통행량의 두 배를 넘어섰음에도 안전관리는 소홀했고, 결국 다리가 무너졌습니다. 이후 소 잃고 외양간이라도 고친다며 전국의 모든 건물에 대한 안전 평가점검을 시행했습니다. 결과는 역시 놀라웠습니다. 고층 건물의 17.4퍼센트는 개축이 필요했고, 전체 건물의 80퍼센트는 크게 수리해야 할

부분이 있었습니다. 안전하다고 평가받은 건물은 고작 2퍼센트에 불과했습니다. 한강 다리 전체에 대한 안전성 조사는 기가 막힐 정도였습니다. 2호선 전철이 오가는 당산철교에 문제가 발견되어 철거 뒤 재시공했고 광진교, 한남대교, 양화대교도 재시공하거나 전면 보수에 나서야 했습니다.

토건과 건설에만 집중했을 뿐 안전에는 거의 신경을 쓰지 않던 우리사회의 민낯을 여실히 보여준 것이 바로 성수대교 붕괴 참사였습니다. 겉으로는 근사하게 한강의 기적을 이룬 나라처럼 보였지만 처참하게 속살이 드러난 것입니다. 방송에 나온 희생자 유족은 "앞으로 이런 일이 또 없을 거라고 장담하지 못해요! 미리 방지했다면 이런 일은 절대 일어나지 않을 거 아니에요…" 하며 통곡했습니다.

성수대교 붕괴 이후에도 참사는 멈추지 않았습니다. 그동안 꼬리에 꼬리를 물고 누적되어온 우리사회의 안전 불감증과 불안정성이 수면 위로 올라온 것입니다. 1995년 4월 28일, 대구 상인동 지하철 공사장 인근 공사 현장에서 가스관이 파손되어 101명이 사망했습니다. 이어 1995년 6월 29일, 서울 서초구 삼풍백화점이 붕괴하여 502명이 사망하는 등 수많은 대형 참사가 줄줄이 터졌습니다. 당연히 안전할 것으로 여겼던 다리, 지하철, 건물 등이 한순간에 무너졌습니다. 그런데 계속되는 참사들은 어쩔 수 없이 닥친 자연재해가 아니었습니다. 기본적인 안전 수칙만 지켰다면 막을 수 있는 인재(人災)였습니다. 정말 어처구니없이 발생한 참사들이었습니다. "세상은 안전하다"라는 사회의 기본신념이 흔들리기 시작하면서 국민들의 불안한 마음은 더욱 커졌습니다.

트라우마 생존자와 유가족에 대한
심리지원이 필요하다

또 다른 문제도 있었습니다. 당시만 해도 사람이 이런 큰 재난을 겪은 뒤에 심리적인 문제가 생길 수 있고, 그래서 즉각적인 심리지원이 필요하다는 인식이 전혀 없었습니다. 참사 뒤에 구사일생으로 살아난 한 생존자는 사건 발생 20주기를 맞아 가진 방송사와의 인터뷰에서 구조 직후, 병원에 며칠 입원한 것 외에는 어떤 피해보상이나 정신심리치료를 받은 적이 없었다고 털어놓았습니다. 그저 살다가 겪을 수 있는 불운한 사건의 하나쯤으로 치부하지 않았다면 결코 있을 수 없는 일입니다.

죽을 뻔했던 재난 생존자에 대한 사후 관리도 문제지만 희생자 유가족이 겪는 트라우마는 더욱 심각합니다. 성수대교 붕괴 참사 5년이 지나 위령비 앞에서 유가족의 아버지가 음독하여 유명을 달리했습니다. 먼저 떠난 딸을 그리워하던 아버지는 실직 스트레스까지 겹치면서 스스로 목숨을 끊었습니다. 트라우마가 또 다른 트라우마로까지 이어진 것입니다. 당시 우리사회는 재난 트라우마에 대한 사회적 인식이 매우 낮았습니다. '목숨을 부지한 것만 해도 어디냐'라고 생각할 정도였습니다. 그랬으니 참사로 인한 당사자의 심리적 충격이나 유가족의 정신건강에 대해서는 제대로 지원이 이뤄지지 못했습니다.

성수대교 참사를 떠올리면 L수경이 겪었던 트라우마를 언급하지 않을 수 없습니다. L수경은 지금도 성수대교를 떠올리면 현재형의 고통을 느낍니다. 가까스로 살아난 재난 생존자이지만 그날의 참상은 현재의 그를 지배하고 있습니다. 성수대교가 무너졌던 그날, 49주년 경찰의 날에 맞춰 서울경찰청 제3기동대 소속 L수경은 표창을 받고자 차를 타고 성수대교를 건너고 있었습니다. 그런데 갑자기 큰 소리와 함께 옆의 땅이 하늘로 치솟았고, 그는 비명과 함께 정신을 잃었습니다. 잠시 후 정신을 차려보니 땅이 치솟은 것이 아니라 다리가 끊어진 것이었습니다. 그는 다행히 가라앉지 않은 승합차에서 벗어났는데, 주변에서 "살려달라"는 외침이 쏟아졌습니다. 이마에 흐르는 피를 신경 쓸 겨를도 없이 L수경은 사람들을 건져내는 데 온 힘을 쏟았습니다. 그는 어려움 속에서 한 사람이라도 더 구해내려고 안간힘을 썼습니다. 이후에 경찰병원에 입원하여 치료를 받고 심리적 안정을 위해 휴가도 얻었지만 보상금이나 피해보상 등은 없었습니다. 심리적인 후유증에 대한 외부기관의 평가나 치유도 받지 못했습니다. 재난 생존자이자 시민들의 생명을 구조한 영웅이었지만, 이에 대한 대가는 그저 혼자만의 고통으로 남았습니다.

처음에는 '그럼에도 의미 있는 일을 했다'는 자기보상으로 견뎌내는 것 같았지만, 그는 아직도 높은 건물에 가지 못합니다. 다리를 건너는 것도 고통스럽습니다. 가운데 차로로 가면 다리가 흔들리는 느낌을 심하게 받아서 바깥 차로를 타야 합니다. 또, 차가 막히면 답답함이 심해져서 도망가고 싶을 때도 많습니다. 고층 집에서는 살 수 없어서 늘 1층이나 2층에만 살아야 했습니다. 다리나 집이 무너질 것 같은 공포가 엄습할 때마다 고통을 참기 힘듭니다.

잘 이겨낸 것 같았던 L수경은 지금도 일상을 온전히 회복하지 못하고 있습니다. 내가 발 딛고 있는 모든 기반이 한순간에 무너질지도 모른다는 두려움을 갖고 어떻게 살아야 할까요? 더구나 이 고통을 누가 온전히 이해하고 공감해줄 수 있을까요? 몸에 난 상처는 아물었지만 마음에 남은 상처는 점점 더 커져서 더 아파옵니다. 영웅도 필요할 때는 적절한 치료를 받아야 합니다. 영웅이라고 추켜세울 것만 아니라 재난 현장에서 살아나온 뒤, 어떤 심리상태에 있는지 물어보고 돌봐야 합니다. 우리는 재난을 뚫고 수많은 인명을 구한 영웅들에게 최선의 돌봄을 하고 있는지 돌아봐야 합니다.

전쟁 이후, 가장 많은 생명을 잃은 날

삼풍백화점 붕괴 참사, 1995

1995년 6월 29일은 후덥지근하고 불쾌지수가 매우 높은 날이었습니다. 그날 저녁 뉴스는 도저히 믿기 힘든 소식을 전했습니다. 당시 최고급 백화점 중 하나였던 삼풍백화점이 무너졌다는 소식이었습니다. 1989년 12월 개점했으니 불과 5년여 만에 부의 상징이었던 건물이 붕괴됐습니다. 앞선 해 가을, 성수대교 붕괴 여파가 채 가시기도 전에 또 참사가 발생했던 것입니다. 원인을 조사해보니 아니나 다를까 이번에도 인재였습니다. 안전불감증과 비리의 총집합체로 건물이 무너지지 않은 것이 신기할 정도였습니다.

삼풍백화점은 원래 아파트 종합상가로 허가받았으나 건축주는 백화점으로 변경했습니다. 이에 더해 원래 4층으로 설계됐던 건물을 증축하자고 최초 시공사에 요구했습니다. 시공사가 붕괴 위험성이 있다고 거부하자 건축주는 계약을 파기하고 계열사인 삼풍건설을 통해 시공을 마무리했습니다. 이외에도 설계상 기둥보다 얇은 기둥을 썼고, 에스컬레이터를 넣고자 기둥의 4분의 1을 잘라냈습니다. 기초부터 잘못된 시공이었는데 무리수까지 더해졌습니다. 증축된 5층에 하중을 덜 받는 롤러장을 넣을 계획이었으나 무게가 훨씬 더 나가는 식당가를 넣었습니다. 건물에 치명타를 가한 것은 옥상에 설치한 에어컨 냉각탑이었습니다. 냉각탑은 옥상이 견딜 수 있는 무게의 4배를 넘었고, 냉각탑 진동이 가한 균열은 조금씩 건물을 갉아먹었습니다.

안전을 돈과 맞바꾼 참혹한 결과

참사는 한순간에 일어나지 않습니다. 작고 사소한 조짐이 여러 번 쌓이다가 비등점에 도달하면 한순간에 끓어오릅니다. 산업안전 분야에서 유명한 '하인리히의 법칙'이 있습니다. 보험회사 직원이었던 윌리엄 하인리히가 수많은 사고의 통계를 분석한 결과, 사망자 1명이 나온 사건은 이전에 29명의 경미한 부상 사건과 300건의 다칠 뻔한 사건이 있었다는 법칙을 내놨습니다. 이처럼 큰 사건은 이전에 수많은 위험신호를 나타내고 한순간에 터집니다.

삼풍백화점 역시 붕괴 전부터 위험신호가 계속 나왔지만, 아무도 위험 경고에 제대로 반응하지 않았습니다. 붕괴 2개월 전, 5층 천장에 균열이 생기고 바닥이 내려앉기 시작하자 전문가를 불러 검사도 진행했습니다. 이때 붕괴 위험이 있다는 결과가 나왔지만, 안전을 내팽개친 경영진은 백화점 폐쇄는커녕 어떤 조치도 취하지 않았습니다. 영업을 멈추면 매일 들어오는 거액의 돈을 포기해야 하는데, 그럴 수 없다는 입장이었습니다. 급기야 붕괴 하루 전날, 기둥이 옥상으로 튀어나오고, 식당가 바닥이 기울어지거나 내려앉고, 천장에서 물이 쏟아지는 등 건물이 무너지기 직전에 여기저기서 위험신호가 나타났습니다.

참사 당일에도 현장을 둘러본 전문가는 영업 중지는 물론이고 대피까지 권유했지만, 경제적 손실을 우려한 경영진은 영업을 지속하다가 결국 붕괴를 피할 수 없었습니다. 돈과 생명을 맞바꾼 처참한 결과였습니다. 오후 5시경부터 시작된 붕괴는 1시간여 만에 건물을 완전히 무너뜨렸습니다. 거대한 먼지구름과 함께 사망자가 속출했고, 결국 502명이라는 소중한 생명을 잃고 말았습니다. 대한민국 정부 수립 이후, 전쟁을 제외하고 단일 사건이자 한 장소에서 가장 많은 인명피해가 일어난 대형 참사였습니다. 이것은 부실 공사와 안전 불감증이 열어젖힌 지옥문이었습니다. 구조 작업도 난항이었습니다. 컨트롤타워는 없었고 구조는 힘겨웠습니다. 잔해를 제대로 확인하지 않아 난지도 쓰레기 매립장에서 시신이 추가 수습될 정도였습니다. 이 끔찍한 상황에서 참사 발생 11일, 13일, 17일 만에 생존자가 구조되는 기적이 일어났지만 삼풍백화점 붕괴는 502명이 목숨을 잃고, 937명이 부상당한 끔찍한 대참사로 기록되었습니다.

재난 응급의료 시스템의 출발

삼풍백화점 참사는 재난의학 측면에서 큰 교훈을 주었습니다. 당시는 경상자와 중상자를 구분하여 진료하는 '트리아지'(Triage) 개념이 정립되지 않아서 생존자 구조가 이뤄지면 곧바로 가까운 곳에 위치한 강남성모병원(현 서울성모병원)과 영동세브란스병원(현 강남세브란스병원) 등으로 옮겨졌습니다. 그런데 이 모두 대형 병원들이었지만 쏟아지는 환자 모두를 돌볼 여력이 없었습니다. 진료과와 상관없이 병원의 모든 직원이 총동원되어 응급처치에 매달려도 역부족이었습니다. 중상자 응급처치와 수술이 신속하게 이뤄지지 못했고, 중상자들이 먼 병원으로 이송되는 일도 발생했습니다.

이에 대형 재난이 발생했을 때, 중구난방으로 부상자를 이송하면 안 된다는 교훈을 얻었고, 또 환자 상태에 따라 분류하는 트리아지 개념이 응급진료 시스템에 본격적으로 도입되기 시작했습니다. 결과적으로 이런 대형 참사를 겪으면서 우리나라에도 응급의료 체계가 만들어지고, 응급의료에 관한 법률과 전문 응급처치 장비가 보급되는 계기가 마련되었습니다. 119구급대도 강화되어 간호사, 응급구조사 등이 채용되고, 병원에서도 응급의학과가 본격적인 체계를 갖추기 시작했습니다.

그렇지만 정신건강 측면에서는 제대로 돌봄이 이루어지지 못했습니다. 삼풍백화점 참사 생존자 중 정신과 진찰을 받은 681명의 면담 자료를 분석한 결과, 수면장애를 호소한 사람이 절반 이상(54.2%)이었습니다. 이어서 두통(31.8%), 예민함(23.3%), 기억으로 인한 고통(24.2%) 등이 따랐습니다. 이외에도 흉부 불편감, 사지통, 요통, 소화기계 이상 등 다양한 신체 증상이 나타났습니다. 또 생존자 32명을 조사한 다른 연구에 의하면, 참사 발생 후 3개월 동안 전체적인

PTSD 증상이 나타나는 경우가 41퍼센트, 부분적으로 PTSD 증상이 나타나는 경우가 48퍼센트에 달했습니다. 이런 결과는 큰 재난을 겪으면 대부분의 사람들이 심한 정신적 고통을 받는다는 사실을 다시금 확인해주었고, 따라서 이들에 대한 체계적인 돌봄이 필요하다는 인식을 갖게 했습니다.

"살려달라"고 외치던 목소리

삼풍백화점 참사 당시 5층에 있던 B씨는 지금도 그때의 트라우마로 고통을 겪고 있습니다. 참사가 일어나던 당시, B씨는 건물이 흔들리자 곧 무너질 것 같은 두려움을 느꼈습니다. 비슷한 두려움을 느낀 사람들도 많았습니다. 긴급한 위기 상황임을 깨닫고, 사람들은 건물 계단으로 몰려갔습니다. 그러다 건물이 크게 휘청거리자 계단을 향해 뛰어가던 사람들 모두가 주저앉고 말았습니다. 그 순간, 전기가 끊어져서 사방이 어두워졌고, 시멘트 먼지바람에 시야까지 흐려지면서 앞도 거의 보이지 않았습니다. 그런데 옆에서 흐느끼는 목소리가 들려왔습니다. 손을 내밀자 몇몇 사람들이 웅크리고 있었습니다. B씨는 이들과 함께 계단을 엉금엉금 기어 내려갔습니다. 간신히 1층에 도달하자 키 높이 정도에 빛이 들어오는 구멍이 보였습니다. 누군가 여기로 나갈 수 있을 것 같다고 말해서 한 명씩 구멍을 통하여 밖으로 나갔습니다. 그런데 B씨가 밖으로 나가려던 순간, 뒤에서 "살려주세요"라는 희미한 목소리가 들렸습니다. 하지만 B씨는 뒤돌아볼 여유 없이 일단 밖으로 나왔습니다. 구사일생으로 목숨을 구하고 몸도 다친 곳 없이 그는 무사히 집으로 돌아갔습니다.

문제는 이후에 일어났습니다. "살려달라"고 외치던 그 목소리가 환청처럼 계속 들렸습니다. 처음에는 작게 들렸지만 시간이 지날수록 점점 커졌습니다. 불만 끄면 더 심해져서 도저히 잠을 이룰 수가 없었습니다. 하지만 B씨는 이런 증상에 대해 어떤 설명도 듣지 못했고, 심리상담이나 적절한 치료도 받지 못했습니다. 그는 시간이 흐르면 괜찮아지겠거니 내버려뒀습니다. 하지만 상태는 악화되어 갔습니다. "살려달라"는 목소리가 집요하게 그를 따라다니며 괴롭혔습니다. 이러다가 미쳐가는 것은 아닌지 두려웠습니다. 시간이 많이 흐른 지금, 그는 여전히 크고 높은 건물 근처에 가지 못합니다. 지하나 사방이 닫힌 곳도 갈 수 없습니다. 높은 건물 옆에 가면 무너져 내릴 것 같은 두려움에 사로잡힙니다. 그는 아직도 1995년 무너진 삼풍백화점 잔해 속에 갇혀 있습니다.

트라우마는 시간이 지난다고 그냥 나아지지 않습니다. 참사가 일어난 지 4년이 지난 1999년 10월, 참사 당시 아내와 아들을 잃은 40대 남성이 삼풍백화점 희생자 위령비 근처에서 스스로 목숨을 끊었습니다. 성수대교 붕괴로 사망한 딸의 위령비 앞에서 목숨을 끊은 아버지와 판박이였습니다. 재난과 재해는 그 자체로 끝나지 않습니다. 유가족 중에는 스스로 목숨을 끊을 정도로 심각한 아픔을 겪는 사람들이 많습니다. 재난은 경험자뿐 아니라 주변 사람에게도 큰 영향을 끼칩니다. 유가족에 대한 지속적인 관리가 이루어진다면, 이러한 고통과 아픔도 조금 누그러질 수 있습니다. 우리는 늘 재난을 겪은 분들과 그 주변에 있는 사람들의 고통에 예민해야 합니다. 당장이라도 내가 겪을 수 있기 때문입니다. 삼풍백화점 참사는 큰 재난이 경험자들의 정신건강에 미치는 영향을 놓고 관심과 연구가 진행되는 계기가 마련되었지만, 어떤 문제가 생겼다는 정도만 밝히는 수준에 머물렀습니다. 안타깝게도 재난 경험자들에 대한 제대로된 후속 조치와 관리가 이루어지는 수준으로 나아가지 못했습니다.

한 번의 방어막이라도 작동했더라면

|

대구 지하철 화재 참사, 2003

21세기에 들어서도 참사는 멈추지 않았습니다. 2003년 2월 18일, 대구 지하철 1호선 중앙로 역에서 일어난 지하철 방화로 소중한 192명이 목숨을 잃었습니다. 방화범은 잡혔습니다. 행상 등 여러 직업을 전전하다가 뇌졸중으로 쓰러져 반신불수와 우울증을 겪고 있던 사람이었습니다. 신병을 비관하며 외톨이처럼 지내던 그는 어느 날 혼자 죽기 억울하다며 라이터와 휘발유 두 통을 들고 지하철을 탔습니다. 스스로 목숨을 끊을 생각으로 불을 붙였지만, 옷에 불이 붙자 놀라서 휘발유 통을 바닥에 던지는 바람에 불길이 순식간에 타올랐습니다. 그러자 방화범 자신과 놀란 승객들은 객차를 떠나 탈출을 시도했습니다.

이 사건에서도 하인리히 법칙이 어김없이 적용되었습니다. 작은 구멍 하나하나가 연쇄적으로 쌓이면서 마침내 걷잡을 수 없는 거대한 재난으로 번져갔습니다. 불이 났던 1079호 기관차의 기관사는 화재를 발견하고 급히 소화기로 불을 끄려고 시도했으나 실패하고 대피를 선택했습니다. 문제는 이 급박한 상황을 종합사령실에 보고하지 못했다는 것입니다. 여기부터 더 큰 문제가 연쇄적으로 발생했습니다. 지하철 종합사령실은 CCTV를 통해 역사 상황을 상시 모니터링하는 곳으로 담당 직원이 대기하고 있었습니다. 그런데 나중에 확인해보니, 방화범이 자신의 몸에 불이 붙은 채로 지하철 차량에서 내리는 장면이 CCTV에 녹화되어 있었지만, 당시에는 그 장면을 종합사령실에서 확인하지 못했습니다. 화재경보기가 울렸지만 직원은 흔한 고장이겠거니 무심히 넘겼습니다. 오히려 화재를 목격한 승객이 119에 신고해서 대구소방안전본부가 종합사령실보다 화재를 먼저 파악할 정도였습니다.

급박한 상황이었습니다. 객실 내 연기가 차오르기 전이었지만, 1079호 기관사가 보고하지 않고 탈출한 탓에 종합사령실은 무슨 일이 벌어졌는지 정확하게 알지도 못한 상태였습니다. 다만 뭔가 이상하다고 판단한 종합사령실이 중앙로 역 진입을 앞둔 1080호 지하철에 서서히 안전 운행할 것을 통보했습니다. 상황을 제대로 파악했다면 진입을 막거나 무정차 통과를 유도했어야 했습니다. 이 통보로 반대편에서 오던 1080호 기관차가 '서서히' 승강장에 진입하다 멈췄고, 승객들은 하차를 준비했습니다. 불이 난 1079호 바로 옆에 세운 것입니다. 지하철이 멈추려는데 연기가 피어오르기 시작했고, 이에 놀란 1080호 기관사가 종합사령실에 알리고 나서야 종합사령실은 뒤늦게 출발을 지시했습니다. 그런데 1080호가 급히 출발하려는 순간, 설상가상으로 전원이 나갔습니다. 칠흑 같은 어둠과 함께 열차는 멈췄습니다. 매뉴얼에 의하면 비상 상황에서 마스터키를 세 번 '껐다, 켜면' 비상 전원이 들어오게 되어 있었지만, 화재 탓인지 비상 전원마저 들어오지 않았습니다. 1080호 기관사는 승객 구조는 생각하지도 못한 채 마스터키만 뽑아 탈출해버렸습니다.

재난 이후, 드러나는 안전 시스템의 구멍

사실 화재가 발생한 1079호 승객들 대부분은 탈출했습니다. 몸에 불이 붙었던 방화범도 그 자리를 빠져나와 인근 병원에서 화상치료를 받았습니다. 하지만 지하철 문이 닫힌 1080호 승객들은 화마에 꼼짝없이 갇히면서 결국 192명이라는 소중한 생명을 잃고 말았습니다. 돌아보면 모든 것이 허술했습니다. 어쩌면 인명피해 없이 단순한 화재 사건으로 끝날 수도 있었지만, 안일한 대처가 이어지면서 끔찍한 대참사로 돌변했습니다.

인명피해가 커질 수밖에 없었던 이유가 또 있었습니다. 당시 지하철 객실 의자 내장재는 불연재가 아니었습니다. 불연재가 아닌 객차에 불이 붙으면서 심한 유독가스를 배출했습니다. 대구에 있는 거의 모든 소방차가 총동원되었지만, 유독가스를 뚫고 승강장으로 진입할 수 있는 장비도 없었습니다. 화재 발생 3시간이 지나서야 불을 진압했지만, 192명 사망, 6명 실종, 151명 부상이라는 엄청난 인명피해가 났습니다. 사망자 대부분이 유독가스에 질식되었고, 생존자도 피부와 호흡기 질환에 시달려야 했습니다.

무엇보다 생사기로에 섰던 수많은 생존자가 심각한 트라우마를 감당하지 못하고, PTSD 등 정신적 후유증으로 고통을 겪어야 했습니다. 참사 이후 조치도 유가족들의 울분을 들끓게 했습니다. 기관차 전체가 불에 탔고, 희생자 대부분은 형체조차 제대로 남지 않았습니다. 지금처럼 카드로 탑승 기록이 남는 시스템도 아니어서 누가 언제 지하철을 탔는지 파악하기도 어려웠습니다. 그 시간에 지하철을 탔을 가능성이 높았던 승객 가족은 이리저리 뛰어다녀야 했습니다. 문제는 하나둘이 아니었습니다. 시신이 수습되지 않은 상태에서 대구시가 열차를 치우고 물청소를 지시한 탓에 모든 사고의 흔적이 사라졌습니다. 유가족들은 대구시를 믿을 수 없다며 현장을 찾아다니며 하수구를 하나하나 뒤지고, 수백 개의 쓰레기 포대를 파헤쳐서 140여 구의 유해를 찾아냈습니다. 그런데도 일부 언론은 대구시의 물청소에 항의하는 유가족들을 '폭도'라고 몰아붙였습니다.

당시는 끔찍한 외상을 겪은 뒤 정신건강에 문제가 생길 수 있다는 사실이 알려진 시점이라 몇몇 트라우마 관련 연구도 있었습니다. 그런 연구를 통해 생존자를 추적·조사한 결과, 1년 반 뒤에 69.8퍼센트, 2년 8개월 뒤에는 56.7퍼센트가 PTSD를 겪고 있었습니다. 또, 6년 뒤 생존자 103명을 추적·관찰한 연구에서는 증상이 일부 완화되었지만, 불면 등이 지속되고 있는 것으로 나타났습니다. 기능성 자기공명영상(MRI)을 이용한 뇌 영상 연구도 있었습니다. 이 연구에 의하면, 참사 후 1년 4개월 시점에는 공포 기억과 관련된 편도체와 뇌섬엽이 강하게 연결되어 있었는데, 약 4년이 지나자 그 연결성이 약해졌습니다. 대부분은 시간이 지날수록 공포 기억에 대한 뇌의 활성이 서서히 줄어들지만, 그렇지 못한 사람들도 있었습니다. 시간이 지나도 과거의 기억에서 벗어나지 못하는 경우입니다. 자다가 깨서 불이 났으니 꺼야 한다며 돌아다니는 사람, 어둠의 공포가 너무 커서 밤에 절대로 불을 끄지 못하는 사람, 연기에 대한 공포 기억 때문에 연기 나는 곳에는 가지 못하는 사람이 바로 그런 경우입니다. 고통이 너무 심하여 자해를 계속하거나 자살 시도를 반복하는 사람도 있었습니다. 이들 모두 사건이 벌어진 순간, 그 현장에 그대로 머물러 있었습니다.

재난 앞에서 '만약에'는 없다

하인리히 법칙이 말해주듯이 큰 재난은 사건이 일어나기 전, 유사한 작은 사건과 사전 징후가 있습니다. 조금만 더 안전에 유념한다면, 문제를 초기에 발견하고 예방할 수 있습니다. 그러나 작은 구멍을 연이어 놓치면 회복할 수 없을 정도로 큰 구멍이 뚫립니다. 재난은 갑자기 뚝 떨어지는 게 아니라, 도미노처럼 연쇄 반응을 거치며 일어납니다. 작은 둑이 무너지기 시작할 때, 적절한 방어막을 친다면 큰 둑의 붕괴를 막을 수 있습니다. 대구 지하철 화재 참사도 중간에 한 번이라도 방어막이 제대로 작동했다면 그렇게 큰 참사로 이어지지 않았을 겁니다. 안전에 대한 관심과 실행이 있었다면 분명 참사는 피할 수 있었습니다.

이미 벌어진 사건을 놓고 '만약에'라는 가정은 없습니다. 만약 방화범이 평소 순환기계 질환을 잘 관리해서 뇌졸중이 오지 않았다면,

뇌졸중이 왔어도 돌봄이 잘 이뤄져서 스스로 비관에 빠지지 않았다면, 주유소에서 플라스틱 통에 휘발유를 사고자 했을 때 법대로 플라스틱 통에 팔 수 없다며 거절당했다면, 지하철에서 불을 켜고자 망설이던 그를 나무라기보다 이야기를 들어주거나 말릴 수 있었다면, 지하철 종합사령실에서 CCTV를 확인하고 방화범이 불이 붙은 채로 기관차에서 나오는 장면을 제때 포착했더라면, 화재경보가 울린 것을 놓치지 않았다면, 1079호 기관사가 화재 진화보다 앞서 종합사령실에 화재를 신고했다면, 1080호 기관사가 비상 전원보다 객차 문을 여는 데 신경을 썼다면, 객차 의자가 불연재로 되어 있었다면…. 이런 수많은 가정 중에 단 하나라도 방어막이 작동했다면 참사는 일어나지 않았을지 모릅니다. 참사는 늘 작은 방어막이 줄줄이 무너지면서 벌어집니다.

성수대교 붕괴가 토목·건설 공사와 관리 관행에 경종을 울렸고, 삼풍백화점 붕괴가 불법 건물 증축은 물론, 응급 의료체계 및 구조 방법을 뒤돌아보는 계기가 되었다면, 대구 지하철 화재는 지하철과 역사의 구조적 안전과 탈출 방법 등에 대한 변화를 가져왔습니다. 하지만 참사는 지금도 계속 이어지고 있습니다. 2022년 1월 11일 광주 화정 아이파크 건설 현장에서 23층부터 38층까지 콘크리트 구조물이 붕괴하여 6명의 귀한 생명을 잃었습니다. 부실 공사와 당국의 승인 없는 설계 변경이라는 구멍은 여기에도 있었습니다.

안전에 대한 인식은 더디게 나아갔습니다. 각종 사건과 참사를 거친 뒤 조금씩 나아졌지만, 안전을 소홀하게 대하는 우리사회의 전반적인 인식은 끊임없이 인재를 낳고 있습니다. 하지만 '소 잃고 외양간 고치기'라도 계속해야 합니다. 허술한 부분을 다 못 고쳐서 또 소를 잃어도 계속 고쳐나가야 합니다. 우리는 안전한 사회를 위해 요구하고, 또 함께 노력해야 합니다. 어처구니없는 인재로 소중한 생명을 단 한 명도 잃지 않겠다는 목소리가 절실히 필요합니다. 안전망의 구멍을 하나하나 막아내겠다는 사회적 각성도 필요합니다. 우리는 안전한 사회에서 살아갈 권리가 있습니다. 안전에 책임을 요구할 권리가 있습니다.

대구 지하철 화재는 정신의학 차원에서 보면, 생존자들에게 배상과 관련한 진료와 연구가 시행되는 계기가 되었습니다. 그러나 트라우마 경험자에 대한 체계적 등록과 평가를 하기보다, 일부 연구자들이 개인 차원에서 시행한 것이어서 장기간 유지되지 못했습니다. 또, 당시 부모와 함께 탑승했다가 부모를 잃은 아이가 받은 보상금을 친척이 가로채거나, 유독가스와 열기 흡입 후유증으로 통증에 시달리고 있다며 후원금을 받아 챙긴 사기꾼이 등장하기도 했습니다. 당시 국가 지원은 생존자의 신체적 후유증에만 집중했습니다. 정신적 후유증은 방치되었고, 사망자 유가족에 대한 심리지원도 이루어지지 못했습니다. 안타깝게도 치유되지 못한 트라우마는 개인의 몫으로만 남겨지게 되었습니다.

두려움과 죄책감 속에 사는 고통

|

천안함 피격 참사, 2010

2010년 3월 26일 밤 9시 22분, 백령도 남서쪽 약 1킬로미터 지점에서 초계함(적의 기습 공격에 대비하여 연안 경계 임무를 수행하는 군함)인 PCC-772 천안함이 훈련 도중에 어뢰의 공격을 받고 침몰했습니다. 인근에 있던 해경 함정 등에 58명이 구조되었지만, 안타깝게도 46명이 전사했습니다. 그런데 이것으로 끝이 아니었습니다. 수색 작전 중 1명이 잠수병으로 순직하고, 수색을 돕던 민간 어선이 상선과 충돌하며 2명이 숨지고 7명이 실종되어 추가로 10명의 사망자와 실종자가 발생했습니다. 원인 조사에 나선 민관 합동조사단은 5월 20일, 가스터빈실 좌현 하단부에서 어뢰 폭발로 선체가 절단되면서 침몰했다고 발표했습니다. 그러나 정치적 상황과 맞물려 숱한 음모설과 함께 침몰 원인을 놓고 수많은 의혹이 제기되었습니다. 이런 상황에서 5월 15일 수거된 어뢰 부품들이 북한산 무기 소개 책자에 나온

CHT-02D 어뢰 설계 도면과 일치했고, 어뢰에 표기된 '1번'이 북한산 어뢰 표기법과 일치한다는 공식 발표가 있었습니다(물론 진영과 정치적 계산에 따라 이를 믿지 않는 사람들은 아직도 믿지 않고 있습니다).

사회적 위치에 따라 트라우마 반응도 다르다

정신의학적 측면에서 천안함 사건은 중요한 의미가 있습니다. 이는 대규모 재난 사건의 생존자 전원이 정신건강의학과 전문의의 심층 면접과 진단을 받은 최초의 사례였습니다. 구조된 병사 전원은 국군수도병원에 입원하여 정신건강 평가를 안정적으로 받을 수 있었습니다. 여기에 국군수도병원 군의관만으로 면담과 치유 작업을 진행하기 어려워서 다른 부대에 있던 정신건강의학과 군의관들도 차출되었습니다. 당시 제가 속해 있던 대한불안의학회에도 자문 의뢰가 들어와 저희 연구실과 함께 생존자 모두에게 체계적인 척도와 평가 방법을 적용하여 심리상태를 평가할 수 있었습니다.

동료를 잃고 자신도 죽을 뻔한 큰 사건을 겪으면서 여러 증상이 나타나는 것은 당연합니다. 그런데 실제로 조사하면서 드러난 문제는 다소 달랐습니다. PTSD 증상이 사병들에게 가장 많았으며 이어서 준사관, 장교 순으로 그 증상이 나타났습니다. 반면에 수치심과 죄책감은 장교가 가장 높았으며 이어서 준사관, 사병 순으로 나타나 PTSD와는 반대 양상을 보였습니다. 즉, 같은 사건으로 함께 목숨을 잃을 위기에 처하고 동료를 잃은 트라우마를 겪었지만, 개인 각자가 지닌 사회적 맥락에 따라 나타나는 반응은 조금씩 달랐습니다. 사병들에게는 공포가 중심이 된 PTSD 증상이 문제였다면, 장교들은 자신의 부대인 함정과 부하를 잃었다는 수치심과 죄책감이 큰 문제로 드러났습니다. 이렇게 트라우마는 내가 사회에서 어떤 위치에 있는지에 따라 다르게 나타날 수 있습니다.

한편, 이들에게 나타난 증상에 가장 영향을 미친 요소는 '수면'이었습니다. 즉, 사건 당일 편하게 잠을 이뤘는지 여부가 매우 중요했습니다. 이후 증언에 의하면, 생존자들은 합동조사단에서 강도 높은 심문을 받아야 했고, 밤샘 조사로 인해 잠을 제대로 이루지 못했습니다. 원인 규명이 중요한 사건임은 분명했지만, 생존자들의 트라우마 예방도 중요하다는 점을 간과했던 것입니다. 잠을 잘 자는 것은 정신건강에서 너무나 중요합니다. 잠은 인간이 가지고 있는 가장 놀라운 치유 과정의 하나입니다. 우리는 자면서 힘든 기억을 재처리하고, 새로운 하루를 살아가는 회복의 과정을 갖습니다. 저희 연구실에서 909명을 대상으로 우울 증상, 자살 생각, 수면 등의 연관성을 조사해본 결과, 자살을 생각했던 사람의 94.9퍼센트가 수면 문제를 나타냈습니다.[21] 이처럼 트라우마의 위기에서 숙면을 취할 수 있는 환경을 만드는 것은 아무리 강조해도 지나치지 않습니다.

트라우마를 경험한 당사자를 최우선으로 고려하는 것을 '트라우마 인지 혹은 기반 활동'(trauma informed activity)이라고 합니다. 이는 심문, 보도, 면담, 법적 절차 등 모든 과정마다 피해 경험자의 트라우마를 염두에 두는 활동을 뜻합니다. 가령 권력, 위계 등에 의한 성비위 사건 이후 나타나는 2차 가해는 트라우마 인지 활동을 하지 않았기 때문에 일어납니다. 또, 재난 당일 잠을 잘 이루게 도와주는 것도 트라우마 인지 활동입니다. 만약 생존자가 잠을 잘 들도록 안정을 취한다면 트라우마 후유증은 크게 줄일 수 있습니다.

트라우마 초기에 제대로 돕지 못하면 후유증은 지속됩니다. 천안함 생존자의 일부는 악몽과 불면증에 시달렸고, 침몰하는 순간에 대한 꿈을 계속 꾸었습니다. 집이 무너질 것 같다는 사람, 차를 타면 뒤가 부서질 것 같다는 사람 등 자신이 있는 곳이 안전하지 않다는 느낌을 호소했습니다. 어디를 가더라도 탈출구가 어디인지, 소화기 등 안전장치를 확인해야 자리를 잡을 수 있다는 생존자도 있었습니다. 이런 후유증 때문에 사건 이후, 의도하지 않게 전역하는 사람도 많았고, 전역하면 추적 관리가 어려워서 추가 조사가 잘 이뤄지지 못했습니다. 다만 한 언론이 사건 8년 뒤, 생존자 24명을 대상으로 '천안함 생존자의 사회적 경험과 건강실태 조사'와 관련하여 인터뷰를 보도했습니다.[22]

그 결과에 의하면 21명(87.5%)이 PTSD로 치료가 필요한 상태였습니다. 이 비율은 이라크·아프가니스탄 파병 미군의 PTSD 발병률보다 6.7배나 높았습니다. 그런데도 이들은 정신적인 아픔과 고통에 대하여 충분히 보상받지 못했습니다. 국가 차원에서 보훈 처리를 해주지도 않았습니다. 생존자 58명 중 국가유공자로 인정받은 사람은 단 6명뿐이었습니다. 보훈 신청을 했지만 대부분 서류와 증거 미비로 제외됐습니다. 유공자 6명 중에서도 정신건강 문제로 인정받은 사람은 단 3명뿐이었습니다. 생존자의 약 90퍼센트가 극심한 정신적 고통을 겪고 있었지만, 단 3명만이 정신건강 문제를 인정받은 것입니다. 또, 사망자들은 화랑무공훈장을 받았지만, 생존자들은 그 어떤 보상금도 받지 못했습니다. 심지어 부대를 잃어버린 패잔병 취급을 받으면서 살아 있음을 수치로 느꼈다는 생존자도 있었습니다. 특히 사건이 정치적인 문제로 얽히면서 주변에서 침몰 원인에 의구심을 표하는 사람들까지 생존자들을 더욱 힘들게 만들었습니다. 그나마 2022년 3월 국가보훈처는 천안함 장병 등에 대한 국가유공자 등록이 확대되고, 상이등급 판정 때 PTSD를 기존보다 폭넓게 인정하기로 했습니다.[23]

우리는 군인의 고통을 잘 돌보고 있는가

미국은 건국 이후에도 전쟁을 끊임없이 계속하고 있는 나라입니다. 지금도 전세계 어디선가 전쟁을 하고 있거나 파병을 하고 있습니다. 미국은 어떻게 그 많은 군인을 관리하고 있을까요? 미국은 의료비가 비싸기로 유명한 나라입니다. 건강보험료로 수백만 원을 내야 제대로 치료를 받을 수 있고, 보험이 없으면 엄청난 의료비 때문에 치료받을 엄두도 내지 못합니다. 여기서 중요한 지점이 있습니다. 미국은 작전과 군 활동 중에 입은 모든 부상에 대해 국가 차원에서 철저하게 치료해주는 보훈 정책을 폅니다. 또한 일반 의료체계와는 별도로 대규모의 보훈 의료체계를 운영하고, 전국 방방곡곡에 대형 보훈병원이 있습니다. 게다가 큰 대학병원과 연계를 맺어 모든 군인과 퇴역 장병들의 치료와 재활을 전적으로 돌봅니다. 나라를 지키기 위해 복무하다가 당한 부상과 손상은 영예로운 부상이자 반드시 국가가 책임져야 한다는 의식을 갖고 상이군인을 대합니다. 의료비가 워낙 비싼 나라여서 의료비 해결을 위해서 입대하는 사람들도 있을 정도입니다. 미국의 철저한 보훈의료 체계와 태도는 베트남전이 중요한 계기였습니다. 명분 없는 전쟁이라는 반전 정서로 전쟁 이후 돌아온 군인들이 심각한 PTSD를 겪게 되자, 국가 차원에서 이를 치유하기 위한 연구와 정책에 예산을 쏟아부었습니다.

다시 천안함으로 돌아가서 생각해봅니다. 저희 연구실은 추적이 가능한 천안함 생존자를 만나 심리상태를 조사했습니다. 재난 이후 시간이 지나면서 대부분은 증상이 완화되었지만, 어떤 이들은 되레 증상이 더 심해지는 경향이 드러났습니다. 우울, 불안, PTSD 증상, 불면, 문제적 음주, 신체통증, 울분 등 모든 지표가 12년이 지난 시점에서도 나아지지 않고 지속되고 있었습니다. 단적으로 북한의 소행이라고 볼 수 없다는 등 정파적 메시지가 퍼져나가면서 사회에서 인정받지 못했던 생존자들의 마음을 더욱 아프게 했습니다. 공식 작전 훈련 중 당한 재난인데도 각종 왜곡과 의혹이 난무했습니다. 심지어 경계에 실패한 죄인, 패잔병이라고 몰아세운 탓에 목숨을 잃을 뻔한 트라우마 생존자들의 후유증은 더욱 깊어졌습니다.

당시 천안함 함장이었던 최원일 중령에게는 패장이라는 멍에가 씌워졌고, 징계유예 처분까지 받았습니다. 본인은 현장 근무를 원했지만, 사건 이후 10여 년을 '만년 중령'으로 교리·교범을 작성하는 비전투 임무에 복무하다 전역했습니다. 그는 군 생활 내내 자신의 몸과 같았던 배와 피붙이 같은 부하들을 잃은 죄인이라는 죄책감에 시달렸습니다. 이런 와중에도 북한군 소행이 아니라는 '좌초설' '미군함 충돌설' 등에 대응하여 반박했고, 천안함 생존자들은 패잔병이 아닌 조국의 바다를 지키는 과정에서 불의의 일격을 당했다는 주장을 펼쳤습니다. 한국트라우마스트레스학회 학술대회에도 직접 나와 자신과 생존자들이 겪었던 경험을 발표했습니다.

군인은 국민을 위하여 목숨을 걸고 작전을 수행하고 전투에 나섭니다. 우리를 지키다가 몸과 마음에 상처를 입은 이들을 예우하고 보상하는 것은 국민으로서 당연한 책임입니다.

우리 모두가 집단 트라우마에 빠진 날

|

세월호 침몰 참사, 2014

2014년 4월 16일, 이날은 청명한 봄날이었습니다. 저는 전날 제주도에서 열렸던 PTSD 연구회의 정기집담회에 참석하고 하룻밤을 제주에서 보냈습니다. PTSD를 공부하는 정신과 의사들의 모임인 PTSD 연구회는 분기에 한 번 국내외 트라우마 사례를 나누는 집담회를 갖는데, 이날의 모임 주제가 마침 '제주4.3 사건 경험자'였습니다. 1947년부터 1954년까지 무고한 시민들이 희생당한 사건이 그때까지 제대로 진상규명이 되지 못한 상태였고, 여기에 더해 수많은 제주도민이 트라우마 치유도 받지 못하고 있다는 사실에 대해 제주의대 교수님이 발표를 해주었습니다. '트라우마는 얼마나 오래 지속되는가'에 대해 밤늦게까지 토론을 벌인 뒤 다음날, 모임 일행은 가까운 식당에서 아침 식사를 하고 있었습니다. 그때 TV에서는 제주도로 향하던 배에 사고가 났지만, 다행히 전원 구조되었다는 뉴스가 나오고 있었습니다. 일행 모두가 천만다행이라며 아침 식사를 마무리했습니다. 그런데, 천만다행이 아니었습니다. '그날의 사건'이 앞으로 우리나라 전체를 어떻게 뒤흔들 것인지 그 자리에 있었던 누구도 알지 못했습니다.

전 국민이 생생하게 고통을 목격하다

전원구조는 명백히 '오보'였습니다. 국민 모두가 '오보'가 아니기를 기원했지만, 허망하게 오보로 끝나버렸습니다. 승객 426명을 태우고 인천에서 제주로 가던 세월호는 침몰했고, 우리는 304명이라는 소중한 생명을 잃었습니다. 사망자 중 250명이 수학여행을 떠났던 안산 단원고등학교 2학년 학생들이었습니다.

세월호 참사는 이전 대형 참사와 분명히 다른 점이 있었습니다. 다른 참사들 대부분은 사건 후에 보도와 사진 등을 통해 전 국민들이 알게 되었으나, 세월호는 배가 침몰하면서 수백 명이 수장되는 장면이 TV로 여과 없이 생중계되었습니다. 배가 서서히 침몰하는 순간을 전 국민이 안타깝게 지켜봤던 것입니다. 이 과정에서 구조작업이 제대로 이뤄지지 못하는 상황까지도 목격했습니다. 당시 생방송을 통해 모두가 고통의 순간을 지켜볼 수밖에 없었습니다. 그리고 이것이 '집단 트라우마'로 발현되게 만들었습니다.

세월호 참사는 안전에 무감한 우리사회의 민낯을 고스란히 보여주었습니다. 수명이 끝난 선박을 일본에서 들여와 개조하여 운행에 나섰고, 또 해운사 사주 일가의 부도덕한 경영, 부실한 선박 관리와 안전 교육 등이 그림자처럼 붙어 있었습니다. 여기에 운행 과정에서 선장과 항해사의 판단 착오, 승객 탈출을 막은 "가만히 있으라"는 거듭된 안내 방송, 승객을 내버린 채 탈출한 선장과 일부 선원의 왜곡된 직업윤리 등이 덧붙여졌습니다. 참사 전후 정부 당국의 대응도 기가 막힐 정도였습니다. 구조에 제대로 대응하지 못한 해경과 관료들의 비상식적인 대처와 식언, 유가족 마음에 불을 지른 불통 등 한 마디로 총체적 난국이었습니다. 또, 검증되지 않은 가짜 정보들이 마구 퍼지면서 국민들의 혼란을 부추겼습니다.

대혼란의 가운데 무엇보다 국민의 안전을 지킬 의무가 있는 정부도 우왕좌왕했습니다. 구조에 매달려도 부족한 시간에 헛심을 빼기 일쑤였습니다. 이런 상황에서 실종자 가족들은 애가 탈 수밖에 없었습니다. 탑승객 가운데 단원고 학생들의 생존율은 23퍼센트로 일반 승객의 69퍼센트에 비하여 크게 낮았습니다. 학생들 대부분이 '가만히 있으라'는 선내 방송에 따라 객실에 머물렀기 때문입니다. 악천후도 아닌 날씨에 구조조차 제대로 하지 못하는 현장을 지켜봐야 했던 유가족들은 망연자실할 수밖에 없었습니다. 트라우마가 쌓일 수밖에 없는 상황이었습니다. 이런 가운데 생존자들의 트라우마를 잘 돌봐야 한다는 의견도 많았습니다. 눈앞에서 친구를 잃어버린 슬픔과 고통은 이루 말할 수 없이 컸습니다. 이에 따라 생존자들은 고려대학교 안산병원에서 치료를 받았고, 퇴원 후에도 집이 아닌 연수원에서 함께 지내면서 지속적인 관리와 관찰을 받았습니다.

트라우마의 후폭풍은 쉴 새 없이 몰아쳤습니다. 갑자기 250명의 학생을 잃은 단원고도, 학생들이 주로 살던 동네도 모두가 고통 속에서 힘겨운 시간을 보내야 했습니다. 특히 근거 없이 떠도는 숱한 의혹과 가짜 정보, 차별과 혐오 등이 유가족과 생존자들의 트라우마를 깊게 후벼 팠습니다. '교통사고와 다를 바 없으니 그만하라' '시체 장사하느냐' 등의 혐오 표현이 난무했고, 세월호 참사를 정략적으로 이용하는 집단들에 의한 2차 트라우마도 지속되었습니다.

어이없이 가라앉은 세월호의 침몰 원인과 진상규명도 쉽지 않았습니다. 유가족들에게 진상을 명확하게 밝히는 것은 매우 중요합니다. 원인을 아는 것은 트라우마 치료에도 긍정적인 영향을 주기 때문입니다. 세월호 참사로 가족을 잃은 유가족들은 침몰 원인과 이유가 궁금했고, 그래서 명확한 진상을 알아야 했습니다. 이에 따라 2015년 세월호 특별조사위원회, 2017년 세월호 선체조사위원회, 2018년 4.16 세월호 참사 특별조사위원회(2기), 2019년 검찰 세월호 참사 특별수사단 등이 잇따라 나왔지만 매번 조금씩 엇갈리는 결과에 유가족들은 그 결과를 납득할 수 없었습니다.

세월호의 울분, 슬픔을 넘어 분노로

세월호 참사의 특이점은 또 있습니다. 보통의 트라우마 사건은 공포나 두려움이 선명하게 부상합니다. 반면에 세월호 유가족에게는 '울분'이라는 정서가 뚜렷하게 나타났습니다. 죽지 않아도 되었을 어린 생명들이 죽었다고 생각한 유가족들 마음에는 울분에 가득 차올랐습니다. PTSD보다 PTED(외상후울분장애)가 더 문제시되는 상황이었습니다.

PTED를 설명할 때, 울분은 이렇게 정의합니다. "외부로부터 공격받아 분노가 생기고 복수심이 들지만, 반격할 여지가 없어 무기력해지고, 뭔가 달라질 거라는 희망도 없는 상태에서 굴욕감이 결합하며 생기는 감정." 즉, 인격이 부정당하거나 공정하지 않은 일을 겪으며 생기는 복합감정이 바로 '울분장애'입니다. 갑작스러운 죽음 앞에서 슬픔과 놀람이 주정서인 것은 당연한데, 왜 이런 울분까지 느끼게 되었을까요. 세월호 참사 당시, 마땅히 함께 슬퍼하고 아파하면 되는데, 우리사회는 그렇게 하지 못했습니다. 참사와 관련하여 뭔가 숨기는 것이 있고, 불공정한 일이 벌어지는 것 같았습니다. 이에 더하여 유가족들은 당국에 사찰도 당했습니다. 허무맹랑한 헛소문이 퍼지면서 유가족들이 모멸감과 수치심을 느끼는 일도 벌어졌습니다. 이런 이유로 유가족들의 심리적 후유증은 가중되어갔습니다. 우울, 불안, 비탄이 증폭되면서 유가족들은 무력해지고 울분에 빠졌습니다.[24] 이러한 내용을 학술지를 통해 해외에 알리자, 외국 학자들은 '어떻게 그런 일이 있을 수 있냐'며 분개하고 개탄했습니다. 정부 당국의 이런 방식의 접근은 유가족들의 트라우마 회복을 더디게 할 거라 우려했는데, 안타깝게도 그 경고는 사실이 되어가고 있습니다.

유가족과 생존자에게만 트라우마가 가해진 것은 아닙니다. 세월호가 침몰한 진도 해역 어민들은 구조 활동에 참여했지만, 조업을 제대로 할 수 없어서 경제적 피해를 크게 입었습니다. 세월호에서 유출된 기름은 어업뿐 아니라 양식장에도 영향을 주었고, 갈수록 경제적 피해는 누적되었습니다. 관내 학교의 학생과 교사가 많이 희생당한 안산 지역이 겪은 아픔과 고통도 상당히 깊었습니다. 특히 학교 인근 동네는 한 집 건너 피해가 속출했고, 친구와 언니, 오빠, 형, 동생을 잃은 청소년들이 받은 정신적 외상도 심각했습니다. 세월호 참사는 너무나 끔찍하고 참담한 사건이었습니다.

마침내 국가트라우마센터가 설립되다

반면에 세월호 참사는 심리지원 부분에서 본격적으로 체계를 갖추는 계기가 되었습니다. 참사 직후 재난 심리지원팀이 구성되어 상담지원 활동도 시작되었습니다. 이후 경기-안산 통합재난심리지원단이 구성되고, 자원봉사자를 모집·교육하면서 단원고등학교뿐 아니라 관내 학교의 학생들을 대상으로 이동상담을 시작했습니다. 특히 의료체계 연계망이 구성되면서 120여 명의 정신건강의학과 전문의들이 돌아가며 자원봉사로 상담과 진료에 나섰습니다. 70여 명이 재난과 관련된 개입 모형을 개발, 교육하며 인식개선을 위한 네트워크인 재난정신건강위원회에도 참여했습니다.[25]

당시를 떠올리면 지금도 잊을 수 없는 한 장면이 있습니다. 휴대폰에 있는 아들 사진을 보며 눈물을 펑펑 흘리던 어느 어머님이 있었습니다. 허망하게 자식을 잃은 유가족을 어떻게든 도와주고 싶었습니다. 30년 넘게 정신과 의사로 살면서 정신적 고통으로 힘든 분들을 수없이 만나 치료했지만, 그 순간만큼은 저 자신이 참 무력하다는 사실을 절실히 깨달았습니다. 그렇지만 이것 하나만큼은 잊지 않고 싶었습니다. '유가족 곁에 끝까지 함께 있겠다!' 고통의 현장에서 그분들의 피눈물을 지켜본 사람들이라면 누구라도 그런 다짐을 했으리라 생각합니다. 그만큼 모두가 힘들고 아팠습니다. 이런 트라우마 현장을 겪으면서 생존자와 유가족을 전문적으로 지원하기 위한 안산정신건강트라우마센터(온마음센터)가 설립되어 현재까지 이어져왔고, 앞으로도 보다 안정적인 국립안산마음건강센터로 이어질 계획에 있습니다.

사실 그전까지 우리나라에는 대규모로 가족을 잃은 유가족에 대한 심리지원 노하우가 전혀 없었습니다. 이때 해외 여러 기관이 큰 도움을 주었습니다. 세월호 참사가 국제 뉴스로 알려지면서 이스라엘 민간 구호기관인 '이스라에이드'(IsraAID)가 국제구호개발 NGO '굿피플'을 통하여 긴급 심리지원에 나섰습니다. 국제이주기구(IOM, 이주민들의 권리 증진과 지원을 위해 설립된 기구)는 재난 시 심리·사회적 지원 국제워크숍을 개최하여 최신자료를 전해주었습니다. 이에 온마음센터도 여러 국제 전문가를 불러 회의를 열었습니다. 특히 트라우마 분야의 국제학회인 '국제트라우마스트레스학회'(ISTSS) 회장단이 방한해 국내 전문가들과 교류하면서 재난 심리지원에 대한 많은 노하우를 제공해주었고, '한국트라우마스트레스학회'(KSTSS) 설립에도 큰 도움을 주었습니다. 이렇게 설립된 한국트라우마스트레스학회는 지금까지 트라우마와 재난 심리지원을 위한 다양한 역할을 수행하고 있습니다. 또, 당시 구성된 재난정신건강위원회는 150여 명으로 구성된 재난정신건강 전문 네트워크로 탄탄하게 자리 잡았습니다. 이외에도 체계적이고 과학적으로 재난 경험자의 상태를 파악하자는 여론에 힘입어 재난 충격완화를 위한 연구과제가 시작되었습니다. 이에 저희 연구실은 재난 경험자를 추적하는 코호트 연구를 맡아 7년간 지속해왔습니다. 또한 정신의학자, 심리학자, 사회복지학자 등이 손잡고 체계적인 재난 심리지원을 위한 거버넌스, 전문인력 양성, 기초·고급 기술개발 연구 등에 나섰습니다. 그리고 마침내 여러 사람들과 기관의 도움으로 2018년 4월 5일 '국가트라우마센터'가 설립되었습니다. 세월호 참사 4년 만이었습니다. 재난의 아픔과 고통을 개인 몫으로 돌리지 않고, 사회와 국가가 적극적으로 돕고 지원하겠다는 의지가 국가트라우마센터로 구체화되었습니다.

국가트라우마센터는 재난 심리대응의 중추 기관으로서 위기 대응, 회복지원, 교육훈련, 연구 및 기획 등 각종 재난에 대응하고 있습니다. 센터 직원들은 앞선 심리지원단 시절부터 중동호흡기증후군(MERS) 경험자, 가습기 살균제 피해 경험자, 포항 지진 경험자 등의 치유 현장에 나선 바 있는 전문가들입니다. 센터 발족 이후에도 강원도 산불, 헝가리 유람선 침몰 사건, 코로나19, 이태원 참사 등 각종 재난 경험자에 대한 심리지원에 적극 나서고 있습니다. 사실 이런 치유 활동이 쉬운 일은 아닙니다. 트라우마 사건은 언제, 어디서, 어떻게 일어날지 모르고, 사건이 발생하면 즉각 출동해서 마무리될 때까지 심리 돌봄을 비롯하여 조사, 치유 연계 등 자신의 모든 역량을 쏟아내야 합니다. 다행이라면 센터 설립 4년이 넘은 시점에서 충청, 강원, 영남, 호남에 권역별 트라우마센터가 설립되어 조금씩 분담하여 치유 활동을 실시하고 있으며, 덕분에 각 권역별 시민들도 심리지원의 혜택을 받고 있습니다.

PTSD는 정상적인 애도 과정을 가로막는다

이런 심리지원과 연구가 만병통치약은 아닙니다. 그렇지만 제대로 알아야 제대로 도울 수 있습니다. 저희 연구실의 조사 결과만 살펴봐도 세월호 참사의 아픔과 고통이 얼마나 크고 오래 지속되는지 알 수 있습니다. 세월호 참사는 사람과 사회가 만든 대표적인 인재입니다. 참사 이후, 유가족들 곁에서 그저 슬픔을 함께하며 애도를 전하면 되는 일을 정치적으로 연결되어 있는 것처럼 몰아갔습니다. 또, 유가족 입장에서는 조사과정이 불공정하고, 뭔가를 숨기고 있다고 생각하면서 울분이 더욱 심해졌습니다. 이런 울분은 정상적인 애도 진행을 가로막습니다. 슬픔만으로도 힘든 유가족에게 애도는 못할망정 분노까지 일으켰습니다. 울분에 찬 마음은 사랑하는 사람을 제대로 떠나보낼 수 없게 합니다.

참사 18개월 뒤 조사 · 연구해보니, 유가족의 94퍼센트가 희생자를 마음에서 떠나보내지 못하는 복잡성 애도 상태였습니다. 특히 반이상은 심한 우울 증상을, 70.2퍼센트가 PTSD 증상을 겪고 있었습니다.[26] PTSD 증상은 복잡성 애도에서 벗어나는 것을 방해했고, 따라서 극심한 고통을 겪으면서 정상적인 애도 과정을 가질 수가 없었습니다.[27] 사랑하는 사람을 잃으면 당연히 애도 과정을 겪게 됩니다. 이것은 정상반응이고 세월이 지나가면서 나아집니다. 그렇지만 '복잡성 혹은 복잡 애도' 상태로 들어가면 망자에 대한 갈망과 그리움이 지속되고, 강렬한 슬픔과 정서적 고통, 죽음을 둘러싼 상황에 대한 집착 등이 이어지게 됩니다.

18개월 시점에서 울분 증상이 있던 유가족은 30개월 시점에서 울분이 더 심해지기도 했습니다. 이어 2021년 말에 추적 · 조사한 결과에 따르면, 유가족의 41퍼센트가 PTSD를 겪고 있었고, 81퍼센트는 복잡성 애도 상태, 33퍼센트는 PTED 상태였습니다. 심지어 59퍼센트는 자살 위험성이 높았고, 29퍼센트는 경도의 자살 위험성이 있어서 스스로 목숨을 끊을 위험이 있는 비율이 88퍼센트에 달했습니다.[28] 중요한 것은 모든 부모가 똑같은 모습을 보이지 않았다는 점입니다. 각자 살아온 삶의 모습대로 성격에 따라 다양하고 독특한 모습으로 트라우마를 관통하고 있었습니다. 불안 애착을 가진 부모는 죄책감과 수치감을 더 깊게 느끼고, 회피 애착을 가진 부모는 더 큰 비탄 속에 있었습니다.[29]

갑작스레 친구들을 잃고 자신도 죽음 앞에서 간신히 살아남은 단원고 생존 학생들도 20개월이 지난 시점에 4분의 1 정도가 병적 애도 단계에 있었습니다. 또, 생존 학생들의 26.3퍼센트가 PTSD 수준의 트라우마 증상을 보였습니다. 정상적인 애도를 넘어 비탄에 빠져 있는 복잡성 애도를 겪고 있는 학생들도 24.5퍼센트에 달했습니다.[30] 생존 학생들도 침몰 당시의 공포와 친구를 잃은 슬픔에서 벗어나지 못하고 있다는 방증이었습니다. 특히 이런 증상은 봄이 되고, 4월 16일이 다가오고, 벚꽃 필 무렵이면 더욱 악화되었습니다. 아픈 기억을 돌이키게 만드는 자극에 따라 심해지기 때문입니다.

심리적 고통뿐 아니라 신체에도 직접적인 연관을 보였습니다. 몸과 마음이 연결되어 있음을 증명한 연구가 이를 보여줍니다. 저희 연구실이 참사 30개월이 흐른 시점에 유가족 대상으로 조사 · 연구한 결과, 절반 이상의 유족들이 이전보다 음주를 많이 했으며, 특히 4분의 1 정도는 병적일 정도의 음주량을 보였습니다. 그렇다보니 성인병 위험 요인도 높아졌습니다. 몸에 좋지 않은 저밀도 지방단백(LDL) 수치가 참사 시점 18개월째 평균 118.5mg/dL에서 30개월 시점에는 132.5mg/dL로 크게 올랐습니다.[31] 또, PTSD 증상을 가진 사람은 몸에 좋은 콜레스테롤로 알려진 고밀도 지당단백(HDL) 수치가 낮았습니다.[32] 즉 트라우마로 인한 PTSD는 몸의 대사까지 바꿔놓았습니다. 심박 변이도를 측정해보니 PTSD 증상이 있는 유가족과 그렇지 않은 유가족은 자율신경계 조절 능력이 달랐습니다.[33] 심지어 참사를 겪고 자살을 생각한 유가족들은 뇌파에도 변화가 있었습니다.[34] 이렇듯 트라우마는 마음뿐만 아니라 몸에도 직접적인 상처를 남겼습니다.

유가족뿐만 아니라 생존한 75명의 단원고 학생들도 트라우마를 이겨내기 위해 힘겨운 과정을 겪어내야 했습니다. 생존 학생들은 친구들이 눈앞에서 죽었는데, 자신만 살아남았다는 죄책감에 힘들어했습니다. 이는 몸에 고스란히 드러나 아픔이 지속되었습니다. 증상은 다양했습니다. 일부는 침몰 과정에서 얻은 타박상이나 골절 부위가 낫지 않았습니다. 과민성 대장증후군이 심해지거나 피부질환이 생겨서 샴푸나 비누도 못 쓸 정도로 면역상태가 급격히 약해지는 사례도 있었습니다. 어린 나이에 당뇨가 심해지기도 했습니다. 또 두통, 소화불량, 만성 근육통, 무기력감 등 각종 스트레스성 신체 증상이 생존자들에게 엄습했습니다. 이 가운데 15~20명은 증상이 점차 만성화되었고, 몇몇은 자살 시도와 자해를 반복했습니다. 그만큼 고통은 각기 다른 형태로 처절했습니다.

사회적 지지의 중요성

큰 사건이나 재난 이후 심리적 지원을 받은 사람은 받지 못한 사람보다 고통이 덜했습니다. 저희 연구실이 87명의 세월호 유가족을 대상으로 치료나 상담 등 정신건강 지원을 받은 경우와 그렇지 않은 유가족을 비교했습니다. 그 결과, 정신건강 지원을 받은 유가족이 복합성 애도를 덜 겪었습니다. 당연한 것 같지만 눈에 보이지 않는 심리상태가 심리지원에 따라 어떻게 다른지 처음으로 증명한 연구였습니다.[35] 그동안 숱한 재난이 발생했지만, 제대로 된 심리지원이 없는 탓에 심리지원의 유용함을 알 수가 없었는데, 이번 연구는 온마음센터 등 트라우마 경험자를 돕는 기관이 꼭 필요하다는 결과를 보여주었습니다.

극심한 고통을 겪고 있는 트라우마 경험자를 살게 하는 핵심은 바로 사회적 지지(social support)입니다. 고통은 소외될수록 치유와 멀어집니다. 저희 연구실이 세월호 생존 학생 48명을 대상으로 '고통의 시간을 잘 견디게 해준 주요 요인'에 대해 조사한 결과, 가장 큰 요인으로 '사회적 지지를 받고 있다는 느낌'이었습니다.[36] 사회에서 누군가 나를 돕고 지지한다는 감각이 있으면, 어떤 끔찍한 사건을 경험하고도 견딜 수 있습니다. 사회적 지지 유무에 따라 사람은 살거나 아니면 나락으로 빠집니다. 따라서 이름 모를 누군가의 고통이 소외되지 않도록, 혼자만의 고통으로 끝나지 않도록 서로의 곁을 내주어야 합니다. '곁'은 물리적인 공간인 '옆'과 다릅니다. 서로의 마음을 허락하고 열어주는 연결의 끈입니다. 너무나 아프고 힘들 때, 손 내밀어 잡을 수 있는 곁이 있다는 것은 그 자체로 큰 위로로 다가옵니다.

고통을 돌보려는 노력들

트라우마가 삶에 좋은 방향으로 승화되는 사례도 있었습니다. 자발적으로 세월호 참사를 기억하는 모임 활동에 나서거나 해마다 기억 물건을 나눠주는 활동에 나선 학생들도 있었습니다. 또, 운디드 힐러(wounded healer, 상처받은 치유자) 활동으로 아픈 타인을 돌보는 사람들도 생겼습니다. 참사 생존자였던 박솔비 씨는 사회복지학을 전공하고 사회복지사 1급 자격증을 취득하여 자신처럼 PTSD로 힘들어하는 이들을 만나서 상담 활동을 하고 있습니다. 그는 "시간이 지났지만 저는 아직 아파요. 시간이 해결해준다는 말이 더 상처가 되더라고요. 다른 사람들에게 아프면 언제든 도움 받을 수 있다는 이야기를 하고 싶어요"라며 운디드 힐러로서 최선의 삶을 살아가고 있습니다. 김은지 정신과 의사는 안산고의 스쿨 닥터 계약이 끝난 이후에도 학생들을 두고 떠날 수 없었습니다. 이에 안산에 개인 의원을 개원하여 학생들의 곁에 남았습니다. 그의 뜻은 명확합니다. 생존 학생들도 장래에 결혼하거나 자녀가 생길 수 있는데, 이 과정에서 트라우마가 세대 간에 전이되지 않도록 하기 위해서입니다. 그는 지금도 트라우마를 추적, 검진하면서 건강한 사회를 만들기 위한

"이름 모를 누군가의 고통이 소외되지 않도록
서로의 곁을 내주어야 합니다."

사회적 실천을 지속하고 있습니다('특별대담' 참고).

안타까운 상황도 있습니다. 안산 화랑유원지 안에 만들기로 했던 추모시설(4·16 생명안전공원)을 놓고 유가족들과 일부 지역 주민들 사이에 갈등이 있었습니다. 이런 재난 후 갈등은 우리나라에만 있는 것은 아닙니다. 2011년 7월 22일, 노르웨이 극우 테러리스트 안드레스 베링 브레이빅은 노동당 청년부 집회가 열리는 우토야 섬에서 총을 난사하여 77명의 생명을 앗아갔습니다. 특히 섬을 빠져나가기 위해 헤엄치던 청소년들까지 조준 사격하는 만행을 저질렀습니다. 당시 생존자들과 희생자 유가족들은 물론, 섬에 살던 주민들 모두 심한 트라우마를 겪었습니다. 그런데 사건 발생 10년이 넘었지만, 유가족들과 지역 주민들 간 갈등은 지금도 계속되고 있습니다. 유가족은 77명의 사망자 추모 기념물을 건립하자고 주장하고 있습니다. 반면 설치물이 트라우마를 상기하고, 삶의 터전을 죽음의 장소로 기억하게 만든다는 이유로 일부 지역 주민이 반대하고 있습니다. 쌍방 의견 차이가 팽팽한 채로 법적 공방도 지속되고 있습니다.

우리는 다행이라면 안산 지역 주민과 수많은 토론과 논의를 지속하면서 서로 이해의 폭을 넓히고 있습니다. 물론 설치물을 놓고 각자 입장이 다를 수 있습니다. 이런 팽팽한 상황에서 트라우마 인지 활동을 염두에 둔다면, 어느 정도 합의점을 찾을 수 있습니다. 기억 공간을 어떻게 바라보고 보존할 것인지, 우리는 이미 좋은 사례를 알고 있습니다. 미국 뉴욕에는 9.11 테러 이후 만들어진 '그라운드 제로'가 있고, 독일 베를린에는 나치의 유대인 학살을 기억하기 위한 '홀로코스트 기념관'(유대인 학살 추모공원)이 있습니다. 일상적

생활공간에 추모와 애도가 이루어질 수 있는 기억 공간은 중요합니다. 참사를 감각적으로 성찰할 수 있고, 한편으로 트라우마를 회복하기 위한 사회적 기억과 지지를 받을 수 있기 때문입니다.

2014년 4월, 세월호 참사도 국가적 트라우마였지만, 시간이 흐르면서 차츰 잊히고 있습니다. 세월호 언급이 지겹다며 그만하라는 사람도 많습니다. 오죽하면 세월호에 대한 가장 많은 언급이 "잊지 않겠습니다!"였을까요. 사람이라는 존재는 무의식적으로 불편하고 힘든 이야기는 듣지 않고 지워버리고 합니다. 그러나 트라우마의 기억은 쉽게 사라지지 않습니다. 의식하지 못할 뿐, 마음 깊은 어딘가 봉인되어 있습니다. 그러다 특정한 상황을 만나면 느닷없이 봉인을 풀고 나와서 트라우마의 기억을 되살립니다. 해결되지 못한 트라우마 기억은 늘 언제 터질지 모르는 활화산과 같습니다. 우리가 잊지 않고 기억해야 하는 이유가 여기에 있습니다.

살아남은 사람들의 고통에 눈감지 말아주세요

김은진님은 2000년 부일 외국어고등학교 학생들이 수학여행을 마치고 귀
가하던 중 관광버스의 연쇄 추돌로 13명이 사망한 사건을 겪고 생존했습
니다. 다음은 김은진님이 세월호 사건이 일어난 즈음 언론에 공개했던 글
의 일부입니다.

오래전, 저도 단발을 하고 교복을 입던 그날, 수학여행을 갔다 돌
아오는 길에 사고를 당했습니다. 고속도로 위를 달리던 버스들이 연
쇄 추돌사고를 냈고, 화염에 휩싸인 친구들을 구해낼 수 없었습니
다. 배 아파 낳은 자식의 사망 소식 뒤에 살아남은 부모들이 견뎌야
했던 처벌은 우울증과 이혼이었습니다. 스스로를 탓하고 배우자를
책망하다, 결국 사망자 부모님 대부분이 이혼 또는 별거를 했고, 조
부모님들은 손자, 손녀 사고 후 3년 사이로 많이들 돌아가셨습니다.
사건이 발생한 후, 시간이 지나면 사람들에게 잊히겠지요. 하지만
당사자 가족들이 겪은 후폭풍은 시간이 흐르고, 세월이 바뀌어도 잠
잠해지지 않습니다. 동생과 언니, 오빠를 잃은 형과 아우들은 외로
울 겁니다. 고통스러워하는 부모님을 볼 때마다 함께 슬픔에 잠기

기도 하고, 감정이 격해지면 "내가 대신 죽었어야 엄마 아빠 마음이 덜 아팠겠지" 하며 어린 나이에 충분히 받지 못한 관심과 사랑이 그리울 겁니다. 모든 당사자에게 이런 참사는 처음이라 서로에게 실수를 할 거예요. 근데 모두가 취약한 상태라 평소라면 아무것도 아닌 말과 행동이 비수가 되어 뇌리에 박힐 겁니다.

분노의 방향이 아직 외부일 때, 전문가의 도움이 시작되어야 합니다. 타인에게 화를 내는 건, 그 지속 기간이 매우 짧습니다. 정신없는 두어 달의 기간이 지나고, 외부에 분노하고 항의해도 어쩔 수 없음을 인식할 때, 화의 방향이 내부로 향하게 됩니다. 분노할 땐 소리라도 치고, 머릿속에 있는 이야기를 합니다만, 스스로 책망하기 시작할 때부터는 입을 열지 않고, 말도 안 되는 이유로 스스로를 괴롭히다('보내지 말았어야 했는데' '단원고로 진학하게 하지 말았어야 했는데' '안산으로 이사하지 말았어야 했는데') 살아도 당신의 삶이 아닌 삶을 살게 됩니다.

목숨을 부지한 친구들이 다시 일상으로 돌아오는 데는 피해 가족이 받는 고통에 비할 바는 아니겠지만, 그래도 아주 기나긴 시간이 소요됩니다. 많이 울 거예요. 저처럼 술을 많이 마셔 위 천공이 생길지도, 간헐적으로 생기는 행복감에도 혼자 살아남았다는 죄책감에 기쁨을 온전히 만끽하지도 못합니다. 죄책감이 가져다주는 잔인하고 고통스러운 여정이 친구들 앞에 놓여 있습니다.

아침 햇살을 받아 반짝반짝 빛나는 바다를 보고도 공포를 떠올려야 하고, 안내 방송이 나오면 건물 밖으로 뛰어나갈지 모릅니다. 제주도 땅은 평생 밟아볼 수 없을지도 모르고요. 살아남은 급우들끼리도 서로를 피할 겁니다. 만나면 생각나거든요. 많은 단원고 학생이 자퇴를 할 겁니다. 살아남은 제가 그랬듯, 제 친구들이 그랬듯 말입니다. 거대한 자연에 대항할 수 없는 본인의 무능력함을 앞으로 그들이 진출해야 할 사회 모든 전반에 적용할지 모릅니다. 매년 4월 16일이 되면 평소보다 더 많은 관심이 필요한 아이들과 가족들이 있을 겁니다. 한국이 만들어낸 인재입니다. 모른 체하지 말아주세요.

사회에 부탁하고 싶습니다. 사건·사고가 잊혔다고 당사자도 괜찮을 거라 어림짐작하지 말아주세요. 지금껏 안부를 여쭙는 제 친구 부모님들은 여전히 아파합니다. 세월호 사고 피해자뿐만 아니라 가족도 꼭 사회가 알아주세요. 오래전에 발생한 제 사고가 있던 시절은 사람들이 무지해서 어느 누구도 정신건강의학과 치료가 필요할 거라고 얘기해주지 않았습니다. 피해자 가족들 주위에 계신 분들이 꼭 힘이 되어주세요. 잠이 오지 않는다 하면, 가슴이 답답하다 하면, 머리가 아프다고 하면, 2014년이 흐르고 흘러 2024년이 되어도 꼭 손을 잡고 함께 울어주세요. 보듬어주세요. 그리고 전문가를 찾아주세요.

3장
'우리'라는 빛을 찾아서

"나를 우리라고 부를 때,
다시 살아갈 힘을 얻는다."

- 드라마 〈미생〉 중에서

과거에서 빠져나와

현재를 살아가려면

고립은 병을 부른다

|

내 곁에 아무도 없다면,
살아갈 수 있을까?

삼십 대 초반의 C씨는 직장에서 상사에게 온갖 갑질과 괴롭힘을 당했습니다. 하지만 제대로 저항하지 못하고 결국 직장을 그만둘 수밖에 없었습니다. 사람을 향한 회의감이 짙어진 C씨는 집에만 틀어박혀 지내는 고립생활자가 되었습니다. 상사에 대한 분노도 컸지만, 비슷한 처지의 동료들이 자신을 외면했다는 배신감과 울분이 더 컸습니다. 사람을 만나는 일이 두려워진 까닭에 아무도 만나지 않았습니다. 배달 음식으로 연명하면서 배달 기사조차 피했습니다. 쓰레기를 버릴 때도 인근 주민과 만나지 않는 시간대만 골라 나왔습니다. 그런데 곁에 아무도 없는 외로운 삶을 사는 자신을 보며 그는 점점 더 괴로워졌습니다.

앨버트 슈바이처 박사는 이런 말을 했습니다. "우리는 모두 한데 모여 북적대며 살고 있다. 그러나 우리는 너무나 외로워서 죽어가고 있다." 슈바이처 박사가 했던 이 말은 요즘에 더욱 부합하는 것 같습니다. 20세기보다 더 복잡해진 현대인의 삶이지만, 고립감은 나날이 깊어지고 있기 때문입니다.

고립감은 트라우마를 키운다

세월호 참사 때 '파란 바지의 의인'이라고 불렸던 김동수 씨를 기억하시나요? 화물차 기사였던 김 씨는 침몰하는 배에 소방 호스를 직접 몸에 감고, 남은 호스를 늘어뜨려서 바다에 빠진 승객 20여 명을 구조했습니다. 그렇지만 구하지 못한 사람들이 그의 뇌리에서 떠나지 않았습니다. 기다려달라며 애태우던 학생들, 창문을 두드리던 중년 남성, 바다에 떠밀려가던 아이…. 그는 아무 잘못이 없었음에도 더 많은 사람을 구하지 못했다는 죄책감과 트라우마에 시달렸습니다. 게다가 당장 현실적인 어려움도 많았습니다. 유일한 생계 수단이었던 트럭이 물에 잠겼지만 남은 트럭 할부금을 내야 했고, 몇달간 지원되던 긴급 생활자금으로 온 가족이 살아야 했습니다.

무엇보다 그를 힘들게 한 것은 끊임없이 참사 현장으로 데려가는 트라우마였습니다. 트라우마 늪에서 그는 거듭 자해를 시도했습니다. 감정이 조절되지 않으면 칼로 자신의 팔뚝에 '죄인'이라고 휘갈겨 썼습니다. 생계가 어려워진 것도 힘든데, 가족에게 자주 화를 내면서 관계까지 어그러졌고, 그는 점점 더 고립되어갔습니다. 그러다 응급실에 실려 갔다가 의료진과 실랑이를 벌여서 의료법 위반으로 벌금 300만 원 유죄 판결까지 받았습니다.

그는 의인이었지만 가정과 사회에서 '고립'되어 있었습니다. 국가는 약속했던 진상 규명도 하지 못한 채, 보상도 못 해줄망정 그를 죄인으로 모는 삼중 가해를 가했습니다. 전 천주교 제주 교구장이었던 강우일 베드로 주교는 "훈장과 포상으로 위로해도 부족한 마당에 국가는 의인에게 죄인의 낙인을 찍어버린 것"이라고 했습니다.[37] C씨와 김 씨의 경우처럼 회사든 국가든 믿었던 대상에게 배신을 당해 고립되었다는 느낌은 마음의 병까지 부를 수 있습니다.

트라우마는 고립되면 더 강해집니다. 몸과 마음을 함께 잠식하고 영혼을 갉아먹을 정도로 강력합니다. 고립은 단순히 개인의 문제가 아닙니다. 오죽하면 영국은 2018년 국민의 외로움 대응을 전담하는 '외로움 부서'(Minister for Loneliness)를 만들어 부서장에 차관급 인사를 임명할 정도였습니다. 당시 테레사 메이 총리는 이를 임명하는 자리에서 이렇게 말했습니다. "고립감은 많은 현대인에게 슬픈 현실입니다. 우리 모두 이 도전으로 노인과 간병인, 사랑하는 사람을 잃었거나 이야기할 사람이 없는 모든 사람의 외로움을 해결할 수 있길 바랍니다."[38] 별 희한한 공직을 만든다고 생각할 수 있겠지만, 이는 국가가 개인의 고립감, 외로움을 사회문제이자 사회적 질병으로 공식 선언한 상징적인 일입니다.

우리도 강 건너 남의 문제가 아닙니다. 유럽과 미국 등에 이어 우리나라도 '나 혼자 산다'(1인 가정 혹은 1인 가구)가 가장 흔한 유형의 가정이 되었습니다. 물론 혼자 산다고 무조건 고립되거나 외롭다고 할 수는 없지만, 고립이 빚어내는 고독사와 범죄 등이 넘치고 있습니다. 고립감에 지친 사람이 스스로 목숨을 끊거나 범죄를 저질러

'덜' 고립되는 감옥을 택하기도 합니다. 유니버시티 칼리지 런던 세계번영연구소 노리나 허츠 박사는 지속적 고립이 매일 담배 15개비 피우는 것만큼 해롭다고 지적했습니다.[39]

연결감, 세상과 나를 이어주는 정서적 끈

톰 행크스가 나온 무인도 표류기 영화 〈캐스트 어웨이〉를 보면, 섬에 고립된 주인공(척 놀랜드)은 배구공(윌슨)에게 끊임없이 말을 건넵니다. 심지어 의사가 존재하는 양 대화하고 싸우는 상황도 만듭니다. 모노드라마나 다름없지만 주인공은 고립된 상황을 의도적으로 바꿉니다. 고립된다는 건 마음을 둘 대상이 없다는 것인데, 주인공은 배구공에게 마음을 줌으로써 고립에서 벗어납니다. 덕분에 그는 외로움이라는 병에 빠지지 않고 구조되어 다시 사람들 속으로 들어갑니다.

고립된 것 같은, 세상에서 혼자 분리된 느낌이 든다면 놀랜드처럼 마음을 나눌 수 있는 대상을 만들어도 좋습니다. 꼭 사람이 아니어도 좋습니다. 말이 통하지 않는 동물이나 식물도 가능합니다. 심지어 무생물, 물건이어도 좋습니다. 이런 연결은 고립되지 않기 위해서라도 필요합니다. 저도 너무나도 힘든 일을 겪은 뒤 이전과 다른 방식의 연결을 시도해봐야겠다고 생각할 즈음이었습니다. 제가 일하는 병원 입구에 큰 소나무가 있었습니다. 그 자리에 머문 지 십수 년 이상이었는데, 이전에는 눈길 한 번 주지 않고 무심히 지나쳤습니다. 그러다 힘들고 마음 둘 곳이 마땅치 않을 때 우연히 이 나무를 유심히 바라보았습니다. 열 그루 소나무 중 한 그루였는데, 유독 껍데기가 깊게 파여 아파 보였습니다. 위를 보니 병이 들었는지 잎 색깔이 갈색으로 변하고 있었습니다. 10년 이상 소나무들이 있었다는 것을 인식하지 못했는데, 마음을 주고 바라보자 나무들이 하나씩 눈에 들어왔습니다. 소나무들의 차이를 구분하고, 또 한 나무의 아픔도 느끼게 되었습니다. 저도 모르게 "아프니?"라고 물어보았고, 그 나무가 어서 낫기를 바랐습니다. 그리고 매일 출퇴근하면서 그 나무에게 "오늘은 좀 어때?"라며 안부를 전했습니다. 그런데 어느 날인가부터 그 나무가 제게 응답하는 것 같다는 느낌이 들었습니다. 저도 나무를 생각하고, 나무도 저를 반갑게 맞이하는 것 같았습니다. 그렇게 그 나무와 강력한 '연결'이 이루어졌습니다.

사람은 힘들고 고립되어 있다고 느낄 때, 그 무엇과도 연결될 수 있는 존재입니다. 주변을 한번 둘러보면, 알게 모르게 연결할 수 있는 대상들이 있습니다. 고립은 세상 무엇에도 마음이 가지 않고, 자신을 모든 연결에서 추방한 상태입니다. 이럴 때, 일상 곳곳에서 마주치는 사소하고 작은 연결이 나를 지켜줍니다. 환경미화원, 버스 운전기사, 택배 노동자, 동네 가게 주인장, 나무 한 그루, 꽃 한 송이, 길고양이 등 무엇이든 좋습니다. 이들과 짧은 인사나 말을 거는 행위가 은연중에 안정감을 줍니다. 어떤 것이든 연결할 수 있으면 우리는 고립되지 않을 수 있습니다. 현실적인 것에서 연결을 잘 이루지 못한다면, 초월적인 존재와 연결하는 것도 한 방법입니다. 저희 연구실이 232명을 대상으로 종교와 영성이 우울 증상에 미치는 영향을 평가한 적이 있습니다. 그 결과, 단순한 종교 생활이 아닌,

나보다 더 큰 존재와 연결되는 초월적 영성이 치유에 큰 도움을 주었습니다.[40] 세월호 코호트 연구 결과에서도 연결을 계속 회피하는 사람들은 여전히 비탄에서 벗어나지 못하고 있었습니다.[41]

대도시에서 고립이 보여주는 가장 큰 비극은 고독사입니다. '고립사'라고 불러도 될 만큼 이런 죽음은 고립이 부른 생의 단절입니다. 현생에서 모든 연결감을 끊은 고립은 죽음에 이르는 병으로 이어질 수 있습니다. 고립될수록 트라우마는 강해지고, 병은 더 깊어집니다. 이 악순환을 끊어내기 위하여 작은 연결의 고리를 만드는 것이 필요합니다. 이웃과 자주 접촉하고 연결하는 마을 공동체도 현대인의 고립감을 줄일 수 있습니다. 특히 개인에게만 연결을 맡길 것이 아니라 사회가 주체가 되어서 만들어야 합니다. 연결사회에서 트라우마는 그 힘을 잃게 됩니다.

몸이 움직이면 마음도 움직인다

|

걷고, 털고, 만지고…
몸의 감각이 살아나면 마음도 살아난다

2001년 발생한 뉴욕 세계무역센터의 9.11테러 생존자들은 엄청난 트라우마에 시달렸습니다. 다행이라면 뉴욕은 세계에서 가장 잘 훈련된 트라우마 전문가들이 모여 있는 곳으로 다양한 트라우마 치유 프로그램을 가동할 수 있었습니다. 그중에서 어떤 것이 가장 효과적이었을까요? 생존자들은 복잡한 심리요법보다 몸을 다루는 요가나 마사지를 선호했습니다. 세월호 참사 생존자들 역시 마찬가지였습니다. 치료 프로그램을 진행할 때 트라우마 경험자들은 몸을 편안하게 해주는 '신체 안정요법'을 가장 좋아했습니다.

몸은 상처받은 마음을 치료하는 데 있어서 매우 중요합니다. 그래서 트라우마 경험자의 마음을 만나기 전에 먼저 몸을 안정화하는 작업을 합니다. 트라우마에 노출된 몸은 이전의 몸과 다릅니다. 긴장, 불안, 두려움 등으로 몸은 경직되어 있는데, 이런 모습은 자세에서도 확연히 느껴집니다. 어깨를 늘어뜨리거나 고개를 숙이는 등 기죽은 모습을 나타내거나, 반대로 온몸으로 불신감을 뿜어내면서 과도하게 각성된 자세를 보입니다. 또, 자율신경계가 교란되면서 몸 상태에 불균형이 일어나기도 합니다. 이는 자신도 모르는 사이에 한 가지 양식으로 몸이 고정되어 움직이는 '고정 행동양식'(fixed action pattern)으로 나타납니다. 가령 화가 나고 상기된 사람은 싸우는 자세로, 우울하고 처진 사람은 무너진 자세로, 불안한 사람은 긴장으로 어쩔 줄 모르는 자세를 취합니다. 이런 자세는 특정 자극에 대하여 나타나는 일련의 동작 양식입니다.

몸과 마음이 분리된 상태

트라우마는 세상과 동떨어진 듯한 감각을 생성합니다. 자신이 아무것도 아닌 것 같고, 세상 모든 것과 연결이 떨어진 감정에 사로잡힙니다. 심지어 자기 몸이 반응하는 감각과도 연결이 끊어져서 자신이 고정된 자세를 취하고 있다는 것도 알아채지 못합니다. 소매틱스(somatics : 몸의 내적인 신호를 자각하고 경험하여 몸과 마음의 연결을 수련하는 방법)라는 말을 만들어낸 토마스 한나가 지칭한 운동감각망각증(motor sensory amnesia)이 일어나서 자기 몸이 어떤 상태인지 알지 못하는 것입니다. 이럴 때 나 자신과 세상의 다른 모든 존재가 어떻게 연결되어 있고, 자기 몸 상태가 어떠한지 인식할 수 있어야 이런 고정된 양식에서 벗어날 수 있습니다.

트라우마는 몸과 마음을 분리합니다. 동물은 위급한 상황을 맞닥뜨리면 몸이 얼어붙는데, 이럴 때 몸을 부르르 떨면서 얼어붙은 순간에 응결된 에너지를 밖으로 풀어냅니다. 이 덕분에 동물은 트라우마에 잘 빠지지 않습니다. 가령 개는 스트레스를 받거나 위험에 처했을 때, 온몸을 부르르 떨면서 긴장을 털어내고, 사자에게 물려 죽을 뻔한 사슴은 재빨리 도망쳤다가 다시 원래 자리로 돌아와 태연히 생활을 계속합니다.

그런데 사람은 동물과 달리 본능적으로 타고난 몸의 회복력을 충분히 활용하지 못합니다. 무섭거나 긴장될 때, 또는 충격적인 일을 당하면 몸이 떨리는 것은 당연합니다. 이는 곧 치유로 나아가기 위한 본능적인 행위입니다. 하지만 떨리는 몸을 망신이나 수치로 여기는 사람은 이런 자연스러운 과정을 거부하고 억지로 참아냅니다. 그결과, 트라우마 에너지가 몸에서 방출되지 못하고 그대로 얼어붙게 됩니다. 최근에 나온 '트라우마 방출 운동'(Trauma Releasing Exercise: TRE)은 이런 상태에서 개입하여 트라우마를 치료하는 방법입니다. 가령 전쟁터로 나가는 군인에게 특별한 방법으로 근육을 자극하여 몸을 떨 수 있도록 훈련을 시키면 향후에 트라우마로 고통받는 정도가 확연히 줄어듭니다.

이처럼 몸의 안정은 트라우마 회복을 위해서 가장 우선시해야 할 만큼 중요합니다. 몸이 안정적이어야 마음도 안정을 찾을 수 있습니다. 어떤 영화를 보면 전쟁 같은 거대한 액션 활극이 끝나고 살아남은 주인공이 모포나 담요를 뒤집어쓰고 구급차에 타는 장면을 종종 볼 수 있습니다. 이때 모포로 몸을 따뜻하게 보호하는 것은 향후 닥칠지 모르는 트라우마를 막기 위해서입니다. 트라우마를 유발할 만큼 큰 사건을 당한 날, 따뜻한 모포로 덮어주면 힘들고 놀란 몸을 안정적으로 돌볼 수 있습니다. 또 잠을 잘 자고, 사고 이후에도 숙면을 유지하는 것도 모두 몸의 안정감을 찾기 위해서입니다.

그라운딩, 나 자신과의 연결

몸을 안정화하는 과정은 자신과 세상이 떨어져 있다는 감각을 다시 연결하는 것입니다. 동시에 트라우마 사건을 객관화하면서 단절됐던 자기 자신과 접촉하는 작업입니다. 몸을 움직이는 과정에서 우리는 세상과 연결되어 있다는 느낌을 가질 수 있습니다. 이런 의미에서 몸 치료는 더없이 중요합니다. 자신(自身)에서 '신'(身)은 '몸'을 의미합니다. 자기 몸을 안다는 것은 그만큼 중요합니다.

다양한 몸 치료 기법 가운데 '그라운딩'(grounding)은 깨진 연결감을 살리는 기본적인 방법입니다. 그라운딩에서 접지(接地)는 내가 떠 있는 것이 아니라 땅에 안전하게 뿌리를 내리고 있다는 감각을 심어줍니다. 즉, 자신의 발을 지면에 붙이고, 주의를 내 발과 손으로 가져오면서 다양한 감각을 알아차립니다. 또, 코로 숨을 들이쉬고 내쉬면서 호흡을 관찰하는 방법을 사용합니다. 이처럼 그라운딩은 내 몸을 자각함으로써 부정적인 정서(트라우마)에서 지금 이 순간으로 주의를 이동하는 몸 치료 기법입니다. 이외에도 요가, 명상, 연극 치료를 비롯하여 전문적인 감각 운동 치료, 소매틱스, 신체 경험 치료, 안구운동 민감소실 및 재처리 요법(EMDR) 등 다양한 몸 치료 기법이 있습니다. 반 데어 콜크 박사는 지금까지 알려진 전통의 트라우마 치료법보다 몸의 감각을 이용한 방법이 더 효과적이라고 제안한 바 있습니다. 우리나라에서도 트라우마를 몸으로 치료하는 방법을 개발하며 더 정교화하고 있습니다.[42]

우리는 트라우마로 불안과 공포에 노출되면 자기 몸을 제대로 인식하지 못합니다. 몸을 인식하지 못하면 자기 자신을 잃는 것과 같습니다. 따라서 단절된 자기 자신과 접촉하기 위해서는 몸을 느끼고 아는 것에서 출발해야 합니다.[43] 이렇게 접촉한 몸을 통해 마음으로 연결될 때, 트라우마는 치유를 향할 수 있습니다. 몸은 트라우마로 인한 몸과 마음의 분리, 자신과 세상의 분리를 연결하는 첫 단추입니다. 몸이 움직이면 마음이 움직이고, 나 자신과의 관계도 새롭게 연결할 수 있습니다. 반 데어 콜크 박사의 스승인 엘빈 셈라드 교수의 말씀을 다시 새겨봅니다. "사람은 자신이 알고 있는 것을 알지 못하고, 자신이 느끼는 것을 느끼지 못하면 결코 나아질 수 없다."

죽었던 마음이 다시 살아날 때

|

관심과 사랑,
고립에서 연결로 나아가는 힘

니키 드 생팔(Niki de Saint Phalle, 1930~2002)이라는 예술가가 있습니다. 저는 2018년 여름 그 작가를 처음 알게 되었습니다. 당시 예술의 전당에서 열린 '니키 드 생팔 전(展), 마즈다 컬렉션'을 우연히 찾았다가 큰 충격을 받았습니다. 전시실 안에는 마치 자해 후 흐르는 핏줄기처럼 보이는 그녀의 작품이 가득했습니다. 도대체 이 작가는 왜 이런 작품을 만들었는지 궁금했습니다.

니키 드 생팔은 프랑스인 아버지와 미국인 어머니 사이에서 태어나 프랑스에서 유년기를 보냈습니다. 부유한 집안이었으나 제2차 세계대전이 임박할 즈음에 아버지 사업이 망하고, 미국으로 이주했습니다. 다른 형제들이 먼저 미국으로 떠나고, 니키는 잠시 가족과 떨어져 프랑스에 머물러야 했습니다(이때 심리적으로 홀로 버려진 듯한 유기 불안이 시작된 듯싶습니다). 어머니는 정신적으로 불안정한 사람이었고, 니키의 두 동생이 나중에 자살했을 정도로 자녀들을 심하게 학대했습니다. 게다가 아버지는 니키가 열한 살 무렵부터 성폭행을 저질렀습니다. 니키의 성장을 지지하고 돕지는 못할망정, 부모가 트라우마의 근원이었습니다.

니키는 사랑 대신 상처를 가득 안고 성장했습니다. 원가족 안에서 여러 트라우마에 노출된 니키는 집에만 가면 항상 힘들었다고 회고했습니다. 엄한 가톨릭 집안에서 자란 영향으로 그녀는 가톨릭 학교에 들어갔지만, 제대로 적응하지 못했습니다. 불행은 계속 이어졌습니다. 원가족에게 벗어나고자 열여덟 이른 나이에 결혼했지만, 남편의 외도로 결혼 생활이 파탄에 이르렀습니다. 정신이 황폐해진 니키는 정신병원에 입원 치료를 받아야 할 만큼 심각한 상태에 있었습니다. 켜켜이 쌓인 트라우마로 그녀는 이미 마음의 죽음을 경험했습니다.

니키 드 생팔의 트라우마

니키는 어떻게든 삶을 살아내기 위해서 분투했습니다. 모델로서 자신의 이름을 알리기도 하고, 또 정규 미술 교육은 받지 못했지만 타고난 예술감각 덕분에 자신의 작품들을 속속 내놨습니다. 그 중 니키를 일약 스타로 도약하게 만든 작업은 1960년대에 만든 〈슈팅 Shootings; Les Tirs〉 연작이었습니다. 〈슈팅〉은 하얀 석고조각 조형물 안에 물감을 채워 넣은 뒤, 사람들이 총을 쏘면 총 자국에서 물감이 흘러내리도록 기획된 퍼포먼스 작업이었습니다. 석고 패널은 전통적인 권위자인 아버지, 지도자, 대통령, 교회 등의 형태로 만들어졌습니다. 니키는 이런 형상들을 향해 총을 쏘며 전통적인 권위를 무너뜨리는 모습을 보여주고자 했습니다. 총을 쏠 때마다 물감이 터지면서 마치 피가 튀는 듯한 강렬한 느낌을 주었습니다.

니키의 이 작업은 많은 사람에게 널리 알려졌습니다. 이에 힘입어 미국에서 투어 전시를 개최하는 등 니키는 예술가로서 큰 명성을 얻었습니다. 저는 니키의 〈슈팅〉에서 그동안 만났던 수많은 환자가 자해하는 듯한 모습을 연상하게 되었습니다. 미술 작품 등을 접하고 순간적으로 정신적 충격을 느끼는 스탕달 신드롬이 일어난 듯했습니다. 자해는 답답하고 힘든 마음에 자신을 해치면서까지 고통을 해결하려는 행위입니다. 상처로 피가 흘러내리는 모습은 〈슈팅〉에서 물감이 흘러내리는 것과 닮아 보였습니다. 뭔가 터질 것과 같은 답답한 마음을 그녀는 작품을 통해 분출하는 것처럼 보였습니다. 자해로 고통을 해소하려는 환자들처럼 말입니다.

관심과 사랑, 극적인 전환의 시작

니키의 삶은 장 팅겔리(Jean Tinguely, 1925~1991)와의 운명적인 만남을 계기로 극적으로 변화했습니다. 장 팅겔리는 스위스 출신 예술가로, 니키를 처음 만났을 당시 키네틱 아트 대가로 예술계에서 상당한 입지를 지니고 있었습니다. 니키는 남편과 이혼한 상태였지만, 장은 같은 예술가인 에바 에플리와 결혼 생활을 영위하던 유부남이었습니다. 하지만 두 사람은 열렬히 사랑하는 사이로 발전했고, 장은 에바와 이혼한 뒤 니키와 결혼했습니다. 두 사람은 합법적인 부부가 되었지만, 결혼생활은 오래 지속되지 못했습니다. 그럼에도 두 사람은 평생 예술가 동료로서 유대 관계를 이어나가며 우정을 유지했습니다. 니키는 작품 안에 장과의 연결을 상징하는 코드를 새겨 넣기도 했습니다. 장이 사망한 뒤 그의 기념관을 만든 것도 니키였습니다.

사랑을 경험한 후, 니키의 작품도 변화를 맞이했습니다. 어린 시절의 상처를 반영한 듯 그로테스크했던 초기 작업과 달리 〈나나 Les Nanas〉처럼 풍만하고 건강한 여성상을 선보였습니다. 이 작품은 다채로운 색채와 발랄한 감성이 특히 돋보이는데, 이에 대해 니키가 인간을 새로운 시선으로 바라보게 되었다고 해석합니다. 또, 스웨덴 스톡홀름 현대미술관에 전시된 〈혼 Hon〉은 '그녀'를 의미하는 스웨덴어로 관객에게 여성의 질을 거쳐 자궁에 들어가는 경험을 제공합니다. 이 작품은 어머니에 대한 트라우마를 지녔던 니키가 이를 극복하면서 여성성, 생산에 대한 긍정적 인식을 품게 되었다고 짐작하게 만듭니다. 말년의 니키는 이탈리아 카팔비오에 타로 공원을 만드는 데 전념했습니다. 이 공원은 자신만의 유토피아를 설계하고, 그곳에 안착하여 환상을 실현하는 아름다운 공원이라는 콘셉트를 갖고 있습니다.

내가 안전하다는 감각

누구나 말하기 힘든 아픔과 슬픔을 품고 살아갑니다. 니키도 그랬습니다. 자신이 겪었던 아픔을 해결할 수 없다는 답답함에 총을 쏘아 부수고 파괴하며 터뜨리는 방식으로 초기 작품을 표현했습니다. 그러다가 사랑을 통해 자신과 세상과의 연결을 경험하면서 작품 세계는 극적으로 변화했습니다. 니키의 초기와 만년의 작품을 보면, 같은 작가의 작품인지 놀라울 정도로 차이가 있습니다. 국내 전시회에서 선보였던 니키 작품 중에서 인상적인 작품 〈나나〉가 있습니다. 이 작품의 끝에 줄이 붙어 있는데, 여기에 장 팅겔리가 연결되어 있습니다. 이런 연결은 트라우마로 인한 상처를 회복하고, 다시 삶을 자신 것으로 만들었다는 느낌을 선사합니다. 더 나아가 타인, 그리고 세상과 연결되면서 정서적 유대감을 회복해가는 모습을 보여줍니다. 이처럼 단절에서 연결로 치유되어가는 모습을 그녀의 작품 속에서도 느낄 수 있습니다. 트라우마로 오랜 시간 괴로워했던 니키가 장의 굳건한 지지와 사랑에 힘입어 트라우마에서 벗어났다고 볼 수 있습니다.

저는 트라우마로 힘들어하는 환자들을 매일 진료실에서 만나고 있습니다. 이들 중에는 자신의 불안과 고통 속에서 다양한 형태로 물리적 혹은 심리적 자해를 하는 사람도 있습니다. 이런 행위는 가장 친밀해야 할 자기 자신과 분리되고, 주변 사람들과 사회에서도 단절되거나 고립되어 있음을 뜻합니다. 그래서 이들은 자기 안에서 보이지 않는 위협과 사투를 벌이느라 많이 지쳐 있습니다. 트라우마가 무서운 이유는 내 주변의 모든 연결을 끊어놓기 때문입니다. 뇌 내부의 연결은 물론, 몸과 마음의 연결, 일상의 기능도 끊어놓습니다. 다양한 관계망도 해칩니다. 과거와 현재, 나와 사회, 즐거움과

"트라우마 치유의 최종 종착지는
사회적으로 재연결되는 것입니다."

친밀함도 단절을 경험하게 만듭니다. 한마디로 '내가 아닌 상태'입니다. 이런 상태에서 고통은 마치 용광로에서 뜨거운 쇳물이 넘치듯 끊임없이 올라옵니다. 이런 상황에 내몰린 사람에게 마음을 가라앉히라거나 마음챙김을 권하는 것은 어려운 이야기입니다.

심리학 분야에서 명상과 마음챙김을 말할 때, 종종 크리스마스 장식으로 많이 사용되는 '스노볼' 비유를 사용합니다. 유리공(스노볼)을 흔들면, 안에 든 작은 스티로폼 가루가 눈이 날리는 듯한 효과를 내는데, 이를 가라앉히기 위해서는 스노볼을 가만히 내버려두어야 합니다. 마음챙김 명상에서도 산란한 마음을 가라앉히려면 아무것도 하지 말라고 권합니다. 그런데 트라우마로 고통받는 마음은 스노볼이 흔들리듯 계속 끓어오르는 상태입니다. 마음의 눈가루가 끊임없이 날리는 형국입니다. 도저히 차분해질 수가 없습니다. 가만히 있지 못하고 마음은 자꾸 트라우마의 순간으로 내달립니다. 트라우마를 겪고 마음의 가장자리는 매순간 과거를 향해 있습니다. 마음챙김이나 명상이 어려운 이유입니다.

트라우마 치유의 최종 종착지는 사회적으로 재연결되는 것입니다. 니키는 예술과 사랑을 통해 고통스러운 과거 대신에 현재를 살아갈 수 있는 이유와 의미를 찾았습니다. 자신이 겪은 고통과 트라우마를 자신만의 방식으로 이야기하면서 사람과 삶, 그리고 세상 안으로 들어갔습니다. 이때 내가 안전하다는 느낌이 매우 중요합니다. 안전은 인간으로 살아갈 수 있는 기본 조건입니다. 아기는 곁에 보호자가 보이지 않으면 울음을 터뜨리다가 다시 보호자가 나타나면 울음을 그칩니다. 안전하다는 감각이 작동하기 때문입니다. 니키는 장을 만나서 자신이 안전하다는 감각을 회복하고, 자신과 사람들과 그리고 사회와 다시 연결되었습니다. 이는 니키에게만 해당하는 것이 아닙니다. 사람, 그리고 사회와 연결될 때, 트라우마로 죽었던 마음이 다시 살아날 수 있습니다.

애착, 모든 것의 원인이자 해결점

|

나를 믿어주고 지지해주는
안전한 관계들

영화 〈인생은 아름다워〉에는 홀로코스트에서 살아남은 아이가 나옵니다. 이 아이가 참혹한 현장에서 살아남을 수 있었던 것은 아빠 덕분이었습니다. 아빠는 수용소 생활을 아이에게 함께 게임을 하는 것이라고 설명하며 "가장 잘 숨는 사람에게 탱크를 선물로 준다"라고 말합니다. 천진난만한 아이는 아빠와 게임 하듯 수용소를 누비면서 불안에 압도되지 않고, 마침내 살아남습니다. 저는 이 영화에서 두 사람 사이에 있는 '애착'을 눈여겨봤습니다. 아빠는 끊임없이 아이에게 안전감을 심어줍니다. 아이는 아빠를 전적으로 믿고 수용소를 자기 집처럼 살게 됩니다. 어떤 재난 상황에서도 마찬가지입니다. 코로나19가 위험한 것은 사실이지만, 양육자가 아이에게 세상은 안전하지 않고 다른 사람들이 잠재적 바이러스 전파자라고 교육한다면, 아이는 세상이나 사람에 대한 어떤 애착도 가질 수 없습니다.

애착은 가장 안전하게 보호해주는 접착제

애착은 모든 문제의 원인이자 해결점입니다. 어려서 상처를 많이 받아 애착이 형성되지 못한 사람과 좋은 사람과 애착을 성공적으로 이루어낸 사람들은 비슷한 트라우마를 겪어도 다른 결과를 보입니다. 저희 연구실에서 585명을 대상으로 아동기 때 트라우마에 노출되었던 사람들이 성인이 되어 어떻게 지내는지 조사 · 연구를 진행한 바 있습니다. 결과는 아동기 때 트라우마를 경험한 사람들은 정서 조절 능력에 결함이 생겨 어른이 되어서도 우울과 불안 정도가 높아진다고 나왔습니다.[49]

이후 대상자 수를 늘려서 737명을 대상으로도 진행했는데,[50] 아동기 때 정서적 혹은 성적 학대를 받은 사람들은 나중에 자살 시도를 더 많이 했습니다. 또, 이들 중에는 자신에게 중요한 대상과 멀어지거나 상실하는 것을 죽도록 싫어하여 아예 대인관계를 맺지 않거나, 혹시 맺더라도 매우 불안정한 상태에 빠지기 쉽다는 것을 확인했습니다.[51] 특히 아동기 때 정서적 방임, 즉 부모가 있어도 아무 관심을 주지 않는 식의 학대를 받은 아이들은 나중에 삶의 의미를 잘 찾지 못했습니다.[52] 이처럼 아동기 때 벌어지는 학대와 트라우마의 상처는 시간이 지나도 나아지는 것이 아니라 좋지 않은 결과를 가져올 수 있습니다.

노리나 허츠 박사가 자신의 책 《고립의 시대》에서 밝혔듯이 세계는 현재 '가장 외로운 세기'를 살고 있습니다. 우리는 점점 제한된 자원을 놓고 서로를 공격하는 외로운 생쥐처럼 되어가고 있습니다.

이럴 때 필요한 것이 '애착의 회복'입니다. 애착은 사람을 가장 강력하게 보호해주는 방공호이자 안전 기지입니다. 애착 관계는 사람을 살리는 관계이자, 나를 사랑하고 지지해주는 안전판 같은 역할을 합니다. 그 안전판이 반드시 부모가 아니어도 괜찮습니다. 아이 주변에 믿을 만한 '어른 친구'가 있다면 그 아이는 잘 성장할 수 있습니다.

나를 믿어주고 지지해주는 사회적 관계들

회복탄력성 연구 중에서 유명한 논문이 있습니다. 하와이 군도 내 인구 3만 명을 가진 카우아이섬에서 1955년에 태어난 모든 사람들을 서른 살 이후부터 추적·조사한 연구입니다. 이 연구에서 아동학대 등을 겪고 열악한 가정환경에서 성장한 아이들은 성인이 되어서도 사회에 잘 적응하지 못할 것으로 예상했습니다. 그런데 실제 결과는 이들 중에서 3분의 1 정도가 회복탄력성을 발휘하여 어른으로 잘 성장해 살고 있었습니다.

물론 이 아이들의 공통점이 있었습니다. 비록 가정환경은 좋지 않았지만 아이 입장을 무조건 이해해주고 받아주는 어른이 주변에 한 명 이상은 있었습니다. 즉, 어려운 가정환경을 아이들이 견딜 수 있게 이끈 원동력은 신뢰하는 인간 관계였습니다. 이처럼 사회적 애착 관계는 개인에게 결핍된 애착을 보완하고, 치유해줄 수 있습니다. 좋은 선생님, 좋은 선배, 좋은 친구, 좋은 연인 등 어떤 상대도 좋습니다. 학교, 지역사회, 공동체 어디서든 믿고 의지할 만한 사람

"학교, 지역사회, 공동체 어디서든
믿고 의지할 만한 사람이 있다는 것은
내 곁에 보호자이자 치유자를 두는 것과 같습니다."

이 있다는 것은 내 곁에 보호자이자 치유자를 두는 것과 같습니다. 따라서 사회적 애착이 일어날 수 있도록 사회적 시스템을 만드는 것이 중요합니다. 예를 들어 공동 육아나 마을 공동체도 사회적 애착 관계를 만들 수 있는 좋은 사례입니다. 원래 우리는 공동체 문화 속에서 살아왔습니다. 나보다는 우리를 우선했고 다른 사람들과 함께하는 것이 익숙했습니다.

그런데 지금의 현실은 어떨까요? 우리사회는 애착 관계를 형성할 수 있는 지점이 각자 자신의 이익을 우선 챙기면서 크게 약화되었습니다. 과거에 애착 관계로 가능했던 다양한 '함께'의 기억이 사라져가고 있습니다. 두레, 품앗이 등 협동과 연대의 기억이 지워지고, 이웃 간에 자연스러웠던 돌봄도 자본에 좌우되고 있습니다.

이제라도 '우리'라는 이름을 살릴 수 없을까요? 작은 연결과 관계망을 강화하고, 협동조합 같은 공동체 경제를 구축하는 것도 우리를 회복하는 방법 중 하나입니다. 내 주변에 애착 관계라고 할 수 있는 사람이 얼마나 있을까요? 서로 안위를 걱정하며 보지 않으면 보고 싶고, 좋은 것을 나누고 싶은 사람이 있다면, 그 사람과 나는 애착 관계를 형성한 것입니다. 애착 관계에 있는 사람을 만들어가는 것도 삶을 잘 사는 방법입니다. 우리 각자는 알고 보면 외로운 사람들입니다. 괴테는 "사랑이 살린다"고 말했습니다. 서로 사랑과 애착으로 얽히고설킨 거미줄 같은 관계를 만들어간다면, 아무리 트라우마를 겪어도 살아갈 힘을 얻을 수 있습니다.

이제는 심리자본을 쌓아야 할 때

|

어려운 순간에
돈으로도 해결하지 못하는 것이 있다

돈을 풍족하게 가진 사람은 어려운 일이 생기면 우선 돈으로 해결할 수 있습니다. 하지만 돈이 많다고 모든 심리적 고통을 해결할 수는 없습니다. 세상에는 분명 돈으로 해결할 수 없는 것도 있습니다. '심리자본'이 대표적으로 그렇습니다. 자본주의 사회에 살고 있는 우리는 '자본' 하면 돈부터 떠올리지만, 심리자본은 그런 돈과 무관합니다.

프랑스 철학자 피에르 부르디외는 세상을 살아가기 위해 7가지 자본[53]을 제시했는데, 그중 하나가 심리자본입니다. 부르디외가 말한 심리자본의 요소를 살펴보면 희망, 낙관주의, 회복탄력성을 비롯하여 관대한 자세, 윤리의식 등으로 구성되어 있습니다. 심리자본은 쉽게 말하면 마음가짐입니다. 살면서 고통과 아픔은 불가피하지만, 이에 압도당하지 않고 일상을 살아갈 수 있는 마음의 힘을 의미합니다. 2022년 카타르 월드컵에서 기적같이 16강 진입에 성공한 축구 국가대표팀이 태극기에 써놓았던 '중꺾마'(중요한 것은 꺾이지 않는 마음)라는 말이 국민의 심금을 울렸던 것처럼 강력한 심리자본은 어려운 상황에도 쉽게 무너지지 않고 다시 마음을 일으킵니다. 미국 케네디 대통령이 미국 우주항공국(NASA)을 방문한 적이 있습니다. 그때 한 직원에게 직무가 무엇인지 물었습니다. 그는 환경미화원이었는데 이렇게 답했습니다. "인류를 달에 보내는 일을 돕고 있습니다." 사람들이 그를 단순하게 청소부로 보았겠지만, 그는 자신만의 소명의식을 심리자본으로 삼고, 충실하게 역할과 사명을 다했습니다.

사회자본의 핵심은 '신뢰'에 있다

한편 심리자본은 사회자본과도 연결됩니다. 물질적 자본이나 소유 개념을 넘어 사람이 살아가는 데 필요한 사회적 관계가 사회자본입니다. 개인이나 집단이 특정 네트워크에 소속되어 얻을 수 있는 자본으로 사회자본이 충만한 사람은 소속감과 함께 안전하다는 느낌을 받을 수 있습니다. 이런 사회자본의 핵심 요소는 '신뢰'입니다. 사회자본이 잘 확충된 사회나 집단에서는 구성원 간 신뢰가 비교적 높고, 이를 통해 사회 연결망이 잘 구성되어 있다면 사회적 애착 관계로 발전할 수 있습니다.

이런 점에서 트라우마는 신뢰 상실에서 오는 도덕적 상처라고 할 수 있습니다. 신뢰했던 사람이나 조직에서 믿음이 깨지면서 안정감이 흔들립니다. 사회적 트라우마도 마찬가지입니다. 믿었던 국가나 사회로부터 배신을 당했다고 여기면 그 타격은 개인뿐만 아니라 사회 전반으로 번져갑니다. 세월호 참사가 그랬습니다. 참사 당시 희생자들은 끝까지 선장과 선원들의 말을 믿고 기다렸습니다. 신뢰가 있었기에 가능했지만 그 믿음은 끔찍한 결과를 가져왔습니다. 참사 수습 과정에서도 당국(국가)이 진상을 규명해낼 거라는 믿음이 줄줄이 깨졌습니다.

당시 국가와 사회에 대한 신뢰는 크게 낮아졌습니다. "이게 나라냐"는 탄식이 빗발쳤을 정도였습니다. 2002년 제2 연평해전 당시, 전사한 한상국 중사의 아버지는 나라에 대한 분노를 이렇게 토로했습니다. "어떻게 하면 숨길까만 궁리하는 이 나라가 나라냐. 나라를 지키기 위해 목숨을 바쳤는데, 이렇게 해도 되는 거냐." 아들이 나라를 위한 전투에서 희생당했지만 제대로 예우받지 못하고 소홀한 것에 분통을 터뜨렸습니다. 한 중사의 부인은 남편을 잃은 충격으로 임신 중이던 아이도 유산하고, 이 나라에서 살지 못하겠다고 이민을 떠났습니다. 이 모두 국민의 한 사람으로서 국가에 대한 신뢰를 크게 상실했기 때문입니다.

따라서 트라우마는 의료와 심리적 지원은 물론 도덕적 회복도 함께 필요합니다. 도덕적 상처까지 더해지면 트라우마의 회복은 더욱 어렵기 때문입니다. 신뢰는 깨지기 쉬워도 회복하기가 더 어렵습니다. 한 번 잃은 신뢰를 회복하려면 많은 시간과 노력, 그리고 진정성이 필요합니다. 개인에게 닥친 트라우마도 그럴진대, 사회적 트라우마를 치유하기 위해서는 사회적 비용도 어마어마하게 들 수밖에 없습니다. 따라서 어려울 때를 대비해서 비상금을 모아두듯 우리사회도 위기 상황에 필요한 사회자본을 쌓아둘 필요가 있습니다.

사회자본이 탄탄하면 안정적이다

많은 사회적 트라우마와 코로나19 등을 겪은 지금, 우리사회에 중요한 과제가 있습니다. 다시 세상이 안전한 곳이라는 믿음입니다. 안타깝게도 지금까지 우리는 트라우마 사건이 생길 때마다 "세상에 믿을 것이 없다"라는 생각을 반복해왔습니다. 그동안 불신이 켜켜이 쌓여왔고, 그 영향으로 신뢰 회복도 마냥 쉽지는 않습니다. 심리자본과 사회자본이 연결되는 지점이 여기 있습니다. 불신 대신 신뢰를 다시 쌓으려면 희망, 낙관, 회복탄력성 등이 필요합니다. 고통과 아픔이 쌓인 상황에서 무너지지 않고 마음을 잡으려면 개인과 사회의 노력도 필수입니다.

다른 사람을 믿고 함께 살아갈 수 있다는 사회자본을 다음 세대에게도 물려주는 것이 우리사회가 해결해야 할 중요한 과제입니다. 신뢰의 사회자본은 혼자 만들 수 없습니다. 믿지 못하면 불안합니다. 믿지 않으면 살기도 힘듭니다. 믿지 못해서 치르는 대가는 내게도 옵니다. 믿어야 살 수 있고, 믿는 것이 서로에게 득이라는 생각이 우리사회가 회복해야 할 중요한 사회자본입니다. 믿지 못하는 사람이 많은 세상에서 우선 내가 믿을 수 있는 사람이 되고, 나 먼저 세상은 안전하고 살 만하다는 믿음을 가질 때, 아이들도 세상에 대한 믿음이 생깁니다. 신뢰라는 사회자본이 많을수록 그 사회는 안정적입니다. 개인은 사회를 믿고 사회는 개인을 믿는다면, 우리는 한층 더 안전하고 안정된 삶으로 나아갈 수 있습니다.

사람마다 주어진 자원과 심리자본은 다릅니다. 국가와 사회는 그 격차를 벌릴 것이 아니라 격차를 줄이도록 부족한 개인의 자원을 보완해주는 역할이 필요입니다. 물질적 자원은 국가가 개입하여 불균형을 일부 줄이고 있습니다. 최저임금제 등이 그런 역할을 합니다. 심리자본도 마찬가지입니다. 여럿이 함께 나누는 체계를 만들고, 많은 사람이 함께 심리자본을 쌓는다면, 우리사회는 서로를 믿고 의지할 수 있는 사회로 나아갈 수 있습니다.

우리가

함께 울면

아픔도 힘이 된다

아픔이 아픔을 위로한다

|

입장의 동일함,
함께 비를 맞는 사람들의 온기

산업재해 현장에서 늘 유가족의 손을 잡아주는 사람이 있습니다. 2018년 12월 태안화력발전소에서 일하다 숨진 김용균 씨의 어머니 김미숙 씨입니다. 그는 위험을 하청업체에 떠넘기는 외주화 금지, 비정규직 철폐 등을 요구하는 김용균재단 이사장이기도 합니다. 그는 아들을 잃은 고통과 슬픔을 좀 더 나은 사회를 만들기 위한 움직임으로 승화했습니다. 특히 산업재해 피해 유족들이 모여 만든 '다시는'이라는 모임도 함께하면서 억울한 죽음이 있는 곳이면 어디든 가서 함께 울고 고통을 나눕니다. 그는 왜 이렇게 할까요.

고통에도 감수성이 존재합니다. 고통이 다른 고통에게 손 내밀어 함께하는 모습을 종종 봅니다. 공감은 아파본 사람이 더 잘할 수 있습니다. 동병상련입니다. 경제적으로 어려운 사람이 오히려 어려운 사람을 더 잘 돕기도 합니다. 사회적 아픔을 겪은 사람은 다른 이와 아픔을 나눌 때, 자신의 고통에 매몰되지 않고 살아갈 힘을 얻습니다. 이전에 탈북민을 돕는 일을 할 때였습니다. 이들과 함께 노숙인을 위한 봉사를 할 기회가 생겼습니다. 당시 탈북민 중에는 매사에 흥미도 없고 무기력한 상태에 있는 사람이 많았지만, 노숙인 봉사 현장에서 이들은 평소 모습과 달리 성실하고 열심히 도왔습니다. 도움을 받는 처지에 있다가 다른 사람을 도움으로써 자신의 존재 가치를 느끼고 확인한 것입니다. 이러한 활동은 자신을 에워싼 트라우마 굴레에서 조금씩 발을 떼는 계기가 됩니다. 이렇듯 트라우마 당사자에게 자기 효능감은 회복에 있어서 큰 역할을 합니다.

서로 격려하고 지지해주는 힘

기쁨은 나누면 배가 되고 슬픔은 나누면 반이 된다는 말이 있습니다. 트라우마는 아픔과 아픔이 만나면서 치유가 일어납니다. 재난 등으로 피해를 입은 사람은 비슷한 사건에 처한 사람의 처지를 이해하고, 서로의 아픔에 깊이 공감합니다. 그래서 종종 피해 당사자들끼리 연대합니다. 이를 통하여 자신을 치유하고 더 나아가 사회적인 치유에 나섭니다. 또 다른 참사와 아픔이 발생하지 않도록 안전 강화와 피해 구제 등을 위한 활동에도 함께 발을 맞춥니다. 세월호 희생자 유족들은 파리 테러참사 피해단체들과 만나서 서로의 아픔을 나누었습니다. 또, 일본 후쿠시마 원자력발전 폭발사고 유족들과 만나 참사 재발 방지와 진상 규명 등을 촉구하는 활동 등을 펼쳤습니다. 각기 다른 나라에서 발생한 재난이었지만, 그들은 손을 맞잡고 함께 아파하고 슬픔을 나눴습니다.

우리는 일상에서 슬픔으로 연결될 때가 있습니다. 장례식장이 그런 장소입니다. 아무도 찾아오지 않는 장례식장은 너무 쓸쓸합니다. 슬픔을 나누고자 사람들이 찾을 때 장례식장은 본연의 역할을 합니다. 슬픔에도 의식이 중요합니다. 장례식장에서 슬픔과 슬픔이 만나 충분히 애도하면 마음은 한층 더 안정을 찾습니다. 그래서 선조들은 애도에도 예를 갖추었습니다. 슬픔에 한이 없도록 충분히 함께 슬퍼했습니다. 장례식장은 그래서 타인의 슬픔에 공감할 기회를 제공합니다. 슬픔은 사람과 사람이 연결되어 있음을 알게 해줍니다.

김미숙 씨는 아들을 잃은 슬픔 때문에 세상의 더 많은 슬픔과 연결되었습니다. 그리고 산업재해 희생자 유족들의 손을 잡아주고 있습니다. 아픈 사람이 아픈 사람을 위로할 때 회복탄력성은 더욱 커질 수 있습니다. 심리학자 다이애나 포샤는 이렇게 말했습니다. "회복탄력성의 바탕은 자신을 사랑해주고 맞춰주는 듬직한 사람에게 이해받는다는 느낌에서 찾을 수 있으며, 그 사람의 생각, 가슴속에 자신이 존재한다는 사실을 깨달을 때 얻을 수 있다." 내가 아플 때, 비슷한 아픔을 품은 사람에게 받는 격려와 지지는 어떤 의사도 해줄 수 없습니다. 우리에게 사회적 지지가 필요한 이유입니다.

돌봄이란 서로를 의지하며 사는 것

|

내 곁에 우리가 있을 때
살아갈 힘을 얻는다

미국 펜실베니아주에 자리한 로제토 마을은 이탈리아계 이민자들이 모여 사는 작은 마을입니다. 이 마을이 세간의 주목을 받은 연구가 있었습니다. 65세 미만 주민들 중에 심장병 환자가 없다는 연구 결과는 1950~1960년대 미국에서 매우 특이한 경우였습니다. 당시 미국은 65세 미만 남성들의 사망원인 중 심장마비 비율이 가장 높았습니다. 환경조건이 흡사한 주변과 비교했더니, 로제토 주민 사망률은 다른 지역보다 35퍼센트나 낮았습니다. 알코올이나 약물 중독자도 없었습니다. 의학 추적, 가계도 분석 등 조사와 분석이 이루어졌지만, 과학적 이유를 찾을 수 없었습니다.

이상한 일이었습니다. 로제토 주민들은 다른 지역보다 지방 섭취가 많고, 비만도 흔했으며 흡연과 음주 비율도 높았습니다. 식습관과 생활 습관을 보면 되레 심장병 발병률도 높아야 하고, 평균 수명도 짧아야 했습니다. 이른바 '로제토 모순'이었습니다. 호기심과 궁금증이 발동한 연구자들이 이 모순을 놓고 오랫동안 추적·조사에 나섰습니다. 이들은 로제토 주민들의 건강과 장수 비결이 사회적 관계망, 즉 '돌봄'에 있다는 결론을 냈습니다. 당시 주민은 2천여 명에 불과했지만, 마을에는 독서, 스포츠, 낚시, 사냥 등 22개 클럽이 있었습니다. 주민들은 틈만 나면 진수성찬을 차려 이웃과 흥겹게 어울리고 경조사를 온 마을이 함께 나눴습니다. 서로를 돕고 돌보는 것이 일상이었으며, 특히 가난하고 어려운 사람을 돕는 것을 당연히 여겼습니다. 마을 자체가 일종의 확장된 가족이었습니다. 웰빙과 건강이 식생활, 유전, 운동, 치료 등의 영향보다 마을 공동체의 힘으로 유지되었던 것입니다. 이런 효과는 젊은 세대가 자라면서 관계보다 부를 추구하고, 이웃 간 교류가 줄면서 1970년대 말 사라졌습니다.

이러한 로제토 마을 사례가 나온 책 《건강하게 나이 든다는 것》에 의하면, 건강식인 지중해식 식단을 실천하면 사망위험도가 21퍼센트, 운동을 하면 23~33퍼센트까지 낮아집니다. 책은 이보다 사망위험도를 낮춘 요인으로 가족·친구 등 든든한 상호지원망을 꼽았습니다. 이는 사망위험도를 45퍼센트까지 낮추었습니다. 상대적으로 감정 교류를 중시하는 여성의 경우, 친구를 만나 수다를 떨지 않으면 사망위험도가 2.5배 높아졌습니다. 혼자 샐러드를 먹고 러닝머신을 뛰기보다 친구들과 즐겁게 수다를 떨면서 적당히 기름진 한 끼를 먹는 것이 건강에 더욱 도움이 된다는 이야기입니다.[54] 상호지원망은 곧 '사회적 돌봄'입니다. 로제토 마을은 사회적 돌봄이 얼마나 서로를 안전하게 지켜주는지를 잘 보여줍니다.

사회란 혼자가 아닌 함께 살아가는 곳

사회적 돌봄은 서로가 서로에게 의지하면서 살아가는 것입니다. 독립적인 삶이라고 타인에게 의지하지 않는 것이 아닙니다. 독립과 고립이 다르듯 삶은 개인적이자 사회적인 속성 모두를 지닙니다. 나무도 숲이 있어야 지속 가능한 생존이 가능합니다. 서로에게 의지하며 사는 것이 삶이며, 돌봄이 곧 삶입니다. 돌봄이란 서로를 살리는 일이며 연결의 실천입니다. 따라서 사회적 웰빙은 사회적 돌봄 안에서 실현될 수 있습니다. 로제토 마을은 사회적 돌봄의 감수성이 충만했습니다. 이런 안전한 유대 관계 덕분에 마을의 모든 아이가 모두의 아이였으며, 마을 사람들이 함께 건강하고 의미 있는 삶을 살 수 있었습니다.

'사회'(社會)라는 단어를 분해하면 '사'(社)는 보일 '시'(示)에 흙 '토'(土)가 만났습니다. '시'는 제사(祭祀)나 사당(祠堂) 등 제의의 뜻이 있습니다. 그렇게 보면 사(社)는 토지의 신을 의미하며 '회'(會)는 모임을 뜻하니, 사회는 '토지의 신을 함께 기념하고 제사를 지내는 모임'입니다. 영어 'society' 어원은 라틴어 '소시어스'(socius)로 동무, 같이 노는 친구, 동반자라는 뜻입니다. 이러한 어원들을 보면 사회는 로제토 마을이 보여주듯 음식을 나눠 먹고, 다양한 모임을 함께하며 서로 의지하면서 돌보는 공동체라 할 수 있습니다.

서로를 받쳐주고 버티어주는 관계

개인이 모든 안전과 생명을 책임져야 한다면 여러모로 비효율적입니다. 내가 아플 때 사회가 나를 돌봐준다면, 누구나 안심하고 살아갈 수 있습니다. 우리에게 오래전에 있었던 두레, 품앗이 등의 공동체 문화가 그러했습니다. 하지만 지금 우리사회는 공동체 문화가 많이 무너졌습니다. 공동체가 약해지면서 자조 모임도 많이 사라지고 있습니다. 본질적인 '사회'가 없는 사회 속에서 살고 있습니다.

이제 다시 우리의 공동체 감각을 회복해야 할 때입니다. 담배도 혼자 끊기는 어렵습니다. 주변에 금연 의지를 적극적으로 밝히고 여러 사람이 도와줄 때 금연이 가능합니다. 건강도 혼자보다 주위에서 격려와 지지를 해준다면 좀 더 수월하게 유지할 수 있습니다. 이것이 넓은 의미의 돌봄입니다. 아픈 사람이나 사회적 약자만 돌보는 것이 돌봄이 아닙니다. 안정적이고 효과적인 사회적 돌봄망을 구축한다면 개인과 집단 모두가 스트레스 완화와 심리적 안정을 가져올 수 있습니다. 저희 연구실에서 454명의 우울증 환자들을 최신 기법인 네트워크 분석으로 조사한 결과에 따르면, 약한 사회적 지지가 우울 증상과 밀접한 연관이 있었습니다.[55] 지지(支持)라는 한자 자체가 '받치거나 버티어줌'을 의미합니다. 사람이 사는 데 서로를 받쳐주고 버티어주는 돌봄 관계가 안정적이고 건강한 삶에 필수적입니다.

로제타 마을은 주민들 간의 결속과 협력이 잘 이뤄지고, 사회적 돌봄이 잘 구축되어 있었습니다. 이것이 건강과 행복에 직접적으로 영향을 미쳤습니다. 행복에 장기적으로 영향을 끼치는 것은 돈이 아니라 공동체적 관계와 역할임을 밝힌 연구는 많습니다. 대도시에도 마을 공동체가 만들어지고, 이웃을 만들기 위한 정책과 움직임이 있습니다. 나이 들수록 돈보다 중요한 것은 친구와 이웃입니다. 트라우마는 치유적 환경을 어떻게 구성하고, 체계적으로 구축할 수 있을지가 무척 중요합니다. 이러한 환경을 함께 조성할 수 있는 사회적 시스템이 만들어지면 좋겠습니다. 저는 이것을 마음 식구, 마을 식구라고 부르고 싶습니다.

외상 후 성장이 아니라 성숙이다

|

고통 없이 새로운 의식은 없다

'외상 후 성장'(PTG : Post-Traumatic Growth)이라는 말이 있습니다. 심각한 사건으로 입은 심리적 외상에 잘 대처하여 회복한 후, 이전보다 더 정신적으로 성장하는 변화를 뜻합니다. 이는 역경이나 고통을 성장의 자양분으로 삼고, 새로운 삶의 의미를 찾았다는 표식이기도 합니다.

외상은 누구에게나 예고 없이 일어날 수 있습니다. 이런 경우, 대개의 사람은 고통을 겪어내면서 이전에 살던 방식을 차츰 회복합니다. 반면에 어떤 사람들은 외상을 경험한 후, 삶이 망가지고 회복이 어렵기도 합니다. 그런데 외상 후, 오히려 성장을 이뤄내면서 그 이전보다 더 좋은 삶을 살아가는 사람들이 있습니다. 어떻게 이런 모습이 가능할까요. 분석심리학의 대가 칼 융은 "고통 없이 의식은 탄생하지 않는다"라고 했습니다. 거친 파도가 최고의 선장을 만들어내듯 고통과 시련을 통하여 더욱 강인해질 수 있다는 의미입니다.

무너지지 않고, 다시 일어나는 힘

트라우마를 겪은 뒤 사람마다 차이가 나는 이유가 있습니다. 회복력, 심리적 탄성 혹은 회복탄력성(resilience)의 차이 때문입니다. 회복탄력성은 삶에서 어려운 일을 만났을 때, 그것을 견디고 회복하는 힘을 뜻합니다. 회복탄력성의 영어 표현 'resilience'는 단어 자체에서 '다시 튀어 오름' '구부러진 후 원래 모습으로 돌아오는 탄성' 등의 의미를 포함하고 있습니다. 용수철처럼 찌그러졌다가 원상태를 찾는 그 탄성입니다. 예를 들어 볼링공은 너무 단단해서 잘 찌그러지지 않지만, 아주 강한 힘으로 누르면 산산조각이 나며 깨집니다. 언뜻 보면 볼링공은 강해 보이지만 회복탄력성은 없습니다. 반면에 연식 정구공이나 짐볼은 세게 눌러도 터지지 않고 원래 모습을 잘 찾아갑니다. 이처럼 외부의 시련이나 고통 앞에 부서지지 않고, 원래대로 복귀하는 힘을 가진 사람에게 회복탄력성이 크다고 말합니다.

한편 심리학이나 정신의학에서 회복탄력성은 회복력, 심리적 탄성, 유연성, 복원력 등 다양하게 번역되는데, 학술적으로는 '역경을 극복하고, 스트레스 이전의 적응 수준으로 회복하는 힘이나 능력'으로 정의합니다. 이것은 자기조절 능력, 대인관계 능력, 긍정성 등이 다 동원되어야 가능한 능력입니다. 그만큼 회복탄력성은 인생을 살아가는 데 중요한 역할을 합니다. 저희 연구실에서 서울성모병원에 입원했던 154명의 암 환자를 대상으로 회복탄력성을 평가해본 적이 있습니다. 그 결과, 회복탄력성이 높은 사람들은 암 투병 중에도 정서적인 고통을 덜 받고 있었습니다.[44] 생사가 걸린 삶의 중요한 고비를 넘기는 데 회복탄력성이 작동했던 것입니다. 심지어 불의의 사고로 척수 마비에 처하여 사지를 움직일 수 없는 장해를 입은 환자 37명을 대상으로 실시한 회복탄력성 조사 · 연구에서도 비슷한 결과를 얻었습니다. 즉, 회복탄력성이 높았던 환자들은 사지 마비로 인한 통증을 잘 감당했으며, 외상 후 성장도 이루어냈습니다.[45]

이처럼 고통 없는 삶은 없지만 이에 대처하는 회복탄력성은 사람마다 다릅니다. 한 사람의 마음 근육은 자신을 둘러싼 환경은 물론, 다양한 경험과 관점 등을 통해서 축적합니다. 이렇게 만들어진 마음 근육 덕분에 같은 트라우마에 노출되어도 사람마다 다른 길을 갑니다. 저희 연구실에서 230명을 대상으로 회복탄력성을 높이는 요인을 연구하고 찾아본 적이 있습니다. 그 결과, 기존 방식이 아닌 새로운 관점에서 긍정적으로 생각하면, 똑같은 생각이 꼬리에 꼬리를 무는 반추에서 빠져나오는 것에 크게 도움이 되었습니다.[46]

세월호 참사 유가족들도 고통 속에서 외상 후 성장을 조금씩 이뤄가고 있습니다. 저희 연구실의 코호트 연구 대상자들 중에는 전보다 영적인 세계에 대한 믿음과 이타적인 마음이 높아진 분들이 있었습니다. 또, 어떤 분들은 스스로 내적인 성장을 느끼면서 삶의 우선순위가 달라지고, 주위를 향한 관심과 삶의 의미를 진지하게 생각하는 시간도 많아졌다고 했습니다. 참사 이후 부부와 가족 간 응집력이 높아져서 가족의 가치를 더 소중히 여기게 되었다는 분도 있었습니다. 또, 어떤 분은 그동안 주변 도움에 마음의 빚을 졌으니, 자신도 어려움에 처한 사람을 돕겠다는 마음을 표했습니다.[47]

심리방역, 사회적 트라우마에 대처하다

개인과 마찬가지로 특정 집단이나 사회도 여러 의미에서 외상을 입습니다. 집단이나 사회가 이미 겪었거나 겪고 있는 사건을 어떻게 대처하느냐에 따라 사회적 회복탄력성을 키워갈 수 있습니다. 이는 집단과 사회에 속해 있는 각 개인에게 영향을 미치고, 이런 개인들을 통하여 집단과 사회도 다시 영향을 받습니다. 개인의 회복탄력성과 사회적 회복탄력성은 이처럼 밀접하게 연결되어 있습니다. 코로나19를 통해서도 우리는 사회적 회복탄력성을 엿볼 수 있었습니다. 2015년 메르스 유행 전에는 '심리방역'이라는 개념이 거의 없었습니다. 사실 감염병은 심리적 대처가 매우 중요합니다. 특히 신종 감염병이 유행할 때 심리 대처를 잘못하면 집단 공황 상태에 빠지거나 사회 전체에 심각한 정신건강 문제를 가져올 수 있습니다.

메르스 유행 당시, 대한신경정신의학회는 재난정신건강위원회를 통하여 심리방역의 의미를 정의하고, 위기 상황에 필요한 대처 양식도 만들었습니다. 이는 코로나19가 터지면서 국가트라우마센터와 한국트라우마스트레스학회를 통하여 심리방역 체계가 작동하는 기틀이 되었습니다. 또 '마음백신'이라는 이름으로 시민들의 심리방역에 힘을 쏟은 '서울시 COVID19 심리지원단' 활동은 코로나블루 예방에 큰 역할을 했습니다. 각 지방자치 단체의 정신건강 복지

센터도 심리방역에 심혈을 기울였습니다. 'K-방역'을 놓고 여러 의견이 나올 수 있지만 심리방역만큼은 어느 나라보다 앞서 작동했습니다. 덕분에 트라우마 전문 국제학회인 국제트라우마스트레스 연구학회에서도 뉴스레터를 통하여 우리나라의 심리방역 활동을 전세계에 알렸습니다.

성장하는 사회로 나아가기

사회적 트라우마를 겪고 난 뒤, 회복 과정에서도 갈등과 고통은 생깁니다. 개인이 어떤 결정을 내릴 때도 갈등이나 고통이 따르는데, 수많은 이해당사자가 뒤섞인 사회도 마찬가지입니다. 갈등이 없기를 바라는 마음이야 당연하지만, 갈등 없이 건강한 사회가 되기도 어렵습니다. 혹여 갈등과 고통이 없는 사회가 있다면, 그런 사회에서 어떤 변화도 기대하기 힘듭니다. 따라서 갈등과 고통도 무작정 없애기보다는 성장과 변화의 기회로 사용하는 것이 중요합니다. 이것이 사회적 회복탄력성이며 위기 전환의 역량입니다. 내 인생의 어떤 상처가 자양분이 되어 꽃으로 만개하듯, 사회적 고통도 사회적 성찰과 성숙한 사회로 나아가는 기회가 될 수 있습니다.

모든 공동체는 공유하고자 하는 가치와 의미를 다지는 과정에서 긴장과 모순에 부딪힐 수밖에 없습니다. 여기서 절대적인 가치는 없습니다. 한때 경제성장이 무엇보다 소중한 가치였던 시대가 있었습니다. 대다수가 절대 빈곤에서 벗어나는 것이 절체절명의 과제였던 시대, 노동자 안전이나 여성 권리 등은 경제성장을 위하여 희생당한 가치였습니다. 그러나 그 희생을 토대로 세계 10위권 경제 선진국으로 발돋움한 지금, 사회적 약자의 희생을 계속 강요할 수는 없습니다. 어쩌면 그동안 우리는 아프고 힘들어도 무조건 참으면서 성장을 고집했던 것은 아닐까요? 우리사회는 근현대사에서 숱한 트라우마를 겪었지만, 그 이후 무섭게 경제성장을 이룩했습니다. 이 과정에서 약자에 대한 돌봄을 건너뛰고, 오로지 경제성장이라는 결승점만 향하여 달려왔습니다. 힘들지만 해내야 하고, 안 되면 되게 하는 정신으로 버티고 달려왔습니다. 이를 토대로 '외상 후 성장'은 가능했지만 '외상 후 성숙'은 이루지 못했습니다.

진정한 회복탄력성은 '성장'이 아닌 '성숙'입니다. 성장통을 거친 뒤 키만 훌쩍 클 것이 아니라, 정신과 시야도 함께 커야 합니다. 성장을 하느라 보지 못하거나 외면했던 것을 보는 것이 성숙입니다. 성숙의 사전 풀이를 보면 "몸과 마음이 자라서 어른스럽게 됨"입니다. 몸만 자란다고 어른이 아닙니다. 마음도 함께 자라야 합니다. 외상 후 성숙으로 나아가는 사회가 될 때, 우리는 "아픈 만큼 성숙해진다"라는 말을 자랑스레 꺼낼 수 있지 않을까요. 우리가 간과하기 쉬운 것은, 일단 고통이 멈추어야 성장이나 성숙을 할 수 있다는 생각입니다. 마을 전체가 초토화된 4.3을 겪고도 살아낸 제주 어르신들이 자주 쓰는 말씀이 있습니다. "살암시민 살아진다." '살다 보면 살게 된다'는 말입니다. 이 말씀은 고통이 끝나고 성숙이 오는 것이 아니라, 고통과 성숙이 함께 있다는 것을 절절하게 통찰하고 있습니다.

건강은 개인적이면서 사회적인 것

|

혼자만 건강하면
그것이 정말 건강한 삶일까.

'고생 끝에 낙이 온다'는 옛말이 있습니다. 고진감래(苦盡甘來)입니다. 어릴 때부터 그 말을 듣고 자란 30대 D씨는 세상이 그런 줄로만 알았습니다. 힘들고 고통스러워도 버티고 노력하면 대가가 돌아오리라 기대했습니다. 물론 노력의 결과로 작은 성취들도 맛보면서 직장생활을 했습니다. 하지만 지옥의 시간이 더 길었습니다. 직장 내 폭언은 예사요, 대수롭지 않게 성희롱이 난무했습니다. 모멸감을 느끼게 하는 일이 쌓였습니다. 마음은 너덜너덜해졌고, 고통은 가중됐습니다. 하지만 듣고 배운 대로 참으면서 성장을 위해 노력해야 한다고 자신을 꾹꾹 눌렀습니다. 그러다 상사에게 성추행을 심하게 당했습니다. 회사에도 알렸지만 회사는 상사 편을 들었습니다. 되레 꽃뱀으로 몰리면서 동료들에게 따돌림을 당했습니다.

이 트라우마는 자신이 할 수 있는 일이 아무것도 없다는 자괴감이 더해지면서 심한 우울증으로 나아갔습니다. 억울한 일을 당했음에도 D씨는 퇴사했고, 지금은 정신건강의학과 진료를 받고 있습니다. 고생 끝에 낙이 오리라 기대하며 어떤 일이라도 감당하려고 애썼지만, 질병만 남은 현실이었습니다. D씨는 옛말이 틀렸음을 깨달았습니다. '고생 끝에 병이 온다.' 시쳇말로 '고진병래'(苦盡病來)가 맞는 것 같습니다.

한 사람만의 건강에서
우리 모두의 건강으로

D씨에게 찾아온 우울증은 마음이 약해서일까요? 그렇다면 더 참고 견뎌야 했을까요? 우리사회는 질병과 건강 문제를 '마음'이나 '생활 습관'으로 돌리는 경향이 강합니다. 《아파도 미안하지 않습니다》를 쓴 조한진희 씨는 이를 '질병의 개인화'라고 부릅니다. 질병의 원인을 개인에게서 찾는 현상을 뜻합니다. 누구나 노력하면 건강을 지킬 수 있는데, 개인의 부주의함이나 잘못된 습관으로 질병이 왔다는 관점입니다.[48]

하지만 사례에서 볼 수 있듯이 개인의 건강은 분명히 사회적인 영향을 받습니다. 건강이 개인적이면서 사회적인 이슈라는 점은 세계보건기구(WHO)가 '건강'을 정의한 내용에서도 엿볼 수 있습니다. WHO는 단순히 병이 없는 상태를 건강이라고 하지 않고, '신체적, 정신적, 사회적 웰빙'을 건강으로 정의했습니다. 정신건강도 자신의 역량을 잘 실현하고, 일상생활에서 스트레스에 대처하며, 생산적으로 일하고, 지역사회에 기여하는 '웰빙 상태'라고 정의했습니다. 이렇듯 개인적으로, 그리고 사회적으로 웰빙하는 것이 건강입니다.

개인의 건강이 사회와 밀접하게 영향을 주고받는다는 것은 코로나19를 떠올리면 좀 더 쉽게 이해할 수 있습니다. 코로나19는 개인과 사회 간의 연결성을 적나라하게 보여줬습니다. 감염병은 다른 사람의 건강이 나의 건강과 연결되어 있다는 사실을 자명하게 알려줍니다. 가정, 직장, 학교, 지역사회 등에서 확진자가 나오면 어떻게 되는지 우리는 익히 경험했습니다. 무인도처럼 고립되지 않는 이상 나 혼자 안전하고 건강할 수는 없었습니다. 좀비 영화를 봐도 그렇습니다. 밖에 좀비가 득실대는데 어떻게 밖에 나다닐 수 있을까요. 좀비가 득실대는 세상에서 살아남으려면 혼자서는 불가능합니다. 자칫 이기적으로 행동하다가는 좀비에게 희생당할 수밖에 없습니다. 연대가 꼭 필요한 이유입니다. 다른 사람이 좀비에 물리거나 당하지 않게 돕는 것이 결국 나를 돕는 행위입니다. 여기서 좀비를 감염병으로 바꿔도 마찬가지입니다. 정신적인 문제나 스트레스로 바꾸어도 비슷합니다.

나 혼자가 아닌 우리 모두가 함께 건강해야 하는 이유가 여기에 있습니다. 내 아이가 건강한 환경에서 자라게 하고 싶다면 지역사회 아이들을 건강하게 만드는 일에도 관심을 기울여야 합니다. 건강하지 않은 아이가 많아지면, 내 아이도 건강에 위협을 받습니다. 옥이야, 금이야 키운 내 아이도 건강하지 않은 아이들 속에서 지내면 건강을 유지할 수 없습니다. 결국 건강은 유기적인 관계망으로 봐야 합니다. 건강한 사람, 건강한 사회란 모든 것이 연결되어 있으며, 따라서 설사 나쁜 일이 생기더라도 든든한 연결망을 통하여 금세 회복할 수 있습니다.

누구도 건강에 소외되지 않게

그런 면에서 트라우마도 사회적이라는 사실을 인식해야 합니다. 개인의 트라우마가 회복되지 않으면 사회적 트라우마로 이어질 수 있고, 사회적 트라우마로 인하여 개인도 취약해질 수 있습니다. 이렇듯 개인과 사회는 서로 영향을 주고받습니다. 당장 내 주변에 정신건강이 좋지 않은 사람이 있다면 나도 힘들어질 수 있습니다. 가족만 둘러봐도 알 수 있습니다. 가족 중 한 사람이 고통을 겪고 있다면, 그 기운이 고스란히 가족 전체에 영향을 미칩니다. 가족, 직장, 지역사회, 국가 등 모든 형태의 조직이나 공동체가 그렇습니다.

그런데도 우리사회는 질병이나 감정을 개인 차원으로 제한하면서 네 문제니 네가 알아서 하라고 몰아세우는 경향이 있습니다. 개인의 노력과 책임을 지나치게 강조합니다. 이런 분위기에서 사회의 책임이나 구조적인 문제는 슬그머니 자취를 감춥니다. 하지만 개인의 질병이나 감정도 일정한 사회와 문화적 환경에서 작동합니다. 사회학자 김찬호 교수는 저서 《모멸감》에서 "우리가 어떤 상황에서 무엇을 어떻게 느끼는가는 상당 부분 사회적으로 구성된다"고 말했습니다. 쿠바 독립의 아버지라고 불리는 호세 마르티(Jose Marti)는 이런 말로 쿠바 독립을 이끌었습니다. "단 한 사람이라도 불행한 사람이 있다면, 그 누구도 편안하게 잠을 잘 권리가 없다." 지금도 어디선가 한 사람은 울고 있을지 모릅니다. 이름 모를 그 한 사람의 슬픔과 고통에 잠자리가 편안하지 않은 사람들이 많은 사회, 우리는 그런 사회를 함께 상상해야 합니다.

"모든 것이 연결된 사회에서
나 혼자만, 나의 가족만 건강하다고
안전할 수 없습니다."

우리가 연결될 때, 삶은 더 단단해진다

|

왼손이 아픈데
오른손이 괜찮다고 할 수 없다

한국트라우마스트레스학회는 2020년부터 분기별로 코로나19로 인한 정신건강 문제를 조사하고 있습니다. 2021년 조사에 따르면, 우울 위험군이 30대에서 27.8퍼센트에 달했습니다. 또 '차라리 죽는 것이 낫겠다고 생각하거나 어떻게든 자해를 생각한다'라는 항목에 20~30대에서 18퍼센트가 '그렇다'라고 답했습니다. 넘치는 에너지로 끊임없이 움직이고, 새로운 만남을 원하는 청년들이 거리두기 강화로 고립감에 빠지거나 우울감을 느끼면서 죽음까지 생각한다는 결과입니다.

워싱턴대학 법무 교정 전문가인 데이비드 로벨(David Lovell)이 범죄 행동 논문에 게재한 연구에 의하면, 최고 수준의 고립을 주는 교도소 독방에 오래 갇힌 죄수들은 공황, 불안, 통제력 상실, 분노발작, 편집증, 환각, 반추, 우울, 불면, 과민, 강박, 인지 기능장애, 자해, 뇌 손상 등 다양한 증상을 보였습니다. 특히 교도소 자살의 70퍼센트가 독방에서 일어났습니다. 독방은 교도소에서도 가장 잔인한 형벌입니다(특혜처럼 주어지는 황제 독방은 별개입니다). 이유는 간단합니다. '사회적 동물'이라는 말을 꺼낼 필요도 없이 우리는 다른 사람 없이 살아갈 수 없습니다. 당장 내 주변을 돌아봐도 알 수 있습니다. 나는 타인의 노동에 많은 것을 의지하고 있습니다. 집, 회사, 카페, 레스토랑 등 어디를 가도 다른 사람들이 행한 노동에서 벗어나 살아갈 수 없습니다. 그렇게 우리는 촘촘하게 연결되어 있습니다. 그 사실을 아느냐 모르느냐는 큰 차이를 드러냅니다.

우리가 필요하지 않은 사람은 없다

공존이 곧 생존입니다. 당장 코로나19를 떠올려봐도 우리는 전혀 상관없어 보이는 사람과도 연결되어 있다는 사실을 확인했습니다. 거리두기를 하는 동안 '우리 속에 있는 나'를 인식할 수밖에 없었습니다. 감염병, 전쟁 등 재난은 한 사람의 고통을 우리의 고통으로 느껴지도록 만듭니다. 러시아가 우크라이나를 침공한 전쟁을 접하면서 안타까움을 느낀 이유는 마냥 남의 일로 치부할 수 없었기 때문입니다. 우크라이나를 위한 기부금이 쏟아지고 SNS, 거리 시위 등을 통하여 전쟁 반대 목소리가 퍼졌습니다. 많은 사람이 전장에 갈수는 없지만, 고통받는 우크라이나인을 위하여 '당신은 혼자가 아니며 우리가 함께하고 있다'라는 사실을 끊임없이 알려주었습니다. 전쟁의 고통이 랜선 등을 타고 세계 곳곳에 연결되면서 우리는 함께 고통과 아픔을 나눴습니다.

왜 인간에게는 소속감이 필요할까요. 나만 건강하고 혼자 잘 살면 충분하지 않을까요. 그 이유는 고립되기 싫기 때문입니다. 아니, 고립되어서는 살 수 없기 때문입니다. 대인관계와 공동체는 개인의 행복에 중요한 역할을 합니다. 코로나19와 같은 팬데믹 상황에서 하루빨리 벗어났으면 하는 마음의 바탕에는 만남과 관계를 갈구하는 인간의 본성이 있습니다. 비록 각자도생의 사회에 살고 있다 하더라도 사회는 유기체라는 사실을 잊지 말아야 합니다. 인간의 몸을 구성하는 조직들이 수없이 연결되어 있듯 사회를 구성하는 한 개인도 수많은 사람들과 연결되어 있습니다. 손가락 하나에 티눈이 생겨도 불편합니다. 사회에도 아프고 고통받는 사람이 있다면, 그 사회는 아픈 것입니다. 오른손이 아픈데, 왼손이 괜찮다고 할 수는 없습니다.

정신병을 우리 안으로 품는 사회

정신과 의사로서 조현병 이야기를 꺼내고 싶습니다. 정신의학이 발전하기 전에도 우리 곁에는 조현병 환자가 늘 있었습니다. 원래 우리사회는 조현병 환자도 마을 전체가 품어주었습니다. 마을 구성원이자 주민으로서 조현병 환자는 공동체 공간에서 일상을 함께 살았습니다. 하지만 부정적인 편견이 심해지면서 조현병 환자를 공동체에서 분리했습니다. 정신병원에 격리하고, 모든 책임을 의료나 가족에게 떠넘겼습니다.

조현병 환자가 사회와 격리되어 몇 달, 몇 년씩 정신병원에서 치료받으면 사회 적응력이 떨어질 수밖에 없습니다. 2021년 100세로 숨을 거둔 아론 벡은 당시 주류였던 정신분석요법에서 벗어나서 생각의 오류, 즉 인지 왜곡을 수정하는 인지치료법을 창시한 대가입니다. 만년에 그는 조현병 환자들에게 많은 관심을 기울이지 못했음을 반성한다며 '회복지향 인지행동치료'를 제창했습니다. 이 치료법은 조현병 환자들의 인지를 바꾸는 것보다 사회에서 분리된 환자를 다시 사회와 연결하는 것이 중요하다는 인식을 토대로 만들어졌습니다. 환자를 정신병원 수용이 아닌 사회구성원으로 연결할 때, 사회적 비용도 아끼고 증세 또한 좋아집니다. 즉, 집 안에 갇혀 지내지 않고, 이웃과 소통하고 돌봄을 받는다면, 조현병 예후도 더 낙관적으로 볼 수 있습니다. 이탈리아는 이런 이유로 정신병원을 없애고, 조현병 환자들이 사회 속에 섞여 있을 때 예후도 좋음을 증명했습니다. 이를 잘 보여주는 영화가 〈위 캔 두 댓!〉(We can do that!)입니다. 이탈리아 영화로 조현병 환자들이 만든 '안티카 협동조합 180' 실화를 바탕으로 만들어졌습니다. 이탈리아에는 1983년 만들어진 정신보건법(바자리아법)에 따라 정신병원이 없어집니다. 이를 배경으로 한 이 영화를 보면, 정신병원을 나온 조현병 환자들이 협동조합에 얼떨결에 참여합니다. 이들의 재능을 유심히 살핀 매니저가 협동조합 교육을 비롯하여 소통하고 교감하면서 이들의 사회 안착을 돕습니다. 영화는 사회적 지지와 돌봄이 협동조합 장점과 맞물려 얼마나 좋은 결과를 낳을 수 있는지 재미있게 보여줍니다.

우리는 연결되어야 살 수 있다

정신적인 문제에 대한 편견과 혐오가 병을 키우는 경우가 허다합니다. 고립되면 증세는 더욱 나빠집니다. 사회가, 공동체가 함께 돌봐야 합니다. 특히 정신적인 문제는 개인 요인도 있겠지만, 사회 요인도 많은 영향을 끼칩니다. 특히 현대 사회에서 정신적인 문제가 많아진 것은 이를 잘 보여주는 증거입니다. 공황장애, 우울증으로 병원을 찾는 사람들이 폭증하고 있습니다. 단순히 정신건강의학과에 대한 편견이 줄어들면서 병원에 쉽게 갈 수 있어서일까요? 그것보다는 사람의 숨통을 조이는 경쟁사회가 만들어낸 결과입니다.

고립과 격리는 사람을 병들게 합니다. 관계 때문에 힘든 사람도 있지만, 사람을 살려내는 것도 관계입니다. 우리는 끊임없이 소속감을 찾습니다. 연결되어야만 살 수 있다는 생존 본능 때문입니다. 우리는 그것을 늘 경험하고 있습니다. 국가대표라는 이름으로 하나가 되는 월드컵, 올림픽 등과 같은 시간도 있고, 동향, 동문, 이웃 등 공통분모를 만나면 반가워합니다. 소속감이 낮을수록 행복감이나 만족감이 낮다는 연구도 있습니다. 이제부터 '우리'라는 사회적 감수성을 키우는 것이 중요합니다. 약하고 아픈 곳을 함께 메우는 순간을 만날 때, 우리는 더 나은 사람이 될 수 있습니다. 상호 돌봄이 연결이고, 그 연결은 우리 삶을 더욱 단단하게 만들고 세상에 뿌리를 깊게 내릴 수 있도록 해줍니다.

고통의 곁에 '우리'로 살기 위하여

공감과 연민,
당신의 고통을 함께 견디겠다는 마음

미국 작가이자 사회운동가였던 수전 손택은 "당면의 문제가 타인의 고통에 눈을 돌리는 것이라면, 더 이상 '우리'라는 말을 당연시해서는 안 된다"라고 말했습니다. 이 말을 트라우마에 비유하자면, 트라우마 곁에서 '우리'라고 불리기 위해서는 그 곁에 함께 있어야 합니다. 미디어가 발달하기 전에는 전쟁 등과 같은 트라우마를 직접 경험하지 못했습니다. 그러나 지금은 미디어 발달과 함께 방송, 영화 등에서 고통스러운 장면을 너무 많이 접합니다. 러시아의 우크라이나 침공으로 우크라이나인들이 빵을 얻고자 줄을 서 있었는데, 러시아군의 폭격으로 수십 명이 죽거나 팔다리가 잘려 나간 장면이 미디어를 통하여 보도됐습니다. 많은 사람이 가슴 아파했지만 먼 나라에서 벌어지는 뉴스는 '우리' 일이 아니었습니다. 관람자로서 타인의 고통을 바라봤을 뿐이었습니다.

심리학자 폴 블룸은 저서《공감에 반대하여Against Empathy》(국내에서《공감의 배신》으로 출간)에서 '공감'에 대하여 다소 도발적인 주장을 폅니다. 이 책에서 그는 인간의 중요한 능력으로 여기는 공감이 형편없는 도덕 지침이며, 공감이 없을 때 오히려 더 도덕적으로 살 수 있다고 주장합니다. 만약 우리가 어떤 끔찍한 사건을 내 가족이 당한 것처럼 여기고 공감한다면, 앞으로 그런 일이 일어나지 않아야 합니다. 하지만 블룸은 이러한 생각은 '허구'일 뿐이라고 단호히 말합니다. 그는 공감이 관심과 도움이 필요한 곳을 환하게 비추는 스포트라이트와 같은데, 현실에서는 스포트라이트가 좁은 곳만 비춘다고 잘라 말합니다. 즉, 자신이 보고 싶은 곳만 빛을 비추면서 내가 좋아하는 사람, 내 옆에 있는 사람, 마음이 가는 사람에게만 공감한다는 것입니다. 사실 나치도 아리안 민족에게는 공감했지만, 빛의 바깥에 있는 유대인에게는 온갖 만행을 저질렀습니다. 이처럼 공감의 빛도 기울어져 비춘다는 것이 그의 주장입니다.

우리는 비슷한 사람, 매력 있는 사람, 나에게 위협이 되지 않는 사람에게는 더 적극적으로 공감을 표합니다. 자신과 비슷한 사람에게는 공감하고, 그렇지 않으면 무관심하거나 편견을 갖는 모습을 주변에서도 쉽게 목격합니다. 세대, 연령, 성(젠더) 등에 따라 정치적 갈라치기를 하는 행위는 이러한 공감의 차별 때문에 벌어집니다. 우리는 말할 때 '우리'라고 지칭하지만, 진정한 우리가 되기는 참 어렵습니다. 트라우마에 처한 사람에게 머리로는 "정말 안 됐다"라고 여기지만, 마음에서 우러나오는 공감은 매우 어렵다는 것이 블룸의 주장입니다.

고통의 곁에 '우리'가 있다는 것

트라우마 경험자 곁에서 '우리'로 어떻게 있어야 할까요? 또, 트라우마 경험자의 마음에 공감한다는 것은 무엇일까요? 공감도 여러 갈래가 있습니다. 우선, 경험자의 고통을 지켜보면서 나 자신도 도덕적 고통이 심해지는 경우가 있습니다. 이때 가해자를 향한 분노가 치미는 한편, 경험자를 돕지 않는 세상과 사람들에게 원망과 화가 솟구칩니다. 하지만 이것은 간접 트라우마에 노출될 가능성이 있습니다. 제가 성매매 경험 여성들을 연구할 때, 이들을 돕던 활동가 중에 사회 구조, 남성 중심 문화 등에 분노를 표출하며 남자들을 모두 적대시하는 분들도 있었습니다. 또 다른 트라우마의 곁에도 이런 경우를 자주 목격합니다. 노동 운동을 오랫동안 한 분들 중에는 사회와 기업에 대한 분노가 너무 커서 자기 자신과 주변 사람들까지 '태워버리는' 경우도 있었습니다. 이것이 이른바 '번아웃'(burnout)이라고 일컫는 '소진'입니다. 이런 경우, 자신을 보호하고자 회피나 무관심을 선택하기도 합니다. 어떤 열정이나 희망도 없이 몽땅 타버린 장작 같은 존재가 되는 것입니다. 처음에는 선한 마음으로 고통의 곁을 지키고자 했지만, 소진으로 끝까지 함께 있어주지 못하게 됩니다.

연민, 고통을 함께 견디겠다는 마음

트라우마를 겪은 사람의 마음은 당사자가 아니면 알기 어렵습니다. 하지만 곁에 있는 누군가 그 마음을 알고자 진심으로 노력한다면, '공감'에 가닿을 수 있습니다. 공감은 곧 '능력'입니다. 배워서 익혀야 가능하다는 의미입니다. '공감'(empathy)은 그리스어 'em-patheia'에서 나온 말로 'em'은 안(in), 'pathos'는 감성이라는 뜻입니다. 즉, 다른 사람의 경험을 느끼고 내 안에 받아들이는 능력을 공감이라 할 수 있습니다. 누군가와 대화할 때, 나에게 공감을 잘해주는 사람에게 속마음을 털어놓습니다. 또, 친구나 부부 사이에서 벌어지는 말다툼 등은 공감이 부족해서 벌어지는 경우가 많습니다. 이렇듯 공감은 관계를 부드럽게 해주는 윤활유 역할을 합니다. 곁에 공감을 잘해주는 사람이 있다면 안정적인 정서를 가질 수 있습니다. 특히 트라우마를 경험한 사람 주변에 공감력이 높은 사람이 있다면 더할 나위 없이 좋습니다.

　그런데 지나치게 공감을 잘할 때도 문제가 발생합니다. 공감력이 지나쳐 트라우마 경험자의 지독한 고통을 그대로 흡수하면 함께 힘들어집니다. 지나친 감정 이입으로 타인과 내가 동일시되는 '공감 피로' 현상이 일어나는 것입니다. 섣불리 나섰다가 공감 피로를 겪으면 자신도 무너질 수 있습니다. 이런 경우도 트라우마 경험자를 제대로 도울 수 없습니다. 아픈 사람의 곁에 함께 있으려면 공감을 넘어 연민이 필요합니다. 공감이 남을 충분히 이해하는 것이라면, '연민'(compassion)은 공감을 뛰어넘어 적극적으로 고통을 함께 견디는 마음입니다. 연민의 의미를 살펴보면 고통을 의미하는 'passio'와 '함께'를 뜻하는 'com'이 결합되어 있습니다. 즉, 고통을 함께 견딘다는 뜻입니다. '고통받는 당신 곁에서 당신이 고통을 감당할 수 있도록 내가 함께 있겠다'라는 적극적인 의미가 포함된 용어입니다. 이는 불교 용어인 '자비'(慈悲)와 일맥상통합니다. 자비는 모든 존재가 행복하기를 바라는 '자'(慈)와 모든 존재가 고통에서 벗어나기를 바라는 '비'(悲)가 합쳐진 말입니다. 자비를 영어로 풀어내면 자애(loving kindness)와 연민(compassion)의 결합입니다. 즉, 연민은 다른 사람의 고통을 인식할 때 우러나오는 느낌으로 다른 사람을 돕고자 하는 능동적인 동기라 할 수 있습니다.

공감을 넘어 연민으로

공감과 연민을 좀 더 구분하면 이렇습니다. 공감이 타인의 감정을 공유하는 능력이라면, 연민은 더 나아가 타인의 고통을 인식하고, 그 회복을 돕기 위한 반응과 행동으로 이끄는 동기까지 포함합니다. 공감만 하다 보면 피로감이 쌓여 소진될 수 있지만, 연민은 공감을 넘어 고통에 압도되지 않고 고통을 돌보는 것입니다. 세계적인 의료 인류학자이자 '임종 돌봄' 선구자인 조안 할리팩스는 '공감 피로'는 있을 수 있어도 '연민 피로'는 없다고 주장합니다. 공감이 잘 조절되지 않으면, 스트레스와 소진이 일어나 되레 고통에서 멀어지거나 무관심으로 빠집니다. 이럴 때, 공감을 넘어 연민으로 향한다면 서로의 곁을 돌볼 수 있습니다. 달라이 라마는 이러한 말도 남겼습니다. "연민은 종교 사업이 아니라, 인간 사업이다. 연민은 사치가 아니라 인간 생존에 필수적이다."

그런데도 우리는 종종 이런 말을 하거나 듣습니다. "자기연민에 빠지지 마!" 일상에서 이런 말이 많이 오가다 보니, 어떤 사람은 연민을 부정적인 언어로 인식합니다. 하지만 달라이 라마의 정의는 달랐습니다. 그는 연민을 "세상 모든 존재가 고통에서 자유로워지기를 바라는 기원"이라고 말했습니다. '자기연민'은 마냥 부정적인 말이 아닙니다. 고통에서 자유로워지는 것이 나쁠 리 없습니다. 연민은 트라우마 경험자가 자유롭기를 바라면서 그 고통의 곁에 함께 있는 것입니다. 연민 훈련에서 흔히 쓰는 문구가 있습니다.

내가 (당신이, 세상의 누구든지) 건강하기를
내가 (당신이, 세상의 누구든지) 평화롭기를
내가 (당신이, 세상의 누구든지) 행복하기를
내가 (당신이, 세상의 누구든지) 온전하기를
내가 (당신이, 세상의 누구든지) 자유롭기를
내가 (당신이, 세상의 누구든지) 성장하기를
내가 (당신이, 세상의 누구든지) 성숙하기를
내가 (당신이, 세상의 누구든지) 원한이 없기를
내가 (당신이, 세상의 누구든지) 악의가 없기를
내가 (당신이, 세상의 누구든지) 근심이 없기를

연민을 향한 문구는 끝없이 이어질 수 있습니다. 하지만 이런 문구보다 더 중요한 것은 현재의 고통이 잦아들고, 괜찮은 삶으로 나아가는 것입니다. 또, 고통을 겪고 있는 사람이나 내가 얼마나 힘들고 아픈지 판단하지 않고, 그저 알아차리고 이해하는 것입니다. 여기서 '판단하지 않고'라는 말이 중요합니다. 당신, 혹은 나는 "이래서 이 모양이지" "그래서는 안 돼" "한심하다" 등과 같이 판단하지 않고, 매순간을 그저 알아차리는 태도를 말합니다.

인간은 고통을 받으면 누구나 마음이 상하거나 상처받는 등 취약한 존재가 됩니다. 이처럼 고통을 통해서 우리는 자기 자신은 물론, 타인에 대한 연민도 자라납니다. 틱낫한 스님은 "진흙이 없다면 연꽃도 없습니다"라고 말했습니다. 연꽃은 연민이라는 자양분 속에서 핀다는 의미입니다.

타인에게 연민의 마음을 느끼지 못하는 사람은 타인뿐 아니라 자신에게도 무감각할 수 있습니다. 연민은 우리 모두 도움이 필요한 존재이며, 고통이 나아지기를 바라는 마음이라 할 수 있습니다. 트라우마 경험자와 그의 곁을 지키는 사람은 모두 외롭게 고통을 겪고 있습니다. 이들은 고통 속에서 '나도 당신도 모두가 외롭고 힘들다'라는 피할 수 없는 진실을 마주합니다. 이런 의미에서 고통은 우리를 연결해주는 끈입니다. 고통 앞에서 우리는 외로운 존재임을 알아차리고, 남에게 눈을 돌립니다. 남도 그렇게 내 고통에 마음을 줍니다. 고통의 곁에서 나는 비로소 우리로 나아갑니다. 고통의 곁에서 우리는 만납니다. 공감과 연민을 품고 서로를 위로하고 함께 고통을 말하면서 우리를 경험합니다. 지금까지 일어난 숱한 참사는 자체로 크나큰 비극이자 슬픔이었지만, 그에 수반된 고통과 아픔을 홀로 내버려두지 않는 움직임이 있었습니다. 고통의 곁에 있겠다는 다짐과 각오가 빗발쳤습니다.

"기억하겠습니다."

"잊지 않겠습니다."

"당신이 아닌 내가 희생자가 될 수 있었습니다"

"나는 가까스로 살아난 생존자입니다." 이 과정에서 우리는 홀로
동떨어진 존재가 아닌 연결된 존재임을 깨달았습니다. 혼자서만 건
강하거나 잘 살 수 없다는 사실도 절감했습니다. 역설적으로 고통
이 잃어버린 우리를 발견하게 해주었습니다. 서로를 위로하고 지지
했더니, 살아갈 힘을 얻었습니다. 그것이 우리사회를 치유하는 빛이
될 수 있고, 그러한 우리가 점점 더 커질 수 있다는 사실도 목격했습
니다. 트라우마는 '나'를 지독하게 괴롭히지만, '우리' 앞에서는 작
아집니다. 고통은 누구에게나 두렵습니다. 두려움은 쉽게 나를 집어
삼킬 수 있습니다. 우리는 다릅니다. 고통의 곁에 우리가 있다면 달
라집니다. 고통 앞에서 힘들고 무서운 것은 당연하지만, 우리가 함
께 있을 때, 두려움은 넘어설 수 있습니다.

참사는 끊이지 않고 일어나고 있습니다. 국가나 사회, 공권력에
대한 불신은 계속되고 있습니다. 끊임없이 스며드는 환멸은 각자도
생을 부추깁니다. 하지만 나 혼자 살아야 하는 각자도생은 약하고,
오래가지 못합니다. 모두가 함께하는 힘에서 우리는 불행도 환멸도
건널 수 있습니다. 나의 고통 곁에 네가 있다면, 너의 고통 곁에 내
가 있다면, 그리고 모든 고통의 곁에 우리가 있다면, 우리는 지난 참
사를 잊지 않고, 트라우마를 치유하면서 다음 세대에 새로운 세상
을 넘겨줄 수 있습니다.

'빛'은 어둠을 살린다

내 곁에 아무도 없다고 느낄 때가 있습니다. 그럴 때면 하늘의 빛인 별을 보면서 마음을 다집니다. 어둠이 내려앉은 캄캄한 밤하늘, 마치 빛과 연결되어 있다는 안도감이 듭니다. 영성이 깃드는 순간입니다. 고통 속에서도 작은 빛 하나에 의지하여 살아낼 힘을 내는 존재가 인간입니다.

어둠은 빛이 없어서 어둠입니다. 어둠이 제아무리 짙어도 작은 빛만 있으면 주변은 금세 환해집니다. 연세대 국학연구원의 최기숙 교수는 "비록 내가 켜지 않은 등불일지라도, 등불이 저기서 빛나고 있다는 사실만으로도 우리는 어둠 속의 공포를 견디며 그곳을 향해 나아갈 수 있는 것이다. 타인의 고통에 대해서도 우리는 그렇게 할 수 있고, 또 해야 하는 것이 아닐까"라고 말합니다.

트라우마에서 벗어나려면 빛과 같은 영적인 힘이 필요합니다. 어떤 힘이 나를 도울 거라는 믿음, 고통이 클수록 나를 뛰어넘는 큰 힘에 대한 의지가 바로 영적 치유입니다. 트라우마를 겪고 외톨이처럼 고립되었던 사람들도 언젠가는 반드시 진실이 드러나고, 많은 사람들이 자신들의 고통을 알아줄 거라는 믿음이 있으면 견딜 수 있습니다. 사이버 트라우마를 겪었던 저도 그런 믿음 하나로 버틸 수 있었습니다.

국가와 정부에 배신당했다고 느꼈던 세월호 유가족들은 불신이 가득했습니다. 누구도 쉬이 만나려 하지 않았고, 마음을 열지 않았습니다. 여러 정신과 의사와 심리학자들이 총동원되고, 수많은 치유 프로그램을 시도했지만, 유가족들은 내켜하지 않았습니다. 절망이 깊어가던 2014년 여름, 프란치스코 교황이 한국을 방문했습니다. 정신건강 전문가들에게는 마음을 열지 않았던 유가족들이 스스로 교황에게 다가갔습니다. 교황도 이들을 찾았습니다. 유가족들은 교황에게서 영세를 받았습니다. 사회와 사람들에게 불신이 가득했던 유가족들은 왜 교황에게 손을 내밀었을까요. 그것은 빛에 대한 믿음이 있었기 때문입니다. 교황은 자신들이 믿지 못했던 사람들과 다를 거라는 믿음, 그리고 초월적인 힘으로 자신들을 대해줄 것이라는 희망이 있었습니다. 이런 믿음과 희망의 빛이 어둠을 밝혀준 것입니다.

빛은 죽었던 마음을 살리고

아무리 칠흑 같은 어둠 속에 놓여 있어도 작은 빛만 있으면 우리는 살 수 있습니다. 아주 작은 빛이라도 좋습니다. 빛은 어둠을 살림니다. 절망적인 순간에도 나를 믿어주는 단 한 사람이 있으면, 죽지 않을 수 있습니다. 작은 빛이 연결되면 큰 빛이 됩니다. 세월호 노란 리본과 배지가 모여서 큰 빛이 되었습니다. 세월호 유가족들은 그렇게 모인 빛에 의지하여 죽었던 마음이 다시 살아났습니다. 우리는 '빛'이라는 자원을 찾아다니는 존재입니다. 아무리 컴컴하고 무서운 동굴 안이라도 함께 있다면 살 수 있습니다. 어둠은 달리 말하면 빛의 부재입니다. 세상에 어둠이 많다고 생각하지만, 실은 빛이 없는 것입니다. 그래서 우리는 어둠과 맞서 싸울 생각을 하기보다 작은 빛이라도 만들고, 또 그 빛을 함께 모아야 합니다.

나치가 저지른 가장 잔인한 죄악은 우생학을 근거로 인간을 분리한 것이었습니다. 특정 인종을 격리하고 고립시키며 자연 재난보다 더 무서운 고통을 주었습니다. 유대인을 학살한 홀로코스트 등 끔찍한 범죄가 그렇게 자행되었습니다. 이런 고통스런 상황에서 빅터 프랭클은 삶의 의미를 찾으며 짙은 어둠에서 빛을 만들었습니다. 참으로 잔인하지만, 지독하게 맞는 말이 있습니다. 손홍규 작가의 소설 《이슬람 정육점》에 나온 말입니다. "상처받은 사람을 놀리는 건 인간만이 가진 능력이다." 잔인하기 이를 데 없는 능력입니다. 인간은 아무렇지 않게 세 치 혀를 놀리고, 세 마디 손가락을 움직입니다. 때로 입과 손은 잔인하게 상처를 할퀴고, 고통을 덧댑니다. 트라우마 경험자를 나락으로 몰아넣는 존재가 인간이라는 사실은 아이러니합니다. 어둠이라는 감옥에 몰아넣는 한편으로, 트라우마에서 나를 구출하는 존재도 인간이기 때문입니다.

곁을 내어주는 우리가 '빛'

삶은 누구에게나 힘든 여행입니다. 길을 걷다가 빛이 사라지고 어둠이 짙어질 때가 있습니다. 어둠이 주는 공포를 딛고 나가려면, 아주 작은 빛이라도 있어야 합니다. 고통받는 존재 앞에 내민 손이 그러한 빛입니다. T.S. 엘리엇이 4월을 "잔인한 달"이라고 읊은 이유가 있습니다. 겨우내 얼어 있던 땅을 뚫고 올라오는 새싹의 고통을 말한 것입니다. 꽃의 진정한 아름다움을 보고 싶다면 새싹이 견뎌낸 고통을 상상할 수 있어야 합니다. 어쩌면 세월호 희생자들이 4월에 떠난 것은 남은 사람들에게 그 처연한 고통을 똑똑히 기억하면서 꽃을 피우라는 계시가 아닐까요. 그렇게 우리는 타인의 고통을 헤아릴 수 있을 때, 아름다운 빛을 만날 수 있습니다.

예일대 휴먼네이처연구소 소장으로 의사이자 사회학자인 니컬러스 A. 크리스타키스(Nicholas A. Christakis)는 "아픔은 사라지지 않겠지만 그것이 내 삶을 지배하지 않도록 해야 한다"라고 말했습니다. 사건이 할퀴고 간 트라우마를 없던 일처럼 없앨 수는 없습니다. 공책에 연필로 쓴 흔적을 지우개로 지운다고 연필로 쓰기 전 상태로 돌아갈 수 없듯이 말입니다. 하지만 우리는 지우개로 지운 공책의 빈칸에 새로운 것을 쓰거나 그릴 수 있습니다. 일본 모모야마 시대 다인(茶人)들은 아끼는 그릇이 깨지면 그것을 버리는 것이 너무 아쉬워서 킨츠쿠로이(金継ぎ)라는 기술을 만들었습니다. 킨츠쿠로이는 깨지거나 일부가 떨어져 나간 도자기를 옻으로 다시 붙이고, 이음새를 금색, 은색, 붉은색 등으로 장식하는 전통적인 수리 기법입니

다. 이 기법 덕분에 깨진 선이 나무로, 산수화로, 또 새로운 상상을 자극하는 예술로 새롭게 태어납니다. 심지어 깨지지 않은 그릇보다 킨츠쿠로이로 수리를 한 그릇이 더 비싸고 귀하게 여겨지기도 합니다. '고치는' 것을 넘어 경이롭고 새로운 세계를 열어줍니다. 《킨츠기 수첩》을 쓴 나카무라 구니오는 킨츠쿠로이를 "무언가를 재생시키는 의식적인 행위를 통해 정신적인 연결을 복구하고 스스로를 치유하는 행위"라고 말했습니다. 음유시인 레너드 코헨(Leonard Cohen)이 노래한 "모든 것에는 금이 가 있어, 그래서 빛이 새어들 수 있지"가 떠오르는 말입니다.

크리스타키스의 말과 킨츠기의 예술은 트라우마에도 그대로 접목할 수 있습니다. 아픔과 고통이 남아 있을 수 있습니다. 그런데 중요한 것은 트라우마가 삶을 지배하지 않고, 트라우마에 영혼이 잠식당하지 않는 것입니다. 어둠이 모든 것을 삼키지 않도록 작은 빛을 건네야 합니다. 그것은 서로의 곁을 내어주는 일입니다. 지금은 혼자가 아닌 '우리'가 절실히 필요합니다.

함께의 삶은 쉽게 무너지지 않는다

세월호 참사는 진료실에만 머물고 있던 정신과 의사들을 현장으로 한마음이 되어 달려가게 했습니다. 그 중 김은지 원장은 당시 단원고등학교 스쿨닥터로서 트라우마 현장의 한복판에서 학생들과 교직원들을 돌봤습니다. 스쿨 닥터 임기를 마친 후에도 이들의 곁을 떠날 수 없어서 안산에 개인의원인 마음토닥 정신건강의학과 의원을 개원하여 진료와 상담을 계속하고 있습니다. 다음은 김은지 원장과 유튜브 채널 〈채정호의 채움과 비움〉에서 사회적 참사와 트라우마 관련하여 2019년에 나눈 특별대담입니다. **56**

채정호 (이하 '채')_ 오늘은 정말 아주 귀한 손님을 모셨습니다. 개인적으로 존경하는 정신과 선생님이고, '세월호 참사', 누구나 기억하는 그 트라우마 사건에서 아주 큰 역할을 하신 분입니다. 김은지 선생님, 만나게 되어서 정말 반갑습니다.

김은지 (이하 '김')_ 저도 초대해주셔서 감사합니다.

채_ 자기소개를 간단히 부탁드립니다. 어디서 어떤 일을 하고 계신지 말씀해주세요.

김_ 저는 안산에서 '마음토닥 정신건강의학과'를 운영하고요, 정신과와 '마음세상연구소' '마음건강센터'를 열어서 약 20여 명의 치료사와 함께 아동 · 청소년 트라우마를 주로 치료하고 있습니다.

채_ 대단히 큰 세팅입니다. 정신과 선생님들이 대개 혼자서 진료하는 경우가 많은데, 어떻게 이렇게 큰 세팅을 하게 되셨나요? 마음건강센터를 자세하게 소개해주시면 어떨까요?

김_ 원래 제가 레지던트 때부터 관심 있는 분야가 정신치료였어요. 그래서 레지던트와 펠로우(fellow)를 마치고 주로 정신치료를 하는 세팅에서 2년 동안 일한 뒤, 세월호 사건을 계기로 단원고에서 2년 동안 있었습니다. 그 후에 트라우마를 잘 볼 수 있는 세팅을 만들고 싶어서 현재에 이르렀습니다. 센터에는 저 외에 의사 선생님 세 분과 놀이치료사나 심리치료사 약 20여 명이 있습니다. 그리고 이런 것들을 잘 도와주려면 사회적인 지지가 있어야 하잖아요. 그래서 사회복지사가 두 분, 그리고 각종 행정을 서포트해 주는 분이 일곱 분 계십니다.

채_ 대단하십니다. 지금 트라우마라고 말씀하셨는데요, 트라우마에 관심을 두게 된 계기가 무엇인가요?

김_ 아까도 언급하셨지만 사실 제 인생도 세월호 전과 후로 나뉘진다고 할 정도거든요. 2014년 4월, 5주년이 얼마 안 남았는데, 그때 제가 단원고등학교에서 자원봉사로 2개월 동안 일했습니다. 그 뒤로 2년 가까이 단원고 생존 학생들과 단원고의 많은 간접 경험자들을 만났습니다. 사실은 제가 교과서에서 배운 트라우마는 사람이 충격을 받으면 너무 불안해하고 또 그것이 당연한데, 막상 재난 현장에 나가보니 이런 사람들을 돕기 위해서 너무 많은 것이 필요한 거예요. 사람들의 관심, 정부의 서포트, 소셜네트워크 그리고 사회적 그룹의 지지, 그리고 가족들…. 정말 많은 것이 필요하다는 걸 알게 되면서 내가 여기서 이렇게 많이 경험한 것을 더 많은 사람한테 알리고, 도움을 주고 싶다는 생각이 들었습니다. 이에 안산에 개원하여 세월호 경험자들도 만나고, 각종 트라우마를 겪은 분들을 돕고 있습니다.

이 과정에서 제게 힘을 주는 것은 이런 것입니다. 제가 세월호 사건이 일어났을 때, 단원고에서 열심히 일하면서 지역의 많은 기관과 네트워크가 생겼어요. 그 기관들에서 어려운 이들, 경제적으로 어렵거나 환경적으로 학대 등에 노출된 아이들에 대한 상담과 진료를 저희 기관에 많이 의뢰하고 있습니다. 그런 아이들을 돕고, 그 아이들이 성장해가는 과정을 보면서 힘을 많이 얻으며 일하고 있습니다.

채_ 정신과 의사로서 정말 감동이고, 존경스럽습니다. 사실 많은 의사가 진료실에 오는 환자들만 접하는 경우가 많은데, 엄청난 사회적 참여를 하고 계시네요. 세월호와 단원고등학교 얘기를 하셨기 때문에 그 이야기를 하지 않고 넘어갈 수가 없습니다. 세월호 사건 이후에 학교에 들어가셨고, 생존 학생들과 머물면서 어떻게 보면 삶을 같이 하셨습니다. 특히 지금까지도 5년 가까이 추적하면서 같이 지내고 있는데요, 세월호 생존 학생들이 당시 어떠했고, 지금 어떻게 지내는지 간략하게 말씀해주세요.

김_ 제가 처음 단원고에서 일할 때는 많은 분이 저를 지지해주며 "아, 선생님 정말 대단하다"라고 말씀해주셨어요. 그런데 한 2~3년 지나니, 선생님들이 저한테 이런 얘기를 하시더군요. "이제 너도 치료받아야 하지 않겠니? 너도 많이 힘들지 않니?" 그런 얘기를 들으면서 저 자신도 돌아봤습니다. 과연 내 삶에 어떤 일들이 일어나고 있고, 그들의 삶에는 어떤 일들이 일어나고 있으며, 나와 그들의 삶 사이에는 어떤 일들이 일어나고 있는가? 그리고 나는 도대체 왜 지치고 나가떨어지지 않는가? 물론 저는 '내가 잘나서'라고 생각하고 싶지만,(웃음) 그런 것들을 천천히 들여다보면서 정말 아름다운 것들을 깨닫게 됐어요. 단원고 세월호 생존자 학생들이 지금 대학을 다니고 있잖아요. 생존자 75명, 그 주변에 있던 친구들까지 80여 명의 친구들이 자기 삶을 살고 있어요. 한

명도 극단적인 선택을 하지 않고 살고 있거든요. 저에게는 그것이 매우 큰 보상입니다.

우리는 대개 그런 큰일을 겪고 나면 '어, 못 살 것 같아. 어떻게 살아?' 이런 생각을 할 수도 있거든요. 그런데 그 친구들은 살고 있어요. 쉽든 쉽지 않든 순간순간 최선을 다해서 살고 있어요. 친구들을 위해서, 아니면 내가 이렇게 살았으니 잘 살고 싶어서, 아니면 부모님을 위해서 그렇게 살아 있는 그 친구들이 성장하는 걸 지켜보는 것이 저에게는 엄청난 보상인 거예요. 그래서 저는 사실 사람들이 저한테 "너도 치료받아야 하지 않겠니?"라고 얘기할 때 '그래, 나도 4월이 되면 가끔 눈물이 나는데…'라고 생각하는데, 어떤 부분은 제가 훨씬 더 건강하다고 생각합니다. 그 친구들이 어떤 부분은 보통 사람들보다 훨씬 건강하고 강한 거랑 비슷하다고 생각합니다.

채_ "살아 있다"라는 말이 정말 마음에 크게 와닿습니다. 사실 우리가 살아 있기 위해서 또 살아가는 건데, 트라우마라는 것은 사람이 살아 있지 못한 것 같은 느낌을 가져오지 않습니까? 트라우마 환자들을 많이 만난다는 것은 어떻게 보면 '살아 있지 못한' 사람들을 치료하는 것인데, 치료에 어려운 점도 있겠지만 지금 말씀하신 것처럼 꽤 보람이 있을 것 같습니다. 실제로 단원고 학생들 이외에도 트라우마 환자를 많이 만나고 계십니다. 트라우마 환자를 만나고 진료할 때 보람도 있을 텐데, 어떤 것이 가장 큰 보람인가요?

김_ 저희 세팅에서 자긍심을 가진 점은 이것입니다. 국가 혹은 지역, 여러 기관에서 심리치료, 정신치료를 지원해줄 때, 예산 문제 때문에 10회기, 15회기, 20회기 등 이렇게 한정해서 지원해줍니다. 잘 아시다시피 어렸을 때부터 많은 트라우마, 예컨대 가정에서 학대나 학교에서 왕따를 당해서 여러 가지 복합 트라우마가 있는 경험자들은 10회기를 치료해서는 아무것도 안 되거든요. 이제 막 시작했는데 끝나는 거예요. 그런 것이 저를 굉장히 당황하게 하고. 그런데 아무리 얘기해도 그런 건 바뀌지 않고 있습니다. 왜냐하면 그분들은 전문가도 아니고, 또 여러 가지 행정적으로 많은 문제도 있으니까요.

그런데 저희 센터는 가령, 사회복지사 선생님들이 10회기 지원을 받았다가 그게 끝나면 다른 지원을 가져다줍니다. 연결해주는 거죠. 그리고 중간에 한두 달 공백이 생길 때는 저희 센터에서 직접 지원해줘요. 그렇게 해서 지금 70회기, 80회기를 치료하고 있는 복합외상 트라우마를 겪는 아이들과 그 아이의 엄마들이 있습니다. 제가 3년 가까이 그분들을 만나다보니, 소위 '때깔이' 바뀌어요. 잘 아시잖아요. 환자들이 때깔이 바뀌고, 예전에는 진료실에 오면 어쩔 줄 몰라 했던 환자가 진료실에 들어와서 "선생님, 제가 학교에서요…" 이렇게 얘기하면 그 순간에 정말 '그래, 우리가 이렇게 하는구나!' 하는 생각이 들어요. 정말 재밌는 건 요즘에 몇몇 사례의 평균을 내봤는데, 한 가족을 돕기 위해서 대체로 대여섯 개 기관을 접촉해서 지원을 연결해주고 있어요. 치료사도 한두 명이 하는 게 아니에요. 놀이치료사, 의사, 가족치료사, 엄마 보는 사람, 아이 동생 보는 사람 다 나뉘어 있잖아요. 그러다보니 대여섯 명 선생님이 대여섯 개 기관과 접촉해서 팀으로 일하게 되는 거예요. 팀으로 일하면서 삶을 조금씩 바꿔주는 거죠. 저는 그게 정말 아름다운 과정이고, 또 **'우리가 이렇게 같이 사는구나, 혼자 사는 게 아니구나'**라는 것을 생생하게 경험하고 있습니다.

채_ 정말 대단하십니다. 보통 지원이 끊기면 불평만 하고 환자에게 해주지 못한다고 말한 뒤, 지원을 끊은 쪽을 비난하는데 되레 그런 세팅을 만들어 함께하는 일을 만들어나가는 것이 대단합니다. 말씀은 이렇게 쉽게 하지만 그런 일을 하기까지 너무 어려운 일이 많았을 것 같습니다. 그렇게 많은 분을 모아서 같이 해나가는 게 참 좋은데, 우리나라 환경에서 대부분 그렇게 못 하는 이유가 있거든요. 혹시 센터를 운영하면서 어떤 일이 가장 어려운지, 어떻게 어려움을 극복하고 있는지 말씀해주실 수 있을까요?

김_ 여러 기관이랑 일하다 보니, 기관마다 요구하는 것이 다르고요. 사실은 좀 불편한 얘기지만 무언가 할 때 국가에서 제대로 가격을 쳐주지 않고 일하게 할 때가 아주 많아요. 제가 함께 일하는 선생님들 슈퍼비전도 많이 제공하고, 함께 북리딩(book reading)도 하고, 일주일에 두 번씩 사례 회의도 하면서 질을 유지하기 위해서 열심히 합니다. 하지만 이런 과정에 대하여 "우린 여기까지만 지원할 거야"라고 할 때, '아, 정말 우리가 이렇게까지 애쓰면서 하는데' 하며 답답할 때가 있습니다. 그러면서 '내가 이렇게까지 해야 하나' 하는 좌절감을 느낄 때도 있습니다. 그런데 그게 한편으로는 원동력이 됩니다. 저는 트라우마 경험자들을 돕는 것이 목표이기는 하지만, 저희 세팅이 많은 사람을 돕는다는 사실이 널리 알려져서 국가에서도 다르게 생각하는 계기가 됐으면 좋겠고요. 이런 비슷한 세팅이 병원에 생기는 것도 중요하다고 생각하거든요. 그래서 이런 시스템을 만들어갈 수 있는 사람들이 더 많이 생겼으면 좋겠습니다. 그게 저의 바람이죠.

채_ 그럴 것 같습니다. 방금 말씀하셨지만 정부, 지자체, 아니면 동료 정신과 의사 후배나 동료에게 바라는 것, "좀 어떻게 해달라" 내지 그들에게 원하는 것이 있다면 한 말씀해주세요.

김_ 제가 콤플렉스 PTSD, 여러 가지 트라우마가 있는 사람을 많이 만나보니, '나 혼자 할 수 없는 일이구나. 정말 많은 사람이 관심을 기울여야 하는구나!' 하는 생각을 자주 하게 됩니다. 대부분 정신과 의사가 서울에서 많이 일하잖아요. 서울에서 일할 때와 안산에서 일할 때는 너무 많은 게 달라요. 사람들 고민도 다르고, 사람들이 처한 한계도 다르고, 기본적으로 제공되는 것도 너무 다르고요. 아이가 우울증이 생겼을 때, 치료를 위한 경제적인 사정도 다르고, 그런 것들을 지원해주는 시스템도 다르고요. 그래서 저는 우리가 좀 더 민감해졌으면 좋겠어요. 이런 현실을 가장 잘 아는 사람이 정신과 의사거든요. 가령 "청년 실업이 문제다" 하고 얘기하는데, 청년 실업이 청년을 어떻게 고통스럽게 하는지 가장 잘 아는 사람은 정신과 의사라고 생각합니다. 사람들 삶에 그것이 얼마나 깊이 침투해서 삶을 어둡게 하는지 정신과 의사는 잘 알고 있습니다. 이렇게 잘 아는 우리가 좀 더 크고 많은 목소리를 냈으면 좋겠습니다. 그리고 그것이 얼마나 개인과 사회에 큰 영향을 미치는지도요. 물론 많은 선생님이 고생 중이지만 논문이든 발표든 인터뷰 등을 통해서 이런 것들이 정신 건강에 영향을 미친다는 걸 좀 더 적극적으로 알려줬으면 좋겠습니다.

또, 단원고에서 일하면서 행정적인 프로세스를 많이 경험했는데요. 늘 마음 한편에 '우리에게 도움을 청하고 싶어서 도움을 청하는 건가? 아니면 그냥 전문가여서 데려다놓았나?' 하는 생각이 들 때가 있거든요. 전문가 얘기가 중요하다는 걸 알고는 있는 것 같은데, 어떤 포인트를 어떻게 도움을 받아야 하는지 고민이 멈춰져 있는 것 같아요. 관료적으로 정신과 의사 한 명, 변호사 한 명 이런 구조가 루틴처럼 느껴질 때가 많거든요. 그래서 전문가가 할 수 있는 역량이 어떤 것인지 같이 고민하면서 도움을 받고 주고, 이런 것과 관련한 더 많은 고민이 있어야 사회 전반적으로 우리가 만들어낸, 경험하고 축적한 것을 모두를 위해서 잘 쓸 수 있지 않을까 생각합니다. 그러지 않으면 전문가는 전문가대로 자기 일을 하고, 사람들은 전문가 혜택을 받지 못하고, 병원에 가서나 겨우 혜택을 받을 수 있고, 행정적으로는 전혀 혜택을 받지 못합니다. 이런 상황이 악순환되면 우리 모두에게 손해이지 않을까 생각합니다.

채_ '정말 함께 제대로 만들어보자'는 선생님의 의지가 잘 느껴지는 말씀입니다. 선생님이 계속 정신적으로 어두워지고 힘들어지는 것들에 대해서 여러 번 말씀하셨는데요, 선생님은 진정한 정신 건강이란 무엇이라고 생각하십니까?

김_ 레지던트 수련할 때, DSM-IV(정신장애 분류편람, Diagnostic and Statistical Manual of Mental Disorders)를 한 줄씩 외우지 않습니까. 거기 보면 여러 증상들이 나오면서 '위의 증상들이 일상생활의 기능에 영향을 미친다'라는 항목이 항상 들어갑니다. 예전에는 그 문구가 늘 들어가 있으니까 '그냥 그런가 보다'라고 생각했는데, 정신과 의사로서 지내다보니, 그 말이 얼마나 중요한지 이제야 알았습니다. 제가 단원고에서 일하면서 많은 트라우마타이즈드(Traumatized), 즉 트라우마를 입은 사람들을 만났는데, 그중에 정말 훌륭한 분들도 있었어요. 아주 큰 기관의 센터장을 하신 분도 있었고, 유명한데 무급 활동가로 일하시는 분도 있었습니다. 그 두 분 모두 큰 트라우마를 입은 분들이었거든요. 분명히 두 분 모두 힘들어하시고, 때로는 악몽도 꾸고, 우울할 때도 있습니다. 본인들도 힘들면 잠수를 탈 때도 있다고 얘기하세요. 그러면 '그분들은 건강한 것인가?'라고 의문을 품게 되죠. 그렇다면 '기능에 영향을 미친다'라는 그 문구가 현실적으로 '기능에 영향이 있어? 없어?'라는 게 아니라 '증상이 있다고 해서 쉽게 질환이 있다고 판단하는 것은 아니다'라는 엄청난 철학을 갖고 있었던 거예요.

사실, 증상은 저도 있습니다. 가끔 안산으로 운전하고 가다보면 뭔가 확

몰려올 때가 있어요. 아마 교수님도 때로 이런 식으로 다가오는 어떤 게 있으실 것 같아요. 그렇다고 해서 우리가 환자는 아닌 거죠. 그러면 이런 질문이 나옵니다. '분명 어려움이 있는데도 기능을 잘 유지할 수 있도록 만드는 요인은 뭐냐?' 저는 세월호 생존 학생들을 보면서 '이렇게 많은 증상이 있는데, 어떻게 잘 지내지?'라고 의구심을 품을 때가 많았거든요. 잘 지내는 이유는 아주 단순(simple)했습니다. 곁에서 도와주는 부모님, 곁에서 나를 믿어주는 친구들, 그리고 본인들 말에 의하면 '우리가 이렇게 잘 되도록 도와주는' 사회복지사 선생님과 김은지 선생님 (웃음) 등이 있었던 거죠. 힘들어도 그냥 한 걸음, 한 걸음 가는 겁니다. **진정한 정신 건강은 사람이 잘 살 수 있게 도와주는 사회적인 시스템이 얼마나 건강한지까지 포함한다고 생각합니다.**

그렇다면 우리가 던져야 하는 질문은 "우리사회가 사람들을 건강하게 해주는 시스템이냐?"라는 겁니다. 저는 특히 학생들이 학교에서 얼마나 많은 고통을 당하는지 보고 있어요. 심지어 제가 진료하던 학생들이 고등학교 3학년이 되면요, 저는 학업부터 먼저 신경을 쓰면서 이렇게 묻습니다. "약 졸리지 않니?" "너, 일주일에 한 번씩 올 수 있어?" 왜냐하면 제가 아무리 잘 치료해도 학생이 대학 진학을 실패하면 너무 큰 고통을 당하거든요. 그걸 걱정해야 할 지경까지 된 거죠. 그렇다면 우리는 과연 건강한 아이들을 양산하는 시스템이냐? 아니면 건강한 아이들까지 힘들게 하는 시스템이냐? 7~8월이 되면 수험 불안이 생기는 학생이 너무 많아요. 저에게 와서 이야기합니다. "선생님, 저는 시험만 보려고 하면 너무 배가 아파요." "그래, 너 불안증이다." 물론, 이런 식으로 얘기하지는 않습니다.(웃음) 대신 이렇게 말합니다. "누구나 다 그 시기에는 그래. 너도 그럴 수 있어. 너 그거 병 아니다. 그냥 우리 이거 잘 지나가자." 우리는 과연 병을 만드는 시스템인가? 건강을 만드는 시스템인가? 저는 그런 것까지 같이 고민하면 좋겠다고 생각합니다.

채_ 정말 전적으로 동의하는 의견입니다. 어른들이 아이들을 건강하게 해주고, 좋은 모범을 보여야 할 텐데, 어른들이 만든 사회 체계 안에서 아이들이 고통받고 있다는 건 너무 가슴 아픈 일입니다. 우리사회가 정신적으로 힘든 것에 영향이 분명 있는 것 같습니다. 선생님이 말씀하신 것처럼 기능이 무너지고, 여러 가지 장애, 특히 정신장애까지 가지 않더라도 정신적으로 고통을 많이 받고 괴로워하고 기능이 떨어지는 사람들이 많이 있거든요. 그런 사람들에게 선생님이 어떻게 하면 좋을지 말씀해주실 수 있을까요?

김_ 주로 아이들이나 젊은 분들이 진료실에 와서 "선생님, 제 삶은 왜 이럴까요? 저는 왜 이럴까요?"라고 말할 때가 있습니다. 그럴 때 제가 좋아하는 단어를 하나 알려주는데요, '흑역사'라는 단어를 알려줍니다. 친구들한테 그렇게 얘기해요. "선생님이 생각하기엔 지금이 네 인생에서 '흑역사'인 것 같아. 너 살면서 지금보다 힘들었던 때 있어? 아마 없었을 걸? 선생님이 원하는 건 앞으로도 지금이 네 인생에서 유일한 '흑역사'였으면 좋겠어." 제가 레지던트 때, 그때는 누구나 힘든 시기가 있으니, '나는 왜 이 정도의 사람일까?'라고 생각하면서 교과서를 뒤졌어요. "나는 우울증에도 맞는 거 같고…, 내가 경계성 인격장애인가?" 이러면서 교과서를 봤어요. 그러면서 '나는 어떻게 살아야 하지? 어떻게 해야 건강하지?' 하면서 건강한 방어기제를 찾아봤습니다. 아시다시피 유머(Humor), 승화, 이런 게 있잖아요. 그때 제 눈길을 끈 게 '예견'이라는 거였어요. 지금은 이렇게 어렵지만 앞으로 다가올 것을 생각하면서 지금 시간을 견디는 거죠. 저는 아이들한테 물어봅니다. "너는 앞으로 어떻게 됐으면 좋겠니? 1년 뒤에 어떻게 됐으면 좋겠니? 어떤 사람과 결혼하고 싶어? 돈은 얼마나 벌 건데?" 너무 절망적인 상황이라도 사람은 자기 안에 작은 희망이라도 품고 있다고 생각하거든요. 저는 고통에 처한 사람이라면 그것에 집중하면 좋을 것 같아요.

대부분은 병원에 올 때가 가장 힘들 때잖아요. 그런 시기를 지나면, 어떤 게 다가올지 모르지만, 본인이 원하는 때가 올 수도 있어요. 그것을 항상 잊지 않았으면 좋겠습니다. 환자분들한테 늘 얘기해요. "제가 보기엔 길게 봐야 1년이에요. 우리가 열심히만 한다면. 당신이 열심히 고민한다면 당신은 살 겁니다." 제가 가장 어려운 것은 그런 게 잘 통하지 않는 분들이 있습니다. 제가 요즘 만나는 다양한 트라우마가 있는 분들이 사실 그런 경우입니다. 어렸을 때도 맞지 않으려고 노력하는 데만 집중하고, 어딜 가도 어떤 남자한테 무슨 일을 당할지 몰라서 늘 경계하고, 이런 환자들의 삶은 늘 불행에서 피하려는 패턴으로만 만들어져 있거든요. 그런 분들은 감정도 별로 없고, '하하하' 웃고 있어도 실제로는 즐겁지 않다고 느낄 때가 많습니다. 그리고 무엇을 위해 산다기보다는 지금 나쁜 일이 생기지 않게 살고자 하는 분이 많아요. 그런 분들한테는 희망을 얘기하는 게 거의 도움이 되지 않습니다. 그런 분들은 조금 더 전문적인 도움이 필요합니다. 일단은 지금 삶에서 좀 더 편안하게 살 수 있도록 전문가의 의학적인 도움이 필요한 경우가 많죠. 하지만 그런 분들도 긍정적인 경험이 쌓이고, 내 삶에 뭔가 다른 게 있다고 느끼게 된다면 그다음부터는 조금 더 희망을 품고 살 수 있을 거라고 생각합니다.

채_ 선생님과 이야기를 나눠보니, 마음속에 희망이 생기면서 '치료를 받는 분과 상담하는 분에게 이 이야기가 좋겠구나!' 하는 느낌을 받습니다. 하지만 많은 분들이 정신과 세팅이나 상담소 등에 찾아오지 않거든요. 많이 두려워하고 병원을 가는 걸 걱정합니다. 병원을 차마 못 가는 분들이 있을 텐데, 어떻게 하면 좋을지 한 말씀 부탁드립니다.

김_ 저도 주변에 아는 사람이 그런 경우도 있고, 알음알음 저한테 직접 물어보시는 분들이 있어요. "나에게 이런 어려움이 있는데, 아직 병원은 안 갔고, 어떻게 하면 좋겠냐?" 이런 질문을 받으면 '왜 병원을 못 갔을까?' 생각은 하지만 직접 물어보지는 않습니다. 얘기하신 것처럼 여러 가지 편견 때문이죠. 병원에 가면 기록이 남는다. 정신과까지 가면 너무 망가지는 것 같은 느낌이 들어서 싫다. 약을 먹으면 조금 이상해진다더라. 약을 끊기가 어렵다더라. 이런 것들 때문이죠.

저는 정신과에 있는 의사 선생님들은 사람들을 돕기 위해서 있는 분들이라고 생각해줬으면 좋겠어요. 정신과 의사가 되려면 의대 6년을 다니고, 트레이닝도 받아야 하잖아요. 제가 예전에 정신과 의사가 되겠다고 할 때 부모님이 반대하셨어요. "왜 하필이면 정신과 의사냐? 그거 해서 먹고살 수 있는 거 맞느냐?" 그때 당시 제 마음속에 막연히 어떤 로망 같은 게 있었어요. '그래, 정 안 되면 시골에 가서 할머니들 집, 노인정 옆에 작은 병원을 만들어놓고, 할머니들께 부부 상담해주고, 고구마나 쌀 한 되 받고 그러면서 밥값 벌면서 살면 되지. 그냥 누군가를 도울 수 있다면 되는 거지. 그게 정말 내 삶에 중요한 거지. 난 그냥 그래도 좋다.' 그렇게 생각했었거든요. 대부분의 정신과 선생님이 그러신 것 같아요. 그러지 않고서는 한 치 앞을 알 수 없는데, 이 길을 선택하기가 쉽지 않잖아요. 정신과는 그런 선생님들이 있는 곳입니다. 이 선생님들은 힘든 분들을 돕기 위해서 최선을 다하실 거예요. 그런 마음으로 정신과를 바라보면 조금은 정신과로 향하는 발걸음이 가볍지 않을까? 그런 생각이 듭니다.

채_ 정말 '돕는다'라는 말에 마음이 많이 가고, 그 단어는 지금도 마음을 짠하게 합니다. 문제는 정신과 선생님들은 이렇게 환자를 돕고 싶은데, 예를 들어서 그런 분이 있을 것 같아요. 우리 아이가 너무 아파서

부모 입장에서 정말 돕고 싶거든요. 아이한테 상담 가자고 했더니 아이는 거절한다면, 그런 환경 속에 있는 부모라면, 아픈 가족을 둔 가족이라면 어떻게 해야 할까요?

김_ 이 부분이 굉장히 중요한 부분인데, 저는 가족분들한테는 조금 차분하게 이성적으로 얘기하는 편입니다. 많은 가족이 크게 당황한 채 진료실에 오세요. 저는 ADHD 진단을 하루에도 일고여덟 번씩 내지만, ADHD 진단을 받은 엄마는 며칠 동안 웁니다. 한 가정에서는 굉장히 큰일이거든요. 부모님들은 당황한 상태로 진료실에 오십니다. '내가 잘못 키워서 이러나? 내 아이가 어떻게 되려고 하지?' 아픈 사람이 성인이어도 마찬가지입니다. '내 와이프가 왜 이럴까? 우리 관계 문제 때문인가?' 저는 그런 분들에게 오히려 조금 거리를 두라고 말씀드립니다. 우리 문화가 돕는 걸 좋아해서 예를 들면, 친구나 지인 중에 누가 다리를 다쳤다고 하면, 그 집에 가서 빨래도 해주고, 애들 학교도 챙겨서 보내주고, 이런 문화잖아요.

그런데 **아픈 사람도 존중받아야 합니다.** 그래야만 그 시기를 잘 지낼 수 있어요. 아프다고 그 사람이 갑자기 아무것도 못 하는 사람이 되는 게 아니거든요. 환자 자체가 되는 게 아니거든요. 그 사람도 그 사람의 삶이 있고, 노력하고 있어요. 아프다는 이유로 그 사람이 결정해야 할 것을 대신 결정해주거나, 해야 할 것에 대해서 안 해도 계속 면죄부를 주면, 오히려 무력해집니다. 우리는 돕고 싶은 마음에 그러는 거죠. 저는 그렇게 말씀드립니다. "부인을 믿으세요?" 혹은 "아이를 믿으세요? 아이가 이걸 이겨낼 수 있을까요? 어떻게 생각하세요?" 보호자들은 걱정하며 왔지만, 이렇게 생각하세요. "그래도 이겨낼 수 있지 않을까요?" "맞아요, 어머니. 어머니가 잘 키우셨잖아요. 그러니까 이겨낼 수 있어요. 어머니 잘못 키우시지 않았거든요. 애 어디 가서 사고 치지 않았잖아요. 그렇죠? 믿으세요. 어머니가 잘 키우셨고, 우리 아이가 잘 자랐다는 걸 믿으세요. 그리고 아이가 이겨내는 걸 한 발짝 뒤에서 지켜봐 주세요. 대신 아이가 어머니가 지켜보고 있다는 걸 알아야 해요. 그리고 아이가 언제든 손을 내밀면 어머니가 도와줄 거란 걸 알아야 합니다. 하지만 절대 앞서가지 마시고요, 옆에서 계속 얘기하지도 마시고요, 한 발짝 뒤에서 지켜봐주세요. 그리고 아이가 손을 내밀 때 도와주시면 됩니다. 그런데 아이가 도움이 필요한데 손을 못 내밀면 제가 알려드릴게요." 그렇게 말씀드립니다. 환자라고 우리가 마음대로 도와주거나 내 맘대로 할 수 있는 게 아니에요. 그 사람을 존중하면서, 인간의 존엄성을 유지하면서 치료받을 수 있도록 도와주는 게 좋다고 생각합니다.

채_ 김은지 선생님하고 얘길 나누다보니, 저도 치유되는 것 같아요. 진료실 등에서 김은지 선생님을 만나 이야기를 듣는 학생도, 부모님도 마음이 좋아지고 편안해질 것 같아서 좋습니다. 정말 많은 분이 김은지 원장님과 만나고, 진료를 받고 싶어 할 것 같아요. 그러다보면 내 모든 시간이 치료로 가고, 에너지를 쓰게 되는데, 정작 개인 김은지 선생님 자신도 중요하잖아요. 자신의 스트레스는 어떻게 해결하세요?

김_ 제가 가장 힘들었던 때가 단원고에서 일할 때였어요. 재난 상황이지 않습니까? 이해할 수 없는 일도 많이 일어나고, 낮 동안 트라우마를 입은 예닐곱 명을 한 시간씩 상담하면, 그들의 트라우마에 굉장히 깊이 들어가게 되거든요. 저도 어쩔 수 없이 잔상이 계속 마음에 남아요. 당시 제게 도움이 되었던 건 두 가지였어요. 첫 번째는 같이 일하는 선생님들과 하루를 마무리할 때, 커피 마시면서 일과나 감정을 공유하는 거였어요. 어떤 선생님들은 울기도 하고, 어떤 선생님들은 분노하기도 하고, 그렇게 서로의 감정들을 나누는 것이 많은 도움이 되었습니다.

그리고 제가 개원하고 나서 처음에 행복했던 게 '맞아, 의사는 진료에만 전념할 수 있는 상황에서 안전하게 일하는 거였어'라는 겁니다. 하지만 학교는 그렇지 않거든요. 제가 학생과 상담하고 있는데 교감 선생님이 불쑥 문 열고 들어오기도 하고, 교육부에서 뭘 한다고 하면 갑자기 하던 일을 멈추고 뛰어가야 했어요. 그래서 퇴근할 때 늘 이미지네이션(imagination)을 했어요. 셔터가 내려오는 걸 계속 생각했어요. 퇴근하면 (집까지) 운전해서 한 시간 정도 가야 했거든요. **지금 나는 안전한 내 삶으로 들어가고 있다.** 가끔 직장 스트레스 때문에 오는 분들에게 그걸 알려드립니다. 여기(집)는 나한테 안전하고 편안한 곳이다. 여기서 충분히 충전하고 나면 나는 내일도 직장에 가서 내 몫을 다할 수 있고, 내 몫을 다하면서도 안전한 곳이 있다는 것을 기억할 수 있다고. 그런 생각이 저를 편안하게 해줬습니다. 물론 다정하고 친절한 남편, 예쁜 아기들이 있었기 때문에 가능한 거지만. 지금도 저는 제 삶에서 일주일의 일정 시간을 일과 전혀 관련 없는 것으로 반드시 만듭니다. 그 시간에는 핸드폰도 거의 안 보고, 아이와 남편, 내 삶에 온전히 집중할 수 있는 그 시간이 다른 시간을 훨씬 더 윤택하게 해줍니다.

채_ 그렇게 시간을 구분한다는 건 아주 좋은 팁인 것 같습니다. 스트레스가 큰 사람이 많잖아요. 스트레스가 오는 건 어쩔 수 없는데, 어떤 마음으로 스트레스를 관리하고 살아야 할까요? 스트레스를 관리할 수 있는 좋은 팁, 또 다른 것들이 있으면 말씀해주세요.

김_ 사실 저는 욕심이 많은 사람이거든요. 하고 싶은 것도 많고, 죽기 전에 이걸 다 할 수 있을까 싶은 생각이 들 때도 있고요. 그러다보면 마음이 조급해져요. 당장 안 되는 게 너무 화가 나고 '내가 이 정도는 해야 했는데 왜 안 되지?' 이런 생각도 듭니다. 때로는 주변에서 밀려오는 일들 때문에, 혹은 요청하는 것들 때문에 너무 힘들 때도 있어요. 그럴 때 제가 잘하는 생각이 '그래, 1년 더 살지 뭐'라는 것입니다. '지금 빨리 안 돼서 화가 나지만 1년 더 살면 그만큼 더 누릴 수 있으니까 1년 더 살면 되지 뭐. 좀 천천히 하지 뭐. 마음을 편안하게 먹으면 오래 산다던데, 내가 마음을 편안하게 먹고 1년 더 살지 뭐.' 환자들과 많이 얘기하는 것 중 하나가 '선택'이에요. 저도 한때는 제 삶에 대해서 '내가 왜 이렇게 살고 있지? 이게 무엇 때문이야?'라고 생각한 적이 있었거든요. 찬찬히 돌아보면 제가 그렇게 선택했던 거였어요.

그걸 깨닫는 순간 스스로가 원망스럽기도 했습니다. '아니, 왜 하필이면 그 순간에 그걸 선택했어?' 근데 우리는 다른 사람이 자신에 대해서 원망하면 그렇게 얘기해주잖아요. "너는 그럴 만한 이유가 있었을 거야. 그 순간에 그걸 선택한 데는 네가 그럴 만한 이유가 있었을 거야." 살펴보면 다 그럴 만한 이유가 있었습니다. 어렸을 때 엄마한테 인정을 못 받아서, 아니면 그 순간에 내가 다른 게 더 중요하다고 생각해서 그랬을 거예요. 저도 그렇거든요. 그 순간에는 저를 위한 최선의 선택을 했던 거였어요. 환자들에게도 물어봅니다. "그때 왜 그 선택을 하셨어요?" "몰라요, 제가 미쳤었나 봐요." "아니에요. 이런 게 저런 게 있었는데, 저 같아도 그렇게 선택했을 거 같아요. 그렇지 않아요?" "맞아요. 사실은 제가 그렇게 할 수밖에 없었고, 저는 그렇게 선택하는 게 맞다고 생각했어요." "그것 봐요. 당신은 맞게 선택했습니다. 네, 당신이 잘하고 옳게 한 거예요." 저도 옳게 선택하고 있고, 조금은 힘들지만 제가 선택한 것을 후회하지 않으면서 가고 있습니다. 그게 저 자신을 돕는 한 가지 방법입니다.

채_ 이렇게 선생님을 만나 스트레스 관리 비법을 잘 알 수 있게 되네요. 이 시간에 이걸 선택한 덕분에,(웃음) 잘 흘러가는 시간으로 남는 것 같습니다. 하지만 많은 분이 자기 선택에 후회도 하고, 심지어 선택할 수 없었던 것들, 예를 들어 이 땅에 태어난 것을 원망하면서 "헬조선이다" "부모를 잘못 만나서 내가 힘들다" "날을 잘못 태어나서 이렇게 힘들다" 등과 같은 말을 하고요. 청년 실업 때문에도 그렇고, 너무 많은 사람이 살아가기 힘들어합니다. 청년 세대는 기성세대가 나라를 잘못 만들어서 그렇다고 원망하고, 실제로도 너무 욕심대로만 사는 일부 기성세대도 있습니다. 정말 우리사회가 너무 경쟁적이고, 청년들이 살기 어려워하는 것이 사실입니다. 청년들에게 멘토로서 청년들에게 한 말씀 부탁드립니다.

김_ 저도 20대 초반인 청년들을 만나면 많이 절망하고 어려움을 느끼는 걸 볼 수 있습니다. 저는 한편으로 좀 다르게 생각합니다. 청년들이 힘든 이유 중 하나가 힘든 걸 기성세대가 몰라준다는 거예요. 저도 좀 애매한 세대이기는 하지만 조금 윗세대로 올라가면, 그 세대에는 공부를 열심히 하면 뭐든지 쟁취할 수 있었고, 내가 원하면 원하는 만큼 올라갈 길이 있었어요. 하지만 지금은 상황이 다른데도 청년 세대는 "노력하지 않는다"라고 비난받는다고 느낍니다. 저도 환자들을 만날 때는 정돈된 마음으로 "당신이 그런 것들을 느끼는 게 당연하다. 사실 우리사회는 예전같이 그렇지 않다"라고 얘기해줄 수 있지만, 당장 제 아들이 받아쓰기(시험)를 못 치면 저도 멘탈이 살짝 왔다갔다 합니다.(웃음) 아이에게 "왜 노력을 안 해?" 이렇게 얘기하는 거죠. 많은 부모가 그럴 것 같아요. 경쟁적으로, 사회적으로 점점 사다리가 없어지고 어렵다는 것을 알면서도 막상 내 아이가 어려움에 부딪히면, 아이가 좀 더 노력했으면 하는 마음이 생기는 게 보통의 부모들인 것 같아요. 그런데 청년들은 그런 부모 세대를 보면서 더 상처받는 거죠. "당신들이 이렇게 만들어놓고, 왜 우리 보고 자꾸 열심히 하라고 해?" 분노가 생기는 거죠.

저는 기성세대에게 묻고 싶어요. 정말로 청년들이 얼마나 힘든지 모르는지 말이죠. 만약에 알고 있다면 청년들을 위해서 지금 청년 개인의 노력만으로 극복하기는 어렵고 기성세대도 같이 노력해야 한다는 것을 인정하고, 서로 대화를 많이 하면 좋겠어요. 자꾸 예전보다 발전된 것만 얘기하지 말고요. 예전보다 구조가 어떻게 더 불평등해지고 사람들이 얼마나 더 기회를 잃었는지, 이런 것들에 대해서도 "아, 이건 우리 세대의 잘못이다"라고 이야기할 수 있었으면 좋겠어요. 기성세대가 청년들에게 "오케이, 이런 상황이 생겼어. 이거는 우리 잘못도 있어. 우리 어떻게 같이 해결할까?"라고 말한다면 같이 해결책을 찾지 않을까 생각이 드는 거죠. 국회의원 중 몇 명이 무슨 뜬구름 잡는 청년위원회 이런 거 말고 기성세대가 사회적으로 잘못을 인정하고, 같이 얘기할 수 있는 분위기를 만들었으면 합니다. 저녁 식사 하면서 청년 실업 문제가 뉴스에 나왔을 때 부모와 자녀가 다투는 일은 생기지 않았으면 좋겠어요. 청년에게 어떻게 하라고 말하기보다 청년이 힘든 게 사실이라는 걸 기성세대가 인정해주는 것이 청년들한테 더 도움이 되지 않을까 싶습니다.

채_ 청년 세대가 힘들다는 걸 인정한다! 그렇다면 우리 청년들은 정말 어떻게 해야 할까요? 부모들이 이렇게 안 바뀌고, 사실 기성세대들은 원장님 같은 마음을 가진 사람이 많지 않은 것 같아요. 청년들은 이렇게 힘든데, 하루하루 살기도 너무 어려운데, 기성세대는 인정해주지도 않는 게 현실이죠. 청년들은 어떻게 해야 할까요?

김_ 어떤 청년이 저에게 이런 얘기를 했던 적이 있어요. 현실이 너무 바뀌지 않을 것 같고, 그것은 부모님 잘못이라고요. 제가 이 청년을 2년 정도 진료했는데, 최근에 독립했다고 이야기를 하더라고요. 저는 마음이 아팠습니다. 왜냐하면 좋은 곳으로 독립한 건 아니고, 어렵지만 결단을 내려서 독립한 거였거든요. 청년의 삶은 그런 것 같아요. 어쩔 수 없이 선택하고 앞으로 나아가야 하는 거죠. 기성세대의 비판이나 타박에 신경 쓰는 것은 인정받고 싶은 마음 때문일 수 있습니다.

하지만 인정받는 게 내 삶을 바꿔주진 않거든요. 나는 앞으로 내 삶을 살아가야 하고, 쉽진 않지만 선택해야 합니다. 부모님과의 갈등 혹은 세상에 대한 분노가 있지만, 내 앞에 놓여 있는 선택지들 가운데 어쩔 수 없이 선택해야 하죠. 앞으로 나아가는 것을 선택하는 순간까지 고통스러운 시간이 존재하거든요. 때로 심한 우울이나 불안이 있을 때는 방향을 돌리는 데 큰 어려움을 겪는 것도 같습니다. 본인의 삶을 조금 더 중심에 놓고 생각하고, 어쩔 수 없이 선택해야 하는 것들이 있다면 훗날 돌아봤을 때 내가 그렇게 선택해야 했다고 느낄 이유를 만드는 것도 생각할 수 있으면 좋겠습니다. 정말 어렵겠지만요.

채_ 수용, 선택, 삶. 현대 정신치료·심리치료의 엑기스가 담겨 있는 말씀입니다. 선생님 진료나 생활철학에도 그런 부분이 담겨 있어서 어떤 진리를 접하는 것 같은 느낌을 받습니다. 선생님이 그런 태도로 진료하고, 삶을 철학대로 살아가시는데요. 꿈이나 비전도 있을 테고, 많은 일을 하고 계시지만 앞으로 하고 싶거나 이루고 싶은 것, 꿈과 비전을 나눠주신다면요?

김_ 제가 안산에서 일하고, 세월호 관련 일을 하다보니 많은 사람이 "정치를 하려나?" 이런 얘기를 하기도 합니다. 하지만 저는 의사로서 제 삶을 굉장히 사랑하거든요. 내담자를 진료실에서 만나는 많은 순간이 기적이고, 그 속에서 제 삶도 달라지고, 이루 말할 수 없는 행복한 순간이 있거든요. 3년 전에 영국의 안나 프로이트 센터(Anna Freud National Centre)를 방문한 적이 있어요. 주택을 개조해서 만든 센터인데, 상담, 심리, 여러 가지 치료, CBT(Cognitive Behaviour Therapy) 등을 교육하는 곳이었어요. 이름이 근사하잖아요, 안나 프로이트 센터. 그곳을 방문하고 깨달았습니다. '아, 그렇구나! 저게 필요하구나.' 저는 안산이 제2의 고향이라고 생각하거든요. 그리고 큰일이 있었지만 **사람의 삶이 쉽게 무너지거나 망가지지 않는다는 것을 보여주고 싶었습니다.** 안산이 망가지는 것은 아니라는 걸 보여주고, 그렇게 되도록 돕고 싶었거든요. 제가 안산에 센터를 만들고 싶다는 게 안나 프로이트 센터를 만나서 들었던 생각입니다. 마음건강 센터를 통해서 '트라우마타이즈드'된 사람들이 성장하는 프로그램이나 지역사회 아이들을 돕는 프로그램, 트라우마 환자를 체계적으로 돕는 시스템을 만드는 데 전력을 다하고 있지만, 하나하나 완성되고 나서 제가 정말 하고 싶은 건 '안산이 쉽게 무너지지 않았다' '세월호가 사람의 삶을 그렇게 쉽게 망가뜨리지 않았다'라는 것을 상징처럼 보여주는 센터를 짓는 겁니다. 우리가 살아가고 있고, 노력하고 있고, 더불어 치유하고 있다는 것들을 보여주는 센터를 만들고 싶어요. 어떻게 보면 거창하지만, 참 진솔한 마음 깊은 곳에 있는 저의 비전입니다.

채_ 거의 다 되신 것 같습니다.(웃음) '상처받은 치유자'라는 말씀도 해주셨지만, 안산이 너무 힘든 일을 겪고 회복해나가고, 원장님 같은 분들이 뛰어들면서 좋은 지역사회로 살아남아 살아간다는 것이 대단한 일입니다. '안산'(安山)이라는 이름에 '안'자가 '안전할 안'자인데, 트라우마 속에서도 평안함이 있는 도시가 될 것을 믿어 의심치 않습니다. 또 원장님의 비전과 꿈이 잘 녹아들길 바랍니다. '안나 프로이트 센터'보다는 '김은지 센터'가(웃음) 어떨지는 모르겠지만, 중요한 가치를 담은 센터가 자리 잡게 될 것을 믿고 축원합니다. 긴 시간 동안 여러 이야기를 나눴는데요, 못 다 한 이야기, 나누고 싶은 말씀이 있으면 나눠주세요.

김_ 흔히 듣는 이야기인데, 어렸을 때부터 이런 얘기를 많이 듣잖아요. "너는 소중하다. 너를 소중히 여겨라." 제가 여러분이 소중하다고 말씀드리고 싶어요. 저는 많은 사람을 만났고, 많은 사람을 도와봤고, 많은 사람과 살고 있는데, 그 많은 사람들 중의 한 분인 당신이 정말 소중한 사람이고, 당신이 소중한 사람이어서 우리 삶이 평안하고 아름다울 수 있다고, 그래서 조금 더 자기 자신한테 집중할 수 있었으면 좋겠다고 얘기하고 싶습니다.

채_ 정말 감사합니다. 제가 더 소중해지는 느낌이 들고, 치유가 함께하는 그런 시간이었습니다. 오늘 김은지 선생님 모시고 이런저런 이야기를 많이 나눠봤는데요 우리가 얼마나 소중한지 말씀해주셨습니다. 우리가 얼마나 많은 선택 속에서 일하고 살아가면서 힘들 때도, 잘 안 될 때도, 어려울 때도 있지만, 그래도 살아나가는 것이, 또 함께 살아나가는 게 중요하다는 말씀을 나눠주셨습니다. 비전을 갖고 우리 함께 더 아름다운 세상, 건강한 세상을 향해서 나아가면 좋겠습니다. 귀한 시간 같이해주신 김은지 선생님의 꿈·비전이 잘 이뤄지고, 앞으로 같이 또 많은 일을 해나가시길 바랍니다. 감사합니다.

주 >

1. Ahn SH, Kim JL, Kim JR, Lee SH, Yim HW, Jeong H, Chae JH, Park HY, Lee JJ, Lee H. Association between chronic fatigue syndrome and suicidality among survivors of middle east respiratory syndrome over a 2-year follow-up period. J Psychiatr Res. 2021 May;137:1-6.

2. Jeong H, Yim HW, Song YJ, Ki M, Min JA, Cho J, Chae JH. Mental health status of people isolated due to middle east respiratory syndrome. Epidemiol Health. 2016 Nov 5;38:e2016048. doi: 10.4178

3. 조운, 〈코로나 1년, 전국민이 '코로나 블루'⋯ 정신건강 대책은?〉, 메디파나뉴스, 2021. 1. 20,, http://medipana.com/news/news_viewer.asp?NewsNum=270076&-MainKind=A&NewsKind=5&vCount=12&vKind=1

4. 임재우, 〈'조용한 학살', 20대 여성들은 왜 점점 더 많이 목숨을 끊나〉, 한겨레, 2020. 11. 13., http://www.hani.co.kr/arti/society/society_general/969898.html

5. 김병규, 〈코로나에 우울한 청년⋯20대 우울증 환자 2년간 45.2% '급증'〉, 연합뉴스, 2022. 6. 24., https://www.yna.co.kr/view/AKR20220624115400530?input=1195m

6. 김준억, 〈"코로나 블루 넘어 코로나 레드⋯사회 전반에 부정 정서 만연"〉, 연합뉴스, 2021. 2. 2., https://www.yna.co.kr/view/AKR20210202115200005?input=1195m

7. Huh HJ, Kim SY, Yu JJ, Chae JH. Childhood trauma and adult interpersonal relationship problems in patients with depression and anxiety disorders. Ann Gen Psychiatry. 2014 Sep 16;13:26.

8. 김아르내, 〈"SNS 감옥에서 벗어날 수 없어요"…또래집단 '정서 학폭' 급증〉, KBS, 2021. 3. 29., http://news.kbs.co.kr/news/view.do?ncd=5149889&ref=A

9. 고한석, 한창수, 채정호 (2014). 외상후울분장애의 이해. 대한불안의학회지. 10:3-10.

10. 채정호, 정찬승, 민성길, 김종진, 미하엘 린덴 (2021). 한국인의 울분과 외상후울분장애. 군자출판사.

11. 류남길, 오지훈, 심현희, 채정호 (2020): 우울과 불안 증상이 자살에 미치는 영향에서의 울분의 매개효과. 대한불안의학회지. 16:76-82.

12. 황지현, 이병철, 채정호 (2019): 화상환자의 외상후스트레스장애 증상에 대한 영향 요인 : 울분, 우울, 삶의 의미. 대한불안의학회지. 15:29-34.

13. 이나빈, 민정아, 채정호 (2012): 캄보디아인의 집단 외상과 정신건강. 대한불안의학회지. 8:71-78.

14. 전혼잎 · 최나실 · 최은서(한국일보 마이너리티팀), 〈"우린 살기 위해 떠났다"… 조선소 호황에도 인력 썰물〉, 한국일보, 2022. 7. 28., www.hankookilbo.com/News/Read/A2022072614350005158?did=NA

15. 지민아, 정보람, 채정호 (2019): 우울 및 불안장애 환자에서 성별 및 성경험 유형에 따른 부정적 성경험과 정신과적 증상 사이의 연관성. 대한불안의학회지. 15:77-83.

16. 리베카 솔닛은 《이것은 누구의 이야기인가》에서 트라우마 경험자가 자신을 깎아내림으로써 "사회생활과 전문적인 영역에서 본인의 원래 능력을 충분히 발휘하지 못하는 결과로 이어진다"라고 설명했다.

17. 홍석재, 〈부도 신분도 대물림 '갇힌 세대'…분노 안 할 수 있나〉, 2021. 6. 12., 한겨레. www.hani.co.kr/arti/society/society_general/999074.html

18. 김하경, 채정호 (2005): 외상후스트레스장애의 지속노출치료 : 교통사고 피해자 증례 보고 1례. 인지행동치료 5:1-10.

19. Jung YE, Song JM, Chong J, Seo HJ, Chae JH. Symptoms of posttraumatic stress disorder and mental health in women who escaped prostitution and helping activists in shelters. Yonsei Med J. 2008 Jun 30;49(3):372-82.

20. 지하철 투신 사건 이후 기관사가 맞닥뜨리는 트라우마 등을 다룬 뉴스 '[앵커로그] 철도기관사 사고 그 이후'(https://imnews.imbc.com/replay/2020/nwd-

esk/article/5824397_32524.html) 등 사고 순간을 지켜볼 수밖에 없는 기관사들의 트라우마를 다룬 영상들을 재구성한 사례임.

21. Tae H, Jeong BR, Chae JH. Sleep problems as a risk factor for suicide: Are certain specific sleep domains associated with increased suicide risk? J Affect Disord. 2019 Jun 1;252:182-189.

22. 변지민, 〈천안함 생존자 최광수씨는 왜 한국을 떠나야 했나〉, 2018. 7. 16., 한겨레, www.hani.co.kr/arti/society/rights/853403.html

23. 권혁철, 〈보훈처 "천안함 생존자 '외상후스트레스장애' 폭넓게 인정"〉, 2022. 3. 23., 한겨레, www.hani.co.kr/arti/politics/defense/1035906.html

24. Chae JH, Huh HJ, Choi WJ. Embitterment and bereavement: The Sewol ferry accident example. Psychol Trauma. 2018 Jan;10(1):46-50.

25. 백종우, 김현수, 채정호 등 (2015): 세월호 사고 직후 대한정신건강재단재난정신건강위원회의 초기 지원과 대한신경정신의학회 회원들의 자원 봉사 활동. 신경정신의학. 54:1-15.

26. Huh HJ, Huh S, Lee SH, Chae JH. Unresolved bereavement and other mental health problems in parents of the Sewol ferry accident after 18 months. Psychiatry Investig. 2017 May;14(3):231-239.

27. Han H, Yun JA, Huh HJ, Huh S, Hwang J, Joo JY, Yoon YA, Shin EG, Choi WJ, Lee S, Chae JH. Posttraumatic symptoms and change of complicated grief among bereaved families of the Sewol ferry disaster: one year follow-up study. J Korean Med Sci. 2019 Jul 22;34(28):e194.

28. 채정호, 이소희, 노진원 (2021): 대한민국 재난충격 회복을 위한 연구: 재난 코호트 구축과 실제 자료. 씨드 북스

29. Huh HJ, Kim KH, Lee HK, Chae JH. Attachment styles, grief responses, and the moderating role of coping strategies in parents bereaved by the Sewol ferry accident. Eur J Psychotraumatol. 2018 Jan 19;8(sup6):1424446.

30. Lee SH, Nam HS, Kim HB, Kim EJ, Noh JW, Chae JH. Factors associated with complicated grief in students who survived the Sewol ferry disaster in South Korea. Psychiatry Investig. 2018 Mar;15(3):254-260.

31. 양상은, 태혜진, 황지현, 채정호 (2018): 세월호 참사 후 희생자 부모의 건강상

태 변화. 대한불안의학회지. 14:44-52.

32. Tae H, Huh HJ, Hwang J, Chae JH. Relationship between serum lipid concentrations and posttraumatic stress symptoms in the bereaved after the Sewol ferry disaster: A prospective cohort study. Psychiatry Res. 2018 Aug;266:132-137.

33. Lee SM, Han H, Jang KI, Huh S, Huh HJ, Joo JY, Chae JH. Heart rate variability associated with posttraumatic stress disorder in victims' families of Sewol ferry disaster. Psychiatry Res. 2018 Jan;259:277-282.

34. Jang KI, Lee S, Lee SH, Chae JH. Frontal alpha asymmetry, heart rate variability, and positive resources in bereaved family members with suicidal ideation after the Sewol ferry disaster. Psychiatry Investig. 2018 Dec;15(12):1168-1173.

35. Han H, Noh JW, Huh HJ, Huh S, Joo JY, Hong JH, Chae JH. Effects of mental health support on the grief of bereaved people caused by Sewol ferry accident. Korean Med Sci. 2017 Jul;32(7):1173-1180.

36. Lee SH, Nam HS, Kim HB, Kim EJ, Won SD, Chae JH. Social support as a mediator of posttraumatic embitterment and perceptions of meaning in life among Danwon survivors of the Sewol ferry disaster. Yonsei Med J. 2017 Nov;58(6):1211-1215

37. 강우일 베드로 주교. 〈다스리는 사람의 첫 번째 자질〉, 한겨레. 2022. 2. 10., https://www.hani.co.kr/arti/opinion/column/1030602.html

38. 장재열, 〈외로움, 더는 개인의 숙제가 아니다〉, 한국일보, 2019. 8. 7., https://www.hankookilbo.com/News/Read/201908061022712303

39. 김지수, 〈"청년들 가장 외로워, 돈 주고 친구 산다.., 외로움 경제 폭발할 것"〉, 조선일보, 2021. 12. 11., https://biz.chosun.com/notice/interstellar/2021/12/11/LUE4EJDK3ZGJHHR7MB4KTWPBFA

40. Kim NY, Huh HJ, Chae JH. Effects of religiosity and spirituality on the treatment response in patients with depressive disorders. Compr Psychiatry. 2015 Jul;60:26-34.

41. Huh HJ, Kim KH, Lee HK, Chae JH. Attachment style, complicated grief and post-traumatic growth in traumatic loss: the role of intrusive and deliberate rumination. Psychiatry Investig. 2020 Jul;17(7):636-644.

42. Lee MS, Kim SJ, Chae JH, Park EJ, Won WY, Jeon YW, Huh HJ. A mixed-methods study protocol for soma experiencing motion program (Soma e-motion Program):

The effectiveness of contemplative movement for Emotion regulation. Psychiatry Investig. 2021 Jun;18(6):500-504.

43. 채정호, 김경희, 김한얼, 김주현, 강수원, 김주환 (2022): 바른 마음을 위한 움직임 (바마움). 군자출판사

44. Min JA, Yoon S, Lee CU, Chae JH, Lee C, Song KY, Kim TS. Psychological resilience contributes to low emotional distress in cancer patients. Support Care Cancer. 2013 Sep;21(9):2469-76

45. Min JA, Lee CU, Hwang SI, Shin JI, Lee BS, Han SH, Ju HI, Lee CY, Lee C, Chae JH. The moderation of resilience on the negative effect of pain on depression and post-traumatic growth in individuals with spinal cord injury. Disabil Rehabil. 2014;36(14):1196-202.

46. Min JA, Yu JJ, Lee CU, Chae JH. Cognitive emotion regulation strategies contributing to resilience in patients with depression and/or anxiety disorders. Compr Psychiatry. 2013 Nov;54(8):1190-7.

47. Lee MS, Huh HJ, Oh J, Chae JH. Comparative analysis of the psychosocial symptoms and experiences of bereaved parents and parents of children who survived the Sewol ferry accident after 5 years: a qualitative interview study. J Korean Med Sci. 2022 May 16;37(19):e155.

48. 조한진희, 〈직장서 병들면 실패한 사람? 아픈 건 네 잘못이 아냐〉, 한겨레, 2021. 4. 10., https://www.hani.co.kr/arti/economy/marketing/990456.html

49. Huh HJ, Kim KH, Lee HK, Chae JH. The relationship between childhood trauma and the severity of adulthood depression and anxiety symptoms in a clinical sample: The mediating role of cognitive emotion regulation strategies. J Affect Disord. 2017 Apr 15;213:44-50

50. Tae H, Chae JH. Factors related to suicide attempts: the roles of childhood abuse and spirituality. Front Psychiatry. 2021 Mar 29;12:565358.

51. Huh HJ, Baek K, Kwon JH, Jeong J, Chae JH. Impact of childhood trauma and cognitive emotion regulation strategies on risk-aversive and loss-aversive patterns of decision-making in patients with depression. Cogn Neuropsychiatry. 2016 Nov;21(6):447-461.

52. Song JM, Min JA, Huh HJ, Chae JH. Types of childhood trauma and spirituality in adult patients with depressive disorders. Compr Psychiatry. 2016 Aug;69:11-9

53. 피에르 부르디외는 사회문화적 환경에 따라 정해지는 제2의 본성으로 '아비투스'를 제시하면서, 심리자본, 문화자본, 지식자본, 경제자본, 신체자본, 언어자본, 사회자본 등 일곱 가지 자본이 아비투스에 영향을 준다고 설명했다.

54. 김은형, 〈운동보다 좋다는 장수의 비결〉, 한겨레, 2021. 1. 20., https://www.hani.co.kr/arti/opinion/column/979614.html

55. Huh HJ, Lee SY, Lee SS, Chae JH. A network model of positive resources, temperament, childhood trauma, and comorbid symptoms for patient with depressive disorders. Psychiatry Investig. 2021 Mar;18(3):214-224.

56. 〈채정호 TV〉의 [채움과 비움] 코너에 초청해서 나눈 대담입니다. 이 대담은 세월호 참사로부터 5년이 지난 2019년 4월 행해졌고, 유튜브 채정호 TV 의 다음 링크에서 다시 볼 수 있습니다. (https://youtu.be/96Z-TSmV9vg)

이 도서는 한국출판문화산업진흥원의 '2022년 중소출판사 출판콘텐츠
창작 지원 사업'의 일환으로 국민체육진흥기금을 지원받아 제작되었습니다.

고통의 곁에 우리가 있다면

초판 1쇄 인쇄 2023년 01월 10일
초판 1쇄 발행 2023년 01월 25일

지은이 | 채정호

펴낸이 | 성미옥
펴낸곳 | 생각속의집

출판등록 2010년 5월 18일 제300-2010-66호
주소 | 서울시 종로구 혜화동 53-9, 1층
전화 | (02)318-6818 팩스 | (02)318-6613

전자우편 | houseinmind@gmail.com
블로그 | naver.com/houseinmind
페이스북 | facebook.com/healingcafe
인스타그램 | instagram.com/houseinmind

ISBN 9791186118726 (03180)